古典文獻研究輯刊

二四編

潘美月・杜潔祥 主編

第30冊

西夏文藏傳《守護大千國土經》研究

安 婭 著

國家圖書館出版品預行編目資料

西夏文藏傳《守護大千國土經》研究／安婭 著 -- 初版 -- 新北市：花木蘭文化出版社，2017〔民 106〕

目 2+230 面；19×26 公分

（古典文獻研究輯刊 二四編；第 30 冊）

ISBN 978-986-485-020-4（精裝）

1. 佛經 2. 翻譯 3. 西夏語

011.08　　106001928

ISBN-978-986-485-020-4

9 789864 850204

古典文獻研究輯刊

二四編　第三十冊　　ISBN：978-986-485-020-4

西夏文藏傳《守護大千國土經》研究

作　　者　安　婭

主　　編　潘美月　杜潔祥

總 編 輯　杜潔祥

副總編輯　楊嘉樂

編　　輯　許郁翎、王筑　美術編輯　陳逸婷

企劃出版　北京大學文化資源研究中心

出　　版　花木蘭文化出版社

社　　長　高小娟

聯絡地址　235 新北市中和區中安街七二號十三樓

電話：02-2923-1455／傳眞：02-2923-1452

網　　址　http://www.huamulan.tw 信箱 hml 810518@gmail.com

印　　刷　普羅文化出版廣告事業

初　　版　2017 年 3 月

全書字數　219170 字

定　　價　二四編 32 冊（精裝）新台幣 62,000 元

西夏文藏傳《守護大千國土經》研究

安 婭 著

作者簡介

安婭，女，土家族，生於 1979 年 2 月，貴州德江人，博士。2001 年 7 月畢業於中央民族大學少數民族語言文學系，獲學士學位，2004 年 7 月畢業於中國社會科學院研究生院，獲碩士學位。2011 年 7 月畢業於中國社會科學院研究生院，獲博士學位。2010 年 8 月至 2011 年 6 月，獲得「中美富布萊特」項目資助，在哈佛大學東亞系作訪學。2012 年 3 月至 2015 年 3 月，在清華大學中文系從事博士後研究工作。2015 年 3 月至今在貴州民族大學工作，從事中國少數民族語言文學研究，主要學術專長是西夏文獻學。

提　要

《佛說守護大千國土經》是大乘佛教五部守護經之一，其西夏文本譯自藏文，分上、中、下三卷，原件 20 世紀初於內蒙古額濟納旗的西夏黑水城遺址出土，藏於俄羅斯科學院東方文獻研究所，現存初譯本和校譯本兩種。本研究目的在於，整理和比較西夏文藏傳《守護大千國土經》的 28 個殘件，據以拼配出一部完整的本子，對全書進行首次解讀，總結其中的西夏文翻譯藏文的原則，順便討論幾個相關的問題。

1930 年聶歷山和石濱純太郎曾提到對西夏文《守護大千國土經》上卷做過考釋，但我們至今並未見其成果發表，一直以來我們只能在眾多西夏文獻目錄中見到這部經的相關信息。最早收錄西夏文《守護大千國土經》的有克恰諾夫和戈爾巴喬娃的《西夏文寫本和刊本》，之後有西田龍雄的《西夏文華嚴經》(III)，1973 年格林斯蒂德曾在《西夏文大藏經》中公佈過其部份照片，卻沒有給出任何館藏信息。1999 年克恰諾夫在《西夏文佛教文獻目錄》中詳細敘述了其 34 個館藏號的版刻形制、保存情況等信息。

對於夏譯藏文佛經的翻譯原則，學術界做過探討的僅有王靜如（《佛母大孔雀明王經》1932）、聶歷山、石濱純太郎（《八千頌般若經》1930）以及聶鴻音（《般若心經》2005）等，他們發現西夏人在翻譯藏傳佛經時採用了不同於夏譯漢傳佛經的原則，這對研究西夏佛教史、西夏詞源學以及西夏語來說是一大突破。然而，目前學界卻缺少對夏譯藏傳佛經翻譯原則的系統研究，這還有待更多的西夏文佛教作品獲得考釋。本研究通過解讀《守護大千國土經》，總結其中的尊者、龍王及藥叉等佛教術語的翻譯原則及方法，在前人基礎上進一步探索夏譯藏傳佛經的翻譯原則，對學界今後繼續研究夏譯藏傳佛教經典以及深入研究西夏語言都具有很重要的意義。

通過全文解讀夏譯藏傳《守護大千國土經》，本項研究將夏譯藏文佛經的翻譯原則總結爲：（一）意譯藏文。（二）音譯和意譯藏文結合。（三）音譯梵文和意譯藏文結合。（四）音譯藏文。（五）音譯梵文。

本研究採用「五行對譯法」，即先給出西夏文錄文及對譯，接著是相應的藏文，然後是漢文意譯，之後是注釋，最後在佛經每卷末尾給出施護漢譯本內容。這種對譯法的好處在於清楚地呈現同一部經的夏、藏、漢三種譯本的翻譯特點，對我們探討夏譯藏文佛經的翻譯原則提供了方便。

目次

第一章　導　論

一、引　言

《佛說守護大千國土經》是大乘佛教五部守護經之一，西夏文又稱《大乘大千國守護經》或《聖大乘大千國守護經》，共有上、中、下三卷，相應的藏文本作《大千母善摧經》爲戒帝覺等所譯。除此之外，日前還可見流行於尼泊爾的梵文本、北宋施護譯之漢文本、清代蒙古文本等。西夏本譯自藏文，原件 20 世紀初在內蒙古額濟納旗的黑水城遺址出土，藏於俄羅斯科學院東方文獻研究所，現存初譯本和校譯本兩種，校譯本產生於夏仁宗時期，初譯本的成書年代現在還未有定論。通過解讀這部佛經，我們發現西夏人對其中大部份尊者、龍王及藥叉等佛教術語沿用了藏文傳統的翻譯方法，同時在面對某些疑難問題時，又採取了獨特的處理方式，這與西夏人在翻譯漢文佛經時採用的方法不同。總結西夏人翻譯藏文佛經的原則及方法，可以幫助我們今後解讀更多的西夏文藏傳佛教經典，從而爲西夏佛教研究以及詞彙學研究補充材料。

（一）西夏文藏傳佛經的研究現狀

存世的西夏文文獻大部份都是佛教作品，我們可將其分爲漢傳和藏傳兩大體系，從西田龍雄的《西夏文華嚴經》（III）〔註 1〕和克恰諾夫的佛典目錄〔註 2〕中我們可以看到，譯自漢文和譯自藏文的西夏文佛經種類幾乎各半。西夏文藏傳佛經是我們研究西夏佛教史和西夏語言非常重要的文獻資料，然

〔註 1〕西田龍雄：《西夏文華嚴經》（Ⅲ），京都：京都大學，1977 年。

〔註 2〕Е.И.Кычанов. *Каталог тангутских буддийских памятников*, Киото: Университет Киото, 1999.

而到目前爲止，獲得研究的西夏文藏傳佛經卻是屈指可數。其中最早獲得解讀的有《佛母大孔雀明王經》〔註3〕，1932年王靜如除了對其卷下進行了解讀以外，還爲其譯自藏文找到了翔實的證據。他不僅通過西夏文經名中的「種咒」二字以及經文中諸天王名的數目和譯名考證出其與藏文本的淵源，而且通過「非天」、「食香」、「施礙」、「生者」等一批佛教術語進一步肯定了《佛母大孔雀明王經》譯自藏文的事實。不過王靜如雖然用充分的文獻資料證明了該經譯自藏文，卻沒有對其中出現的大量龍王名的翻譯規律進行總結，他曾提到過會另撰文對其中的龍王等名稱進行西夏、西藏、梵漢對校〔註4〕，但我們至今卻未看到其研究成果發表。與此同時，聶歷山、石濱純太郎二人和羅福成分別對《八千頌般若經》的片斷〔註5〕和《聖大明王隨求皆得經》卷下〔註6〕進行了解讀，不過他們卻沒有對這兩部佛經做任何進一步的研究。在此之後，學界對藏傳西夏文佛經的研究沉寂了很長時間。一直到2005年，才有聶鴻音先生對俄藏西夏文《般若心經》的 инв. № 768 抄本進行解讀，對其中出現的藏式佛教術語進行討論，從而指出其不是譯自梵文本，而是譯自藏文本，西夏人在翻譯其中的佛教術語時習慣意譯，而不是像翻譯漢文佛經時一樣採用音譯〔註7〕。2006年，林英津把西夏文本《聖妙吉祥眞實名經》與相應的漢文本和藏文本進行了對校，並從西夏語義和語源的角度進行了考證，但跟學界普遍持有的觀點不同的是，林英津並不認爲西夏文《聖妙吉祥眞實名經》譯自藏文本〔註8〕。同一年，孫昌盛開始對《吉祥遍至口合本續》進行全文解讀和研究，對其中出現的藏式佛教術語進行了討論〔註9〕。2009年段玉泉

〔註3〕王靜如：《〈佛母大孔雀明王經〉夏梵漢合璧校釋》，國立中央研究院歷史語言研究所單刊之八，《西夏研究》（第1輯），1932年，第181-249頁。

〔註4〕王靜如：前引書，第191頁。

〔註5〕聶歷山、石濱純太郎：《西夏文〈八千頌般若經〉合璧考釋》，《國立北平圖書館館刊》第四卷第三號（西夏文專號），1932年，第2751-2762頁。

〔註6〕羅福成：《聖大明王隨求皆得經下卷釋文》，《國立北平圖書館館刊》第四卷第三號（西夏文專號），1932年。

〔註7〕聶鴻音：《西夏文藏傳〈般若心經〉研究》，民族語文，2005年第2期，第22-29頁。

〔註8〕林英津：《西夏語譯〈眞實名經〉釋文研究》，《語言暨語言學》專刊甲種之八，中央研究院語言學研究所，2006年。學界對於西夏文《眞實名經》是否譯自藏文原本的觀點這裡不作細論，可參見聶鴻音《西夏語譯〈眞實名經〉釋文研究》讀後，《書品》，2007年第3期，第54-60頁。

〔註9〕孫昌盛：《西夏文〈吉祥遍至口合本續〉（第4卷）研究》，南京大學博士論文，2006年。

則利用漢、藏、西夏文本的對勘，探討了周慧海所譯西夏文《聖勝慧到彼岸功德寶集偈》、《勝相頂尊總持功能依經錄》以及《聖觀自在大悲心總持功能依經錄》三部佛經在流傳過程中的源流問題，對經中出現的佛教術語作出了詳細的注釋，並總結出了一定的規律，爲西夏語的研究補充了語料〔註 10〕。以上諸位學者的研究使我們初步瞭解到夏譯藏傳佛經的基本面貌，他們總結出的規律特徵成爲我們今後界定某一部西夏文佛經是否譯自藏文的重要依據，其研究成果對於西夏佛教以及西夏詞源學研究來講都是突破。然而，如果學界想系統地探討西夏文譯藏文佛經的翻譯原則，還有待人們大量解讀其佛教文獻以後才能得以進行。另外，雖然西夏的藏傳佛教目前已得到了一定程度的研究，但在藏傳佛教作品獲得大量解讀之前，該研究無疑還存在很大的空缺。

（二）《五部經》的內容及其流傳情況

《五部陀羅尼經》（*Pañcarakṣā*）是大乘佛教五部守護經之總稱，包括《大隨求陀羅尼經》〔註 11〕、《守護大千國土經》〔註 12〕、《大孔雀明王經》〔註 13〕、《大寒林陀羅尼經》〔註 14〕及《大護明大陀羅尼經》〔註 15〕，在《西藏大藏經》中屬「十萬怛特羅部」（Rgyud 'bum）〔註 16〕。通過念誦這五部經，眾生

〔註 10〕段玉泉：《語言背後的文化流傳：一組西夏藏傳佛教文獻解讀》，蘭州大學博士論文，2009 年。

〔註 11〕藏文 'phags pa rig pa'i rgyal mo so sor 'brang ba chen mo，直譯「聖明咒妃大隨求母」，藏文譯者爲 Jinamitra, Dānaśīla, Ye śes sde；《大正藏》No. 1153 作「普遍光明清淨熾盛如來寶印心無能勝大明王大隨求陀羅尼經」；梵文 Ārya-Mahāpratisarāvidyārājñı。

〔註 12〕藏文 Stong chen mo rab tu 'joms pa zhes bya ba'i mdo，直譯「大千母善摧經」；《大正藏》No. 999 作「守護大千國土經」；梵文 Mahāsāhasrapramardana-nāma-sūtra。

〔註 13〕藏文 Rig sngags kyi rgyal mo rma bya chen mo，直譯「明咒王大孔雀妃」；《大正藏》No. 982 作「佛母大金曜孔雀明王經」；梵文 Mahāmāyūrīvidyārājñī。

〔註 14〕藏文 Bsil ba'i tshal chen po'i mdo，直譯「大寒林經」；梵文 Mahāshītavanasūtra；《大正藏》有 No. 1392 作「大寒林聖難拏陀羅尼經」，估計與其屬同一部經。

〔註 15〕梵文 Mahāmantrānusāriṇī，《大正藏》No. 1048 作「佛說大護明大陀羅尼經」。德格版《西藏大藏經》中無此經，卻有《大眞言隨持經》，藏文 Gsang sngags chen po rjes su 'dzin pa'i mdo, 梵文 Mahāmantrānudhārisūtra，藏文譯者與《大隨求經》以外的其它三部經同，即戒帝覺（Śīlendrabodhi）、智成就（Jñānasiddhi）、釋光明（Śąkyaprabha）、益西德（Ye śes sde）。

〔註 16〕宇井伯壽等：《德格版西藏大藏經總目》，臺北：華宇出版社，1985 年，第 98 頁；東北帝國大學法文學部編：《西藏大藏經總目錄》，東京：東北帝國大學法文學部，1934 年，第 98 頁。

可解除痛苦、疾病、厄難而獲得歡樂、吉祥。五部經分別具有各自的功能，《大隨求經》是對罪惡、疾病、生子以及風、火、水等災禍的防護；《守護大千國土經》是對惡鬼的防護；《大孔雀經》是對蛇毒的防護；《大寒林經》是對災星、野獸、毒蟲的防護；《大護明經》是對瘟疫的防護。五部經至今還流行於尼泊爾，在尼泊爾還保存著梵文本的五部陀羅尼經〔註 17〕。當人們在面臨生老病死、喬遷以及厄難時都會誦五部經。《五部守護經》在尼泊爾的內瓦爾佛教徒生活中有著很重要的地位，最主要的原因是他們廣泛相信這五部陀羅尼經會保護他們脫離苦難，在內瓦爾，甚至印度教教徒在面臨險境時都會請法師爲他們誦這幾部經〔註 18〕。

根據西田龍雄的目錄和格林斯蒂德的《西夏文大藏經》〔註 19〕，五部經目前在西夏文現存佛經中只存前四部，唯獨不見《大護明大陀羅尼經》。不過在此我們有理由懷疑《大護明經》在西夏文中換了個名字。根據西夏譯本《守護大千國土經》上卷卷首的《五部經序》〔註 20〕，五部經包括《大密咒受持經》，這部經在克恰諾夫和戈爾巴切娃的《西夏文寫本和刊本》中有著錄〔註 21〕。同時，雖然德格版和北京版《西藏大藏經》〔註 22〕中都沒有「五部經」的說法，但在其目錄中前四部經卻是排列在一起的，緊隨其後的是《大眞言隨持經》，其藏文譯者與《大隨求經》以外的其它三部經同，即九世紀印度之戒帝覺（Śīlendrabodhi）、智成就（Jñānasiddhi）、釋光明（Śqkyaprabha）、吐蕃之益西德（Ye śes sde）。西夏文《大密咒受持經》的經名顯然是從藏文 Gsang sngags chen po rjes su 'dzin pa'i mdo 直譯過來的。另外，我們在《大正

〔註 17〕 Lokesh Chandra, *Pañcarakṣā Two Sanskrit Manuscripts from Nepal*, Delhi: the Jayyed Press , 1981.

〔註 18〕 Todd T. Lewis, *Popular Buddhist Texts from Nepal: Narratives and Rituals of Newar Buddhism.,* State University of New York Press, 2000.

〔註 19〕 西田龍雄:《西夏文華嚴經》(Ⅲ)，京都:京都大學，1977 年，第 28 頁；Grinstead, Eric, *the Tangut Tripitaka*, Delhi: Bombay Art Press, 1973, pp. 2085-2194.

〔註 20〕 《五部經序》在初譯本和校譯本中內容上沒有任何區別，目前我們還沒有在藏文本和漢文本中見到該序，應該是西夏人自己的創作。

〔註 21〕 З. И. Горбачева и Е. И. Кычанов, *Тангутские рукописи и ксилографы*, Москва: Издательство восточной литературы, 1963. с.118., 編號爲 инв. № 560, 744, 745, 5840, 6054, 6449, 6661, 6849. 梵文作 Mahāmantrānudhāri sūtra；Е.И.Кычанов. *Каталог тангутских буддийских памятников*, Киото: Университет Киото, 1999. с.479., 編號爲 инв. № 4763, 4770, 4191, 560, 2499, 5840, 5757, 6790.

〔註 22〕 宇井伯壽等：前引書，第 98-99 頁；東北帝國大學法文學部：前引書，第 98-99 頁。

藏》中未見到《大密咒受持經》或《大眞言隨持經》，而有《大護明大陀羅尼經》，在此我們暫且猜測二者爲同一部經，只不過是其藏文經名和漢文譯法不同罷了。雖然我們現在還不知道《大眞言隨持經》和《大護明大陀羅尼經》名稱上有什麼關聯，確切答案相信等到我們今後對西夏文《大密咒受持經》、藏文《大眞言隨持經》及漢文《大護明大陀羅尼經》進行比較後就能揭曉。

（三）西夏譯本《守護大千國土經》研究

《守護大千國土經》主要內容是說印度毗耶離城有諸鬼神惱亂，種種災難競起，佛陀即與一切大會眾前往毗耶離城演說守護大千國土大明王解脫法門，乃令該城得免於難。全書三卷，漢文本由施護於北宋太平興國五年（公元 980 年）譯成，除了漢文本、西夏譯本、藏文本以外，還有蒙古文本及八思巴字蒙古文本〔註 23〕。根據照那斯圖先生的研究〔註 24〕，《五守護神大乘經》蒙古文本在國內各地現存刻本和各種寫本多達 30 多種，時間都屬清代，其中個別本子跋中寫明譯者爲元僧希拉布曾格。而八思巴字蒙古文本《守護大千國土經》現僅存 1 葉，藏於俄羅斯科學院東方文獻研究所〔註 25〕。

西夏譯本《守護大千國土經》譯自藏文，西夏文稱《大乘大千國守護經》或《聖大乘大千國守護經》。原件 20 世紀初在內蒙古額濟納旗的黑水城遺址出土，藏於俄羅斯科學院東方文獻研究所，目前我所能見到的是其中的 28 件，主要有經摺裝刻本、經摺裝寫本，也有少量蝴蝶裝寫本。這 28 件文獻殘佚程度各異，我們可用它們拼配出初譯本和校譯本，不過相比之下校譯本保存得更爲完整，所以這項研究將以校譯本爲工作本，必要的時候將參考初譯本。

〔註 23〕烏林西拉、申曉亭等：《中國蒙古文古籍總目》（全 3 冊），北京：北京圖書館出版社，1999 年版。

〔註 24〕照那斯圖、牛汝極：《蒙古文——八思巴字〈五守護神大乘經·守護大千國土經〉元代印本殘片考釋》，《民族語文》，2000 年第 1 期，第 38-42 頁。

〔註 25〕根據我的導師聶鴻音先生的說法，這僅存的 1 葉是不是《守護大千國土經》以及是不是黑水城出土，還有待我們進一步考察，如果只是根據 1 葉殘片上的一句話就斷定其屬於《守護大千國土經》，未免有點牽強。而這葉殘片也不一定就是黑水城出土的文獻，而很有可能是從別的文獻中掉下來，文獻整理工作人員無意中把其夾到黑水城出土的文獻中。

西夏文《守護大千國土經》從黑水城出土後，跟大多數夏譯藏傳佛經一樣，至今還未獲解讀。雖然1930年聶歷山和石濱純太郎在對《八千頌般若經》的研究中曾提到對《守護大千國土經》上卷做過考釋〔註26〕，聶歷山在《西夏研究小史》中也說解讀了三卷中的上卷，並附上了日文翻譯和注釋，將在大阪亞洲協會會刊上發表〔註27〕，但我們至今並未見其成果發表。多年來，我們只有在眾多西夏文獻目錄中見到這部經的相關信息。1963年戈爾巴喬娃和克恰諾夫在《西夏文寫本和刊本》中著錄了這部經的88個館藏號〔註28〕，1977年西田龍雄又在《西夏文華嚴經》（III）目錄中將其編爲西夏文佛經第250號〔註29〕，1999年克恰諾夫則在《西夏文佛教文獻目錄》中詳細敘述了其34個館藏號的版刻形制、保存情況等信息〔註30〕。另外，1973年格林斯蒂德曾在《西夏文大藏經》〔註31〕中公佈過其部份照片，卻沒有給出任何館藏信息。本項研究將首次全文解讀西夏譯本《守護大千國土經》，並通過比較藏文譯本和漢文譯本，討論夏譯藏傳佛經的翻譯原則。

（四）初譯本皇帝尊號的研究

西夏文《守護大千國土經》眾多本子中共出現了兩個題款，即「天力大治孝智廣淨宣德去邪盡忠永平皇帝嵬名御譯」以及「奉天顯道耀武宣文神謀睿智制義去邪惇睦懿恭皇帝嵬名御校」，據此可將眾多本子分爲初譯本與校譯本兩種。「奉天顯道耀武宣文神謀睿智制義去邪惇睦懿恭皇帝」已被學界確認爲仁宗皇帝的尊號，在寫本中常被簡稱爲「奉天顯道」或「奉天」。至於「天力大治孝智廣淨宣德去邪盡忠永平皇帝」（以下稱「天力大治」），此前有學者

〔註26〕聶歷山、石濱純太郎：《西夏文〈八千頌般若經〉合璧考釋》，《國立北平圖書館館刊》第四卷第三號（西夏文專號），1932年，第2751-2762頁。

〔註27〕聶歷山著：《西夏研究小史》，聶鴻音譯，載孫伯君編《國外早期西夏學論集》（二），北京：民族出版社，2005年，第153-166頁。

〔註28〕З. И. Горбачева и Е. И. Кычанов, *Тангутские рукописи и ксилографы*, Москва: Издательство восточной литературы, 1963. c.95.，在該書中的編號爲 инв. № 12-15, 21, 27, 32-41, 235-293, 562, 688, 916, 2306, 2307, 2312, 2318, 2512, 2527, 2853, 4778, 5725, 7353.

〔註29〕西田龍雄：《西夏文華嚴經》，Ⅲ，京都：京都大學，1977年，第49頁。

〔註30〕Е.И.Кычанов. *Каталог тангутских буддийских памятников*, Киото: Университет Киото, 1999, c.420-428.，收錄在該書中的館藏號有 инв. № 12-15, 21, 27, 32-41, 220, 234, 562, 688, 916, 2306, 2307, 2318, 2512, 2527, 2726, 2853, 4016, 4778, 4814, 5725, 5757, 7353, 6448.

〔註31〕Grinstead, Eric, *the Tangut Tripitaka*, New Delhi, 1973, pp. 2087-2143.

認爲也是仁宗的尊號之一。這個尊號首次發現於《佛說佛母出生三法藏般若波羅密多經》第十七卷〔註 32〕，只不過比《守護大千國土經》中的少了「[illegible]」（去邪）二字，並且其後的「[illegible]」（御譯）二字變成了「[illegible]」（御校），即「天力大治、智孝廣淨、宣德盡忠、永平皇帝、嵬名御校」。後來，人們又在西夏陵之仁孝壽陵出土的西夏文殘碑上發現了「永平皇帝」這個稱號，李範文斷定「永平皇帝」可能就是仁孝或仁孝之先帝。再聯繫《佛說佛母出生三法藏般若波羅密多經》中的「御校」二字，李範文推測其爲仁宗的另一個尊號〔註 33〕。如所周知，西夏的佛經翻譯主要完成於惠宗及崇宗時期，之後仁宗對已翻譯完的佛經進行了大規模的校訂，目前學界所發現有「御校」二字的佛經都產生於仁宗仁孝皇帝時期。後來的學者基本都沿用了李範文的觀點。根據崔紅芬的說法，「天力大治」這個尊號在仁宗乾祐元年（1170 年）開始使用〔註 34〕。因爲學界已經確認，仁孝的「奉天顯道」這個尊號從大慶二年（1141 年）就開始使用，一直到他乾祐二十四年（1193 年）去世。如果按照李範文、崔紅芬等人的觀點，我們便可得出這樣的結論：在乾祐 24 年間，仁宗仁孝皇帝先完成了對《守護大千國土經》等一批佛經的翻譯，隨後又對它們進行校證。

以上的觀點和結論是值得我們懷疑的。首先，我們目前所見到的仁孝校譯本基本上都是對先帝初譯本的校證，很少見到其對自己所譯的本子進行校證的例子。其次，仁孝皇帝在位期間一直在使用尊號「奉天顯道」，爲什麼單單在乾祐年間譯經時使用尊號「天力大治」，校經時又用「奉天顯道」呢？再者，克恰諾夫和崔紅芬認爲「天力大治孝智廣淨宣德去邪盡忠永平皇帝」這個尊號是爲了慶賀剷除任得敬而立〔註 35〕，目前我們也還未見到具有說服力的史料證據。因此，認爲「天力大治」爲仁宗皇帝尊號的觀點目前看來是站不住腳的。既然這個「永平皇帝」不是仁宗，那到底是誰呢？聶鴻音先生曾

〔註 32〕羅福成：《佛說佛母出生三法藏般若波羅密多經卷第十七釋文》，《國立北平圖書館館刊》第四卷第三號（西夏文專號），1932 年，現載李範文編《西夏研究》（4），北京：中國社會科學出版社，2005 年，第 341-344 頁。

〔註 33〕李範文：《西夏陵墓出土殘碑粹編》，北京：文物出版社，1984 年版，第 15 頁。

〔註 34〕崔紅芬、文志勇：《西夏皇帝尊號考略》，《寧夏大學學報》（人文社科版），2006 年第 5 期，第 9-13，43 頁。

〔註 35〕Е.И.Кычанов. *Каталог тангутских буддийских памятников*, Киото: Университет Киото, 1999, с.9.; 崔紅芬、文志勇：前引書，第 12 頁。

指出，崇宗的第一個年號叫作「天儀治平」，其在位時正好又是翻譯佛教經典的高峰期，因此「永平皇帝」很有可能是崇宗乾順。當然這也只是他的猜測，還需要進一步的文獻證據。也許我們可以把希望寄託於《五部經序》，其中出現了一個大臣的名字「齊丘」，如果我們能考證出「齊丘」在朝的年代，這個問題或許就能得到解決，不過目前筆者對「齊丘」這個人物還未找到更多的信息，要考證其在朝的年代還有待時日。

二、西夏譯本《守護大千國土經》的存世情況

目前我們所見的西夏文《守護大千國土經》原件於 1909 年出土於黑水城遺址，今藏俄羅斯科學院東方文獻研究所，部份照片已於 1973 年在格林斯蒂德《西夏文大藏經》第 2087-2143 頁得以公佈，本研究所依據的是上海古籍出版社蔣維崧、嚴克勤二位先生上世紀末從聖彼得堡拍攝的文獻照片。

（一）存世諸本之版本形制及保存情況

上卷：

инв. № 916

卷子裝寫本。紙幅 35×607 釐米。有墨框，行間有墨線勾欄。行 21 字。卷首殘存「五部經序」六行，有梵文經題的音譯及意譯「番語聖大乘大千國守護經上卷」，經題後有「奉天」二字題款。有尾題，並署：「乾祐鼠年 6 月 10 日午時寫竟，發願人黑水城主、內宮侍『[illegible]』（嵬名丁牢），書字人『□[illegible]』（□早甘吉祥全郎）〔註 36〕。」保存不善。

инв. № 27

蝴蝶裝寫本。紙幅 22×14 釐米，墨框高 19 釐米，行間有墨線勾欄。無頭。每葉 7 行，行 18 至 21 字不等。存「（絹）幡以嚴飾」至上卷結束，有尾題。並署：「一遍校，二遍校由『[illegible]』（播青慧明）仔細校勘。發願人爲『[illegible]』（野貨）。」凡 24 葉。

инв. № 688

蝴蝶裝寫本。紙幅 22.5×14 釐米，墨框高 20 釐米，行間有墨線勾欄。每葉 7 行，行 17 字。存「成地壇上大法王」至「涼亭門樓堦道窗戶等，絹……」，僅 1 葉。

〔註 36〕克恰諾夫目錄中的擬音爲 Вон-нгиу Ру-цхи-ван，第 421 頁。

инв. № 2527

蝴蝶裝寫本。紙幅 22.5×14 釐米，墨框高 20 釐米，行間有墨線勾欄。每葉 7 行，行 17 字。有梵文經題的音譯及意譯，經題後有題款：「天力大治孝智廣淨宣德去邪盡忠永平皇帝嵬名御譯」。存「如是我聞」至第一首偈的「合掌尊恭之敬禮」，凡 7 葉。

инв. № 2853

經摺裝寫本。有麻布封皮。紙幅 21×11 釐米，墨框高 17.4 釐米。每葉 7 行，行 14 至 15 字。卷首殘，有梵文經題的音譯及意譯。經題後有題款曰：「天力大治孝智廣淨宣德去邪盡忠永平皇帝嵬名御譯」，正文從「如是我聞」至「大迦旃延了，具壽跋（俱羅）」，僅存兩葉〔註 37〕。殘損嚴重。

инв. № 15

經摺裝寫本。紙幅 22.7×11 釐米，墨框高 19.4 釐米，行間有墨線勾欄。每葉 6 行，行 15 字。卷首殘存《五部經序》「……者婆羅門問」至結尾，該序爲大臣「𗼇𗌭」（齊丘）所寫。有梵文經題的音譯及意譯，經題後有「奉天顯道」四字題款。凡 15 葉。

инв. № 12

經摺裝寫本。紙幅 25.5×11 釐米，墨框高 22.8 釐米。每葉 6 行，行 16 字。存上卷末偈言「假若三日得狂病」至「合掌尊恭敬禮也」，有尾題，殘存 2 葉。

инв. № 13

經摺裝刻本。紙幅 25.8×11 釐米，板框高 22.3 釐米。每葉 6 行，行 16 字。存「名者最勝人上坐」至「藥叉魔鬼又非天」，僅 7 葉。

инв. № 14

經摺裝刻本。紙幅 25.8×11 釐米。板框高 22.3 釐米。每葉 6 行，行 16 字。卷首存版畫 3 葉，存《五部經序》全文，有梵文經題的音譯及意譯，經題後有題款曰：「天力大治孝智廣淨宣德去邪盡忠永平皇帝嵬名御譯。」經文存開頭至「俱尾囉之最長子」，共 39 葉〔註 38〕。

〔註 37〕克恰諾夫的目錄爲 22 葉。

〔註 38〕內容正好與 инв. № 13 綴合，二者版本形制也一致，原本應爲一個本子。二者與 инв. № 12 正好可以拼配成完整的上卷。

инв. № 41

經摺裝刻本。黑布硬封皮只剩一半，題「五部經第一」。紙幅 27.5×11 釐米，板框高 22 釐米。每葉 6 行，行 16 字。卷首存《五部經序》，有梵文經題的音譯及意譯，經題後有題款曰：「奉天顯道耀武宣文神謀睿智制義去邪惇睦懿恭皇帝嵬名御校」。有尾題。凡 58 葉，全文留存。

инв. № 234

經摺裝刻本。紙幅 27.5×10.5 釐米，板框高 21.5。每葉 6 行，行 16 字。卷首存《五部經序》，有梵文經題的音譯及意譯，經題後有題款曰：「奉天顯道耀武宣文神謀睿智制義去邪惇睦懿恭皇帝嵬名御校」。經文存開頭至「爾時大地震（動）……」。僅 10 葉〔註 39〕。

инв. № 2307

經摺裝刻本。紙幅 27.5×11.3 釐米，板框高 20.8 釐米。每葉 6 行，行 16 字。卷首存版畫 4 葉，並存《五部經序》開頭至「勇力靈眾魔鬼皆（熔）……」，僅 5 葉〔註 40〕。

инв. № 4814

卷子裝寫本。紙幅 38.5×648 釐米，墨框高 26 釐米，上下雙欄。行 22 至 24 字不等。卷首殘存《五部經序》，有梵文經題的音譯及意譯，經題後有「奉天」二字題款。經文存開頭至「如同圓日與滿月，好似眾星辰圍繞」。

инв. № 26〔註 41〕

經摺裝寫本。紙幅、墨框大小不詳，行間有墨線勾欄。每葉 6 行，行 16 字。存「諸魔乃起於藥叉、北方舍上之居者」至上卷結束。有尾題，並署：「天慶乙卯十二年八月一日。」發願人姓名殘。僅存 9 葉。

中卷：

инв. № 220

經摺裝刻本。紙幅 25.8×11.4 釐米，板框高 22 釐米，上下雙欄。每葉 6

〔註 39〕克恰諾夫目錄中爲 46 葉，第 425 頁。

〔註 40〕根據克恰諾夫的目錄，инв. № 2307 有棕色布封皮，卷首有《五部經序》，有西夏文音譯和意譯兩種經題名。經題後有題記曰：「奉天顯道耀武宣文神謀睿智制義去邪惇睦懿恭皇帝嵬名御校」。結尾重複經題。凡 58 摺，全文留存。第 426 頁。

〔註 41〕克恰諾夫目錄中無。

行，行 16 字。經題後有題款曰：「奉天顯道耀武宣文神謀睿智制義去邪惇睦懿恭皇帝御校」。有尾題，並題有新刻發願人「[illegible] [illegible]」（張尼），刻工「[illegible] [illegible] [illegible] [illegible]」（枝阿思光）。凡 70 葉〔註 42〕，全文留存。

инв. № 36

經摺裝刻本。紙幅 28×11 釐米，板框高 21.3 釐米。每葉 6 行，行 16 字。經題後有題款曰：「奉天顯道耀武宣文神謀睿智制義去邪惇睦懿恭皇帝嵬名御校」。存開頭至「如來應供正等覺佛恒河沙等諸佛之密印」，共 68 葉〔註 43〕。

инв. № 2318

經摺裝刻本。紙幅 27×11 釐米，板框高 22 釐米，上下雙欄。每葉 6 行，行 15 字。經題後有題款曰：「奉天顯道耀武宣文神謀睿智制義去邪惇睦懿恭皇帝嵬名御校」。存開頭「彼等之疾跑」至「臂伸而恭敬」，僅 1 葉〔註 44〕。

инв. № 2726

經摺裝寫本。紙幅 31.2×12.5 釐米，墨框高 25.2 釐米，行間有墨線勾欄。每葉 6 行，行 18 至 19 字不等。存「素哩嘐 尼哩軀使 娑嚩訶 佛告大梵天王」至中卷結束，有尾題。殘存 6 葉。第 1 葉有 1 方印章〔註 45〕。經書上部有火燒過的痕跡，

инв. № 21

經摺裝寫本。紙幅 25.5×11 釐米，墨框高 22.8 釐米。每葉 6 行，行 16 字。存「……爲。可供養諸護神」至結尾，有尾題。殘存 5 葉。

инв. № 32

經摺裝刻本。紙幅 25.8×11 釐米，板框高 22.3 釐米。每葉 6 行，行 16 字。卷首有版畫 4 葉。經題後有題款曰：「天力大治孝智廣淨宣德去邪盡忠永平皇帝嵬名御譯」。存開頭至「可爲梵王之攝受。可讚頌帝釋……」，共 72 葉〔註 46〕。保存不善。雕版已較爲模糊，多處有修補痕跡。

〔註 42〕克恰諾夫目錄中爲 62 葉，第 425 頁。

〔註 43〕克恰諾夫目錄中爲 58 葉，第 426 頁。另外，通過與 инв. № 220 比較，инв. № 36 最後一張照片（僅存兩行）不屬於《守護大千國土經》。

〔註 44〕克恰諾夫目錄中爲 8 葉，並注明經文中有朱砂記，第 426 頁。

〔註 45〕克恰諾夫目錄中爲「兩方紅色印章」，第 423 頁。

〔註 46〕克恰諾夫目錄中爲 66 葉，第 424 頁。

инв. № 63

經摺裝刻本。紙幅 27.5×11 釐米，板框高 22 釐米。每葉 6 行，行 16 字。存「正等覺佛恒河沙等諸佛之密印」至中卷結束，有尾題。僅 2 摺。

下卷：

инв. № 4778

卷子裝寫本。紙幅 32×170 釐米，有墨框，行間有墨線勾欄。行 18 至 20 字不等。卷首殘。有尾題，並署：「三遍校」。卷末有書字人姓名，字跡模糊。經書下部殘損嚴重。

инв. № 2512

蝴蝶裝寫本。有圓圈和植物圖案的紅布硬封皮。紙幅 22.5×14 釐米，墨框高 19.7 釐米，行間有墨線勾欄。每葉 7 行，行 21 字。存「……動，四方藥叉羅刹步多鬼神等」至全文結束。有尾題，並署：「第一次校對，內容相符。」共存 38 葉〔註 47〕。

инв. № 4016

經摺裝寫本。紙幅 29×10.5 釐米，墨框高 24 釐米，行間有墨線勾欄。每葉 6 行，行 19 字。存「釋迦善人喬達摩」至全文結束。有尾題〔註 48〕。僅存 1 葉半。背面有印章殘跡。經書上部有火燒過的痕跡。

инв. № 2306

經摺裝刻本。有雙層封皮，內層爲黃紙，外層爲藍紙，有繩結〔註 49〕，封皮上題：「大千國守護經第三下」。紙幅 25.5×11.5 釐米，板框高 22.5 釐米。每葉 6 行，行 16 字。卷首存版畫 4 葉。經題後有題款曰：「天力大治孝智廣淨宣德去邪盡忠永平皇帝嵬名御譯」。最後 3 葉爲手寫，行間有墨線勾欄。有尾題。全文留存，凡 64 葉。

〔註 47〕克恰諾夫目錄對 инв. № 2512 的描述略有不同：有梵文的西夏文音譯和意譯兩種經題名，經題下有「天力大治孝智廣淨宣德去邪盡忠永平皇帝嵬名御譯」中的 4 個字。凡 20 葉，全文留存。另外，經文中有朱砂印，頁面有粘連。第 421 頁。

〔註 48〕克恰諾夫誤認爲是佛經的開頭，並注明共存 4 葉，頁 424。而我所看到的 инв. № 4016 照片由三個不同本子的殘片組成，共 5 葉半，其中只有 1 葉半屬於《守護大千國土經》下卷，其它 4 葉屬於別的佛經。

〔註 49〕克恰諾夫目錄，第 425 頁。

инв. № 2312〔註 50〕

經摺裝刻本。紙幅、板框大小不詳，上下單欄。每葉 6 行，行 16 字。經題後有題款曰：「奉天顯道耀武宣文神謀睿智制義去邪惇睦懿恭皇帝嵬名御校」。存經文開頭至第一咒的「惹野帝　星賀麼襧　娑囉引仡囉　鉢囉引……」，僅 2 葉。

инв. № 38

經摺裝刻本。黑布硬封皮，上題「五部」二字。紙幅 27.5×11 釐米，板框高 22 釐米。每葉 6 行，行 17 字。經題後有題款曰：「奉天顯道耀武宣文神謀睿智制義去邪惇睦懿恭皇帝嵬名御校」。全文留存，凡 66 葉。

инв. № 39

經摺裝刻本。紙幅 29.8×11.3 釐米，板框高 22.3 釐米，上下雙欄。每葉 6 行，行 16 字。卷首殘，有尾題。全文留存，凡 66 葉。

另外，克恰諾夫的目錄中還有幾個我們目前未能見到的編號：

инв. № 562〔註 51〕

上卷。經摺裝寫本。有黃、棕、白三色布做成的封皮，上有植物圖案。紙幅 30×12.5 釐米，墨框高 25.5 釐米，行間有墨線勾欄。每葉 7 行，行 20 字。有梵文經題的音譯及意譯，經題後有題款曰：「天力大治孝智廣淨宣德去邪盡忠永平皇帝嵬名御譯」。之後是大臣「[illegible]（齊丘）」所寫的序言，並署：「乾祐年八月二日，水蛇年（1173 年）9 月 11 日寫竟」。有尾題，並署有三個主要書字人及發願人的名字，第一個殘，第二個爲離家僧「[illegible]」（李禪定），第三個爲女信眾「[illegible]」（離巴□乞那）。凡 45 葉，全文留存。保存不善。

инв. № 34〔註 52〕

中卷。經摺裝寫本。有黃、棕、白三色布做成的封皮，上有植物圖案。紙幅 30×11 釐米，墨框高 26 釐米。每葉 6 至 7 行，行 22 至 23 字不等。有梵文經題的音譯及意譯。有尾題。凡 45 葉，全文留存。

инв. № 33〔註 53〕

中卷。經摺裝刻本。紙幅 28×11 釐米，板框高 21.3 釐米。每葉 6 行，行 16 字。無頭無尾，存 60 葉。

〔註 50〕克恰諾夫目錄中無。
〔註 51〕克恰諾夫目錄第 423 頁。
〔註 52〕克恰諾夫目錄第 423 頁。
〔註 53〕克恰諾夫目錄第 426 頁。

инв. № 35〔註 54〕

下卷。經摺裝寫本。有黃、棕、白三色布做成的封皮，上有植物圖案。紙幅 30×12 釐米，墨框高 26 釐米，行間有墨線勾欄。每葉 7 行，行 21 至 22 字。有梵文經題的音譯及意譯。經題後有題款曰：「天力大治孝智廣淨宣德去邪盡忠永平皇帝嵬名御譯」。有尾題。凡 41 葉，全文留存。

инв. № 5757〔註 55〕

梵夾裝寫本。紙幅 20.5×68 釐米，墨框高 16 釐米。每葉 30 行，行 13 個。存卷首，頁正面右上角有頁碼，經文雙面書寫。存 18 葉。

上卷：存第 1 至 6、8 頁。結尾署有髮願人黑水城主「[illegible]」（野貨那神遊），書字人「[illegible]」（甘吉祥全）。並有「一遍校同。二遍校。」

中卷：僅存 2 葉。其餘部份都被撕掉。頁碼不清楚。

下卷：存第 1、3、7 至 9 葉。

инв. № 7353〔註 56〕

經摺裝刻本。紙幅 28.5×11 釐米，板框高 21 至 22 釐米。每葉 6 行，行 16 字。經題後有題款曰：「奉天顯道耀武宣文神謀睿智制義去邪惇睦懿恭皇帝嵬名御校」。上、中、下卷均只剩殘片，共存 184 葉。

инв. № 5725〔註 57〕

經摺裝刻本。紙幅 27×11.5 釐米，板框高 21.5 釐米。每葉 6 行，行 17 字。存卷首，經題後有題款曰：「天力大治孝智廣淨宣德去邪盡忠永平皇帝嵬名御校」。經文中有朱砂印記。存 22 葉。

Танг. 449〔註 58〕

инв. № 6448〔註 59〕

經摺裝刻本。紙幅 26.5×11 釐米，板框高 21.5 釐米。每葉 6 行，行 16 字。存開頭，經題後有題款曰：「奉天顯道耀武宣文神謀睿智制義去邪惇睦懿恭皇帝嵬名御校」。存 11 葉。

〔註 54〕克恰諾夫目錄第 423 頁。
〔註 55〕克恰諾夫目錄第 424 頁。
〔註 56〕克恰諾夫目錄第 427 頁。
〔註 57〕克恰諾夫目錄第 426 頁，以下 4 個編號均無卷目說明。
〔註 58〕克恰諾夫目錄第 427 頁，無版本描述。
〔註 59〕克恰諾夫目錄第 428 頁。

Танг. 249〔註 60〕

（二）初譯本與校譯本的確定

西夏譯本《守護大千國土經》共有四種形式：蝴蝶裝寫本、經摺裝寫本、經摺裝刻本和卷子裝寫本。在筆者手裏的 28 個編號中，有 17 個本子出現了題款，這些題款分別爲「天力大治孝智廣淨宣德去邪盡忠永平皇帝嵬名御譯」和「奉天顯道耀武宣文神謀睿智制義去邪惇睦懿恭皇帝嵬名御校」，後者有時候也少「嵬名」二字，在寫本中常簡稱「奉天顯道」或「奉天」。出現前一個題款的爲初譯本，出現後一個題款的爲校譯本，這 17 個本子分別是：

初譯本：инв. № 13, 14, 2853, 32, 2306, 2527.

校譯本：инв. № 41, 15, 234, 916, 4814, 220, 36, 2318, 63, 38, 2312.

其裝幀形式列表如下：

題 款	蝴蝶裝寫本	經摺裝寫本	經摺裝刻本	卷子裝寫本
天力大治孝智廣淨宣德去邪盡忠永平皇帝嵬名御譯	инв. № 2527	инв. № 2853	инв. № 13, 14, 32, 2306	
奉天顯道耀武宣文神謀睿智制義去邪惇睦懿恭皇帝（嵬名）御校		инв. № 15	инв. № 41, 234, 220, 36, 2318, 63, 38, 2312	инв. № 916, 4814,

剩下的 11 個本子編號爲 инв. № 27, 688, 2512, 26, 39, 2307, 12, 21, 2726, 4016, 4778，其中 инв. № 688 和 инв. № 27 都是蝴蝶裝寫本，инв. № 688 存「成地壇上大法王」至「涼亭門樓堦道窗戶等，絹……」，正好與 инв. № 27 的「……幡以嚴飾」綴合，二者應該屬於同一個本子。由於殘損嚴重，或沒有任何題款、雕刻、抄寫信息，又因爲已知的初譯本和校譯本之間很少有內容上的差別，因此我們很難判斷這 11 個本子到底是初譯本還是校譯本。

三、西夏譯本《守護大千國土經》中的翻譯原則

關於夏譯藏文佛經的翻譯原則，此前學界已有幾位學者做過探討，他們通過「出有壞」、「非天」、「食香」、「實來」等一批詞，發現夏譯藏文佛經時對多數佛教術語採用意譯，而不同於漢傳佛經中所採用的音譯。2002 年聶鴻

〔註 60〕克恰諾夫目錄第 427 頁，無版本描述。

音先生指出，西夏文的佛經譯本使用了兩套不同的詞彙，佛教術語至少有漢語和藏語兩個不同的來源。此外，他還通過考證西夏人對「如來」、「經」、「論」等幾個佛教常用術語的翻譯，對學界一致認爲黨項人最初是從中原接受佛教的觀點提出了質疑，他認爲藏傳佛教應該是在 11 世紀前就對黨項佛教的起源產生了影響，而不是像大家所說的那樣，直到 12 世紀中葉才傳入西夏〔註 61〕。1987 年有學者指出，與唐宋時期佛經翻譯大多奉行的玄奘的「五不翻」〔註 62〕原則相呼應，吐蕃贊普赤德松贊也曾對藏譯梵文佛經的翻譯原則有過嚴格規定。根據藏文文獻《語合》的序言，赤德松贊當時頒佈了一項法令，規定藏譯梵文佛經時，應「既不違反原意，藏文又盡量通順」，「關於佛、菩薩和聲聞等表示尊卑等級不同的詞語，對佛應譯爲敬語，對其它則可用中等以下的詞語，按照以前父王的缽闡布及大譯師們集體翻譯《寶雲經》和《入楞伽經》等時的規定翻譯」等等〔註 63〕。通過考察赤德松贊這項法令，孫伯君在《西夏佛經翻譯的用字特點與譯經時代的判定》一文中指出，夏譯藏文佛經實際上沿用了藏譯梵文佛經的翻譯原則，她說：「不難看出，夏譯藏傳佛經中所用佛教術語的翻譯正與《語合》所述吐蕃時期規定的翻譯原則一致。我們見到的那些與中原漢譯佛經不同的佛教術語多爲關於佛、菩薩和聲聞等詞語，與中原佛經遵循『五不翻』原則採用音譯有所不同，藏密經典多採用意譯，受此影響，西夏譯佛經也採用意譯的方式。」〔註 64〕2009 年段玉泉在其博士學位論文《語言背後的文化流傳：一組西夏藏傳佛教文獻解讀》對周慧海的三個譯本中出現的佛教術語總結出了意譯、音譯以及轉譯藏文的幾種情況〔註 65〕。總之，雖然目前只有少數幾部西夏文藏傳佛教經典獲得解讀和研究，但是學界對夏譯藏文佛經的翻譯規律已有一個總體的概念，本研究希望通過

〔註 61〕聶鴻音：《西夏佛教術語的來源》，《固原師專學報》（社會科學版），2002 年第 2 期，第 13-15 頁。

〔註 62〕玄奘「五不翻」原則略爲：「一秘密故，如陀羅尼；二含多義故，如薄伽梵具六義；三此無故，如閻浮樹，中夏實無此木；四順古故，如阿耨菩提，非不可翻，而摩騰以來常存梵音；五生善故，如般若。」

〔註 63〕關於這項法令的詳細內容，參見羅秉芬、周季文：《藏文翻譯史上的重要文獻——〈語合〉》，《中央民族學院學報》，1987 年第 5 期，第 50-53 頁。

〔註 64〕孫伯君：《西夏佛經翻譯的用字特點與譯經時代的判定》，《中華文史論叢》（總第 86 輯），2007 年，第 307-326 頁。

〔註 65〕段玉泉：《語言背後的文化流傳：一組西夏藏傳佛教文獻解讀》，蘭州大學博士論文，2009 年。

總結夏譯藏傳《守護大千國土經》的翻譯原則，爲西夏的藏傳佛教研究以及西夏語研究補充新的材料。

本項研究通過全文解讀夏譯藏傳《守護大千國土經》，將夏譯藏文佛經的翻譯原則總結爲：（一）意譯藏文〔註 66〕。（二）音譯和意譯藏文結合。當一個藏文詞結合了梵文的音譯和意譯時，西夏文也同樣結合了音譯和意譯。（三）音譯梵文和意譯藏文結合。有些術語藏文本來意譯自梵文，但西夏文卻在音譯梵文的部份音節的同時意譯另一部份藏文。（四）音譯藏文。對一些本來意譯自梵文的藏文詞，西夏人則直接音譯藏文，這應該是對藏文不夠精通的結果。（五）音譯梵文。有些術語藏文本來意譯自梵文，西夏文卻音譯自梵文，這正是一些學者所說的，西夏人雖然主要是以藏文爲底本翻譯佛經，但也會參考梵文本〔註 67〕。

另外筆者還想指出的是，西夏人翻譯佛經時，太過拘泥於形式，總是根據藏文佛經的七言、五言翻譯成西夏文的七言、五言，由於兩種語言之間的差別，使得有的翻譯過於牽強。

以下列表爲翻譯原則舉例，備註中給出的是必要的解釋，包括梵文、藏文的意思，以及《大正藏》或《翻譯名義大集》中的解釋。表格中「出處」的第一個數字表示館藏號，第二個數字表示照片號，如 220,3，表示「инв. № 220 第三張照片」。

（一）意譯自藏文

西夏文	藏　文	梵　文	漢　文	備　註	出處
𗖵𗖵𗥤（一切護）	kun skyob	Viśvabhū	毗舍浮佛	梵文或作 Viśvabhuk，譯作「毗濕婆部佛」、「闢叔婆附佛」、「隨葉佛」、「毗舍婆佛」，意爲「一切勝」、「一切自在」、「廣生」等。	38,16
𘝞𗗙（頂冠）	gtsug tor can	Śikhī	尸棄佛	或作「式佛」、「式詰佛」、「式棄佛」、「式棄那佛」，意譯爲「頂髻、有髻、火首、最上」。	38,16

〔註 66〕當西夏人在面對藏文一詞多義時，有時會選擇一個錯誤的意思。

〔註 67〕段玉泉：前引書，第 170 頁。

[illegible] （金花）	gser gyi me tog	Campaka	金花	或作「瞻波迦花」。	220,3
[illegible] （金寂如來）	gser thub	Kanakamuni	拘那含牟尼佛	或作「拘那含佛」等，意譯爲「金色仙、金儒、金寂」。	38,16
[illegible] （顛倒）	sangs rgyas log par dad sel	Krakucchandha	拘留孫佛	或作「迦羅鳩孫陀佛、羯洛迦孫馱佛、俱留孫佛」等，意譯爲「領持、滅累、所應斷已斷、成就美妙」。西夏文只是意譯了部份藏文。	38,16
[illegible] （法護）	chos skyong	Dharmapāla	法護藥叉		220,3
[illegible] （無熱池）	ma dros	Anavatapto nāgarāja	無熱惱池	梵文音譯作「阿那婆達多」，意譯爲「無熱惱龍王」，又稱「阿耨達龍王」，住於雪山頂之阿耨達池。	220,3
[illegible] （赤珍珠）	mu tig dmar po	Lohita muktikā	妙眞珠寶		220,5
[illegible] （獄帝）	gshin rje	Yama	焰魔藥叉		220,3
[illegible] （獄帝使者）	gshin rje'i pho nya	Yama-dūta	焰魔使者大藥叉		220,3
[illegible] （轉輪王）	'khor los skyur ba'i rgyal po	Cakra-vartin	轉輪王		41,7
[illegible] （妙壞）	rab tu 'joms	Pramardana	能破他藥叉	梵文意爲「摧壞」。	220,3
[illegible] （殊妙）	rab tu	Bharukaccha	婆嚕迦砌神	梵文意爲「妙魔」。《翻譯名義大集》中藏文作 dam pa 'debs。	220,3
[illegible] （執眞諦）	bden pa 'chang ba		眞實藥叉	《大正藏》中梵文注釋爲 sātyaki。	220,3
[illegible] （玉璧）	gtsang dang shel			藏文直譯爲「無瑕的玉」。漢文本作「頗胝迦」。「錯導」二字又譯藏文 spug，或作「琥珀、硨磲」。	220,4
[illegible] （柔者）	'jam pa po	Mañjuka	曼祖	「曼祖」原本是元代對 Mañjuśrī（文殊師利）	38,9

				的譯法，這裏應該是指 Mañjuk，漢文音譯做「彌酬迦」，是惱亂童子的十五鬼神之一。	
[illegible]（未生怨王）	rgyal po ma skyes dgras	Ajātaśatru	阿闍世王	梵文或作「阿闍多設咄路王」，意譯「未生怨王」，其母名「韋提希」，故亦稱「阿闍世韋提希子」。	41,5
[illegible]（黃契）	ser skya	Kapila	迦卑羅藥叉	藏文意爲「淡黃色、僧俗」。	220,3
[illegible]（非天）	lha ma yin	Asura	阿修羅		41,6
[illegible]（馬勝）	rta thul	Aśvajit	尊者 阿濕嚩爾多	或作「馬勝比丘」。	41,6
[illegible]（馬生）	rta skye ba	Aśvaja	阿濕縛爾國	《佛光大辭典》中有 Aśvaka，音譯作「阿濕波」，爲古印度十六大國之一。	220,3
[illegible]（護國）	srung byed pa	Vṛji（?）	吠禰勢國	Vṛji，意爲「增勝」、「避」、「聚」，音譯爲「跋耆」、「跋闍」等，古印度十六國之一。《大正藏》中梵文注釋爲 Vaidiśa，。	220,3
[illegible]（身臭）	srul po	Pūtana	布單那	意譯作「臭鬼、臭餓鬼」，又稱「熱病鬼、災恠鬼」。此鬼與乾達婆皆爲持國天之眷屬，守護東方，外形如豬，能使孩童在睡眠中驚怖啼哭。	38,9
[illegible]（奪母）	'phrog ma	Hārītī	羅刹女、 訶利帝母		41,6
[illegible]（智者）	mkhas pa	Ācārya	阿闍梨	藏語或作 slob dpon，意譯爲「軌範師、教授、智賢」	220,15
[illegible]（懼意）	skrag byed pa	Vibhīṣaṇa	以鼻沙拏大藥叉	梵文意爲「怖畏」。	220,3
[illegible]（不動定）	gyo med	Viṣṇu	毗濕奴		41,15

[illegible] （不喜）	ma dga' byed	Mātṛnāndā	麼底哩（二合）難那魅者	或作「曼多難提」。	38,9
[illegible] （枯令）	skem byed	Skanda	塞健（二合）那	或作「塞犍陀」或「騫陀」，意譯為「作歎、作」。藏文意為「使枯瘦、使乾」。	38,9
[illegible] （持五）	lnga 'dzin pa	Pāñcāla	缽左利國	古印度十六國之一。	220,3
[illegible] （五有權牛王）	lnga ldan rgyal ba khyu mchog	Pāñcika	半支喻藥叉	khyu mchog 意為「牛王」。	220,3
[illegible] （思國）	sems pa	Ceḍi		梵文意譯作「憶」，音譯作「支提」，古印度十六國之一。	220,3
[illegible] （鳥魔）	bya	Śakunī	爍俱額魅者	或作「舍究尼」。	38,9
[illegible] （令忘）	brjed byed	Apasmāra	阿缽娑麼（二合）囉	或作「阿波悉魔羅」，意譯為「作忘者」。藏文意為「癔病、妄念鬼」。	38,9
[illegible] （日親）	nyi ma'i grogs	Sūryamitra	素哩弭怛囉	sūrya 意為「日、日曜」；mitra 意為「朋友」。	220,3
[illegible] （損礙無）	ma 'gags pa	Aniruddha	尊者阿寧嚕馱	即「無滅如意」。	41,5
[illegible] （有威儀龍王）	gzi can klu yi rgyal po	Manasvī nāgarāja	摩那斯龍王	或作 「具威龍王」。	220,3
[illegible] （至愛）	'dod mchog	Kāmaśreṣṭhī	商主天子	kāma 意為「貪愛」；śreṣṭhī 意為「商人、商主」。藏文只譯了前半部份，漢文本只譯了後半部份。	41,16
[illegible] （起善）	dge slong gi dge 'dun	Bhikṣu	比丘		41,5
[illegible] （善淨）	dge sbyong	Śramaṇa	沙門		41,13
[illegible] （持名號）	grags 'jin	Yaśodhara	耶殊陀羅天子	《翻譯名義大集》中藏文作 grags 'dzin ma。	41,16
[illegible] （遍入取）	khyab 'jug len	Harī	訶利羅刹女	「遍入天」的異名。	220,3

[illegible]（奎魔）	nam gru	Revatī	黎嚩帝	或作「黎婆坻」，爲二十八宿之「奎宿」。	38,9
[illegible]（水魔）	chu srin	Makara/ Kumbhīra	摩竭魚形羅刹娑/矩婆藥叉	梵文 Makara 意爲「大體魚、鯨魚、巨鼇」，印度神話中以之爲水神（Varuṇa）之坐騎摩竭魚。梵文 Kumbhīra 意爲「鱷魚、蛟龍」。	220,1/ 220,3
[illegible]（流水護光）	chu klung ’od srung	Nadīkāśyapa	那提迦葉		41,5
[illegible]（妙織）	thogs bzang ris	Vemacitra	毗摩質多	即「淨心天，綺畫天王」。	220,3
[illegible]（妙高山）	ri rab	Sumeru	須彌山	西夏文有時又音譯作「[illegible]（須彌）」。	220,3
[illegible]（賢國）	bzang po’i yul	Kamboja（?）		梵文意爲「好、勝」，音譯爲「劍洴沙」。	220,3
[illegible]（善手）	lag bzang	Subāhu	蘇婆呼	或作「妙臂菩薩」。	41,5
[illegible]（力國）	gyad kyi yul	Malla	末利國	梵文意譯爲「力士國、壯士國」，古印度十六國之一。	220,3
[illegible]（欲多）	’dod pa can	Kāminī	迦弭顐魅者	或作「迦彌尼」。	38,9
[illegible]（生者）	’byung po	Bhuta	魔鬼、魑魅		41,6
[illegible]（大肚）	gsus po che	Kauṣṭhila	俱希羅	或作「大肚羅漢」。	220,3
[illegible]（雪山神通）	mngon shes gngas can	Himavanta	雪山天子		41,16
[illegible]（居荒野）	’brog gnas	Āṭavaka yakṣa		藏文應該爲 gnod sbyin’brog gnas 的簡稱。梵文意爲「住曠野藥叉」，音譯作「阿吒薄拘鬼神大將」，又作「曠野鬼神」、「曠野夜叉」。	41,16
[illegible]（執犁）	gshol mda’ ’dzin	Īṣādhāra	伊沙馱羅山	或作「持軸山」。	220,3
[illegible]（大主富神）	dbang phyug chen po	Maheśvara	摩醯首羅	或作「大自在天」。	220,10/ 220,12

[illegible]（大自在）					
[illegible]（大護光）	'od srung chen po	Mahākāśyapa	摩訶迦葉	或作「大飲光」。	41,5
[illegible]（食香）	dri za	Gandharva	彥達嚩		41,16
[illegible]（謀喜）	dga' byed	Nandika		梵文音譯作「難提迦」，意爲「有喜」。漢文本中無此尊者名，卻有「難提枳曩」，不知道是不是 Nandika 的另一個漢文譯名。或者按對音似應是 Nandijñā（智謀）。	41,5
[illegible]（喜近喜龍王）	dga' bo nye dga' gnyis po	Nandopanando nāgarāja	難陀跋難陀龍王	即「令喜與善喜弟兄二龍王」。	220,3
[illegible]（目赤）	mig dmar	Lohitākṣa	眼赤大藥叉		220,3
[illegible]（目垂）	mig 'phyang ba	Ālambā	阿藍麼		38,9
[illegible]（項手）	gnya' ba'i lag can	Kaṇṭhapaṇinī	建姹播底顊	或作「乾吒婆尼」。	38,9
[illegible]（語主）	ngag dbang	Vāgīśa	嚩倪舍	ngag dbang 是 ngag gi dbang phyug 的縮寫，或作「語自在」，文殊菩薩的異名。	41,5
[illegible]（頂寶頸）	mgul pa mdzes	Maṇikaṇtha	麼抳建姹天子	《翻譯名義大集》中藏文作 mgul na nor bu。	41,16
[illegible]（明見）	lhag mthong	Vipāśyana	微鉢舍那		220,12
[illegible]（鹿王）	ri dags rgyal	Mṛgarāja	鹿王	或作「彌迦王」，十五鬼神之一。	38,9
[illegible]（滿賢）	gang ba bzang po	Pūrṇabhadra	布嚕那跋陀羅	或作「滿賢藥叉」。	41,6
[illegible]（多聞）	rnam thos kyi bu	Vaiśravaṇa	毗沙門	藏文或作 rnam thos bus，毗沙門天的異名。	41,7
[illegible]（巧明）	rig byed	Brahmā	天人	西夏文字面義作「巧明」，意譯自藏文，藏	41,13

				文意爲「智慧、知識、梵天」。	
[illegible]（相美）	bzhin rgyan	Mukhamaṇḍitikā	目佉滿抳	或作「目佉曼荼」。	38,9
[illegible]（種觀如來）	sangs rgyas rnam par gzigs	Vipaśyin	曩謨微鉢尸佛	或作「毗婆尸佛」，意譯爲「勝觀佛、淨觀佛、勝見佛、種種見佛」。	38,16

（二）音譯和意譯藏文結合

西夏文	藏 文	梵 文	漢 文	備 註	出處
[illegible]（大目乾連）	mo'u gal gyi bu chen po	Maudgalyāyana	摩訶目乾連		41,5
[illegible]（釋迦能仁）	śākya thub pa	Śākya-muni	釋迦牟尼佛	梵文意譯作「能仁、能忍、能寂、寂默、能滿」，或梵漢並譯作「釋迦寂靜」。	38,16
[illegible]（大迦怛之子）	kā tyā'i bu chen po	Mahākātyāyana	摩訶迦旃延	藏文意爲「大迦多之子」，或作「摩訶迦多衍那」。	41,5
[illegible]（伽耶護光）	ga ya 'od srung	Gayākāśyapa	伽耶迦葉	或作「伽耶飲光」。	41,5

（三）音譯梵文和意譯藏文結合

西夏文	藏 文	梵 文	漢 文	備 註	出處
[illegible]（優樓頻羅護光）	lteng rgyas 'od srung	Uruvilvākāśyapa	優樓頻羅迦葉	「優樓頻羅」音譯自梵文的 Uruvilvā；「護光」意譯自藏文'od srung。	41,5
[illegible]（黑杜鵑俱紀羅鳥）	khu byug	Kokila	俱枳羅	Kokila，或音譯作「俱翅羅」，產於印度之黑色杜鵑鳥，又作「拘翅羅鳥」等。藏文作 khu byug，即「杜鵑」。	38,3

（四）音譯藏文

西夏文	藏 文	梵 文	漢 文	備 註	出處
[illegible]（俾臘）	be'u la	Vatsa	末蹉國	梵文 Vatsa 意爲「牛犢、小腿肚」，藏文意譯作 be'u，藏文	220,3

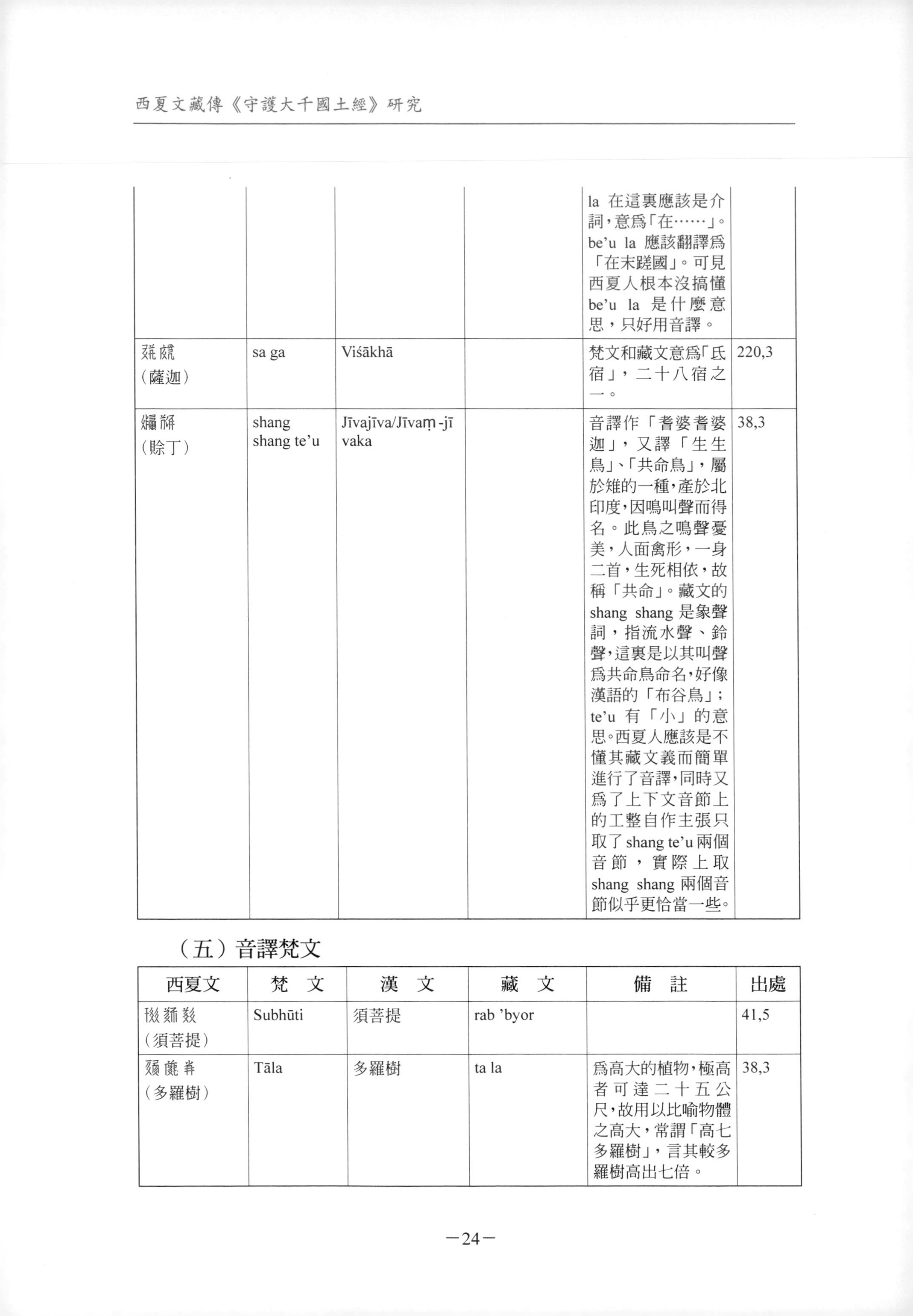

				la 在這裏應該是介詞，意爲「在……」。be'u la 應該翻譯爲「在末蹉國」。可見西夏人根本沒搞懂 be'u la 是什麼意思，只好用音譯。	
[illegible]（薩迦）	sa ga	Viśākhā		梵文和藏文意爲「氐宿」，二十八宿之一。	220,3
[illegible]（賒丁）	shang shang te'u	Jīvajīva/Jīvaṃ-jīvaka		音譯作「耆婆耆婆迦」，又譯「生生鳥」、「共命鳥」，屬於雉的一種，產於北印度，因鳴叫聲而得名。此鳥之鳴聲憂美，人面禽形，一身二首，生死相依，故稱「共命」。藏文的 shang shang 是象聲詞，指流水聲、鈴聲，這裏是以其叫聲爲共命鳥命名，好像漢語的「布谷鳥」；te'u 有「小」的意思。西夏人應該是不懂其藏文義而簡單進行了音譯，同時又爲了上下文音節上的工整自作主張只取了 shang te'u 兩個音節，實際上取 shang shang 兩個音節似乎更恰當一些。	38,3

（五）音譯梵文

西夏文	梵 文	漢 文	藏 文	備 註	出處
[illegible]（須菩提）	Subhūti	須菩提	rab 'byor		41,5
[illegible]（多羅樹）	Tāla	多羅樹	ta la	爲高大的植物，極高者可達二十五公尺，故用以比喻物體之高大，常謂「高七多羅樹」，言其較多羅樹高出七倍。	38,3

[illegible]（怛摩羅樹）	Tamālapatra/ Tamālapattra/ Tamāla		ta ma la'i shing	或作「多摩羅跋樹」、「多摩羅樹」，即我國所稱之「藿香」，產於我國、南印度、錫蘭等。	38,3
[illegible]（俱舍羅）	Kośala	俱舍羅國	ko sa la		220,3
[illegible]（烏底跋羅樹）	Uḍumbrara/ Udumbara		u dum bā ra	即「優魔樹」、「優曇鉢羅」。Uḍumbrara 略稱「曇花」，意譯作「靈瑞花」、「空起花」，產於喜馬拉雅山麓、德干高原及斯里蘭卡等地。	38,3
[illegible]（婆數槃）	Bāṣpa	婆藪槃豆	rlangs pa		41,5
[illegible]（惹弭迦）	Jāmikā	惹弭迦	ja mi ka	或作「閻彌迦」，十五鬼神之一。	38,9
[illegible]（頗胝迦）	Sphaṭika	白玉	rdo yi snying po	藏文直譯作「石之精華」。	41,13
[illegible]（離婆多）	Revata	離跋多	nam gru	藏文或作「具壽奎宿」。	41,5
[illegible]（阿難）	Ānanda	阿難陀	kun dga' bo	漢文略作「阿難」。藏文或譯作「慶喜」。	41,5
[illegible]（娑羅樹）	Śāla		sā la	「娑羅樹」、「芸香樹」，屬龍腦香科之喬木，產於印度等熱帶地方，傳爲過去七佛中第三毗舍婆佛之道場樹。	38,3
[illegible]（尼具怛樹）	Nyagrodha	尼俱律陀樹	nya gro dha	或作「尼拘律樹」、「尼拘陀樹」，梵文意譯爲「無節、縱廣、多根」。	38,3
[illegible]（阿沫羅樹）	Āmala	阿摩羅果樹	skyu ru ra	或作「阿末羅」，一般譯爲「餘甘子」。	38,3
[illegible]（摩醯首羅）	Maheśvara	摩醯首羅	dbang phyug chen po	藏文或譯作「大自在天」。	220,15

西夏對藏文多義詞時有誤譯，如：

[illegible]（馬通喬陳如），意譯自藏文 cang shes kau ṇḍi nya，或作「神通喬陳如」。梵文 Ājñātakauṇḍinya，漢文「阿若喬陳如」。cang shes 有「神通」、「良馬」兩個意思，在譯 Ājñāta（已知、非無所知）時當取其「神通」之意。而西夏文用「靛論」二字與之對應，應該是採用了「良馬」這個意思，或者把「神通」和「良馬」兩個意思結合在了一起。（41,5）

[illegible]（楊柳宮），字面義爲「有髮宮」，直譯自藏文 lcang lo can gyi pho brang，梵文 Aṭakavatī，漢文作「阿拏迦嚩底王城」。lcang lo 意爲「柳葉、長辮」，根據梵文 Aṭakavatī（意爲「柳葉隅」）的意思，這裏應該取其「柳葉」之意，但是西夏人用「[illegible]」（毛髮）來譯，顯然是將其理解成了「長辮」。經文中的「[illegible]，[illegible]」（我今主有髮，王宮有有髮），顯然是對藏文 de bas bdag ni lcang lo'i bdag/rgyal po'i pho brang lcang lo can/的誤譯，正確的翻譯應該是「我今有柳葉，王宮有柳葉」。「楊柳宮」是金剛手菩薩和多聞天子所居宮殿。（41,11）

[illegible]（棄絕魔鉤），意譯自藏文 bdud kyi mchil ma 'dor ba'o。mchil ma 有「唾液」和「魚鉤」兩個意思。根據上文「斷截魔網繩索怖魔眷屬」，這裏應譯爲「棄絕魔唾液」。「魔唾液」估計對其眷屬來講就像密宗弟子受佛灌頂時頭上所灑之「甘露水」，西夏人把其譯成「魔鉤」，不具有任何意義。（220,15）

[illegible]（供養樹），直譯自藏文 mchod sdong，意爲「靈塔」。西夏人沒有用更常見的[illegible]（寶塔）來譯，讓人懷疑是不是沒有明白藏文的眞正意思。（41,12）

四、西夏文《守護大千國土經》的研究方法和研究價值

本研究採用的是「五行對譯法」，「五行」指的是西夏文錄文、對譯、藏文、漢文意譯、施護本漢文。具體步驟是先給出西夏文錄文及對譯，接著是相應的藏文，然後是漢文意譯，之後是注釋，最後在佛經每卷末尾給出施護漢譯本內容。這種對譯法的目的在於通過夏、藏、漢三種譯本的對勘研究，探討夏譯藏文佛經的翻譯原則。這項研究對於學界今後繼續研究夏譯藏傳佛教經典以及深入研究西夏語言都具有很重要的意義。

首先，對西夏藏傳佛經的界定有著非常重要的意義。此前學界主要是通過西夏文佛經是否有音譯意譯兩種經題來判斷其是不是譯自藏文，聶歷山最

先指出，大部份譯自藏文的佛教作品最初都有音譯梵文的標題，這是繼承了藏文佛經的傳統〔註 68〕。日本學者西田龍雄也持同樣的觀點〔註 69〕。這種方法確實爲西夏文佛經的研究起到了重要作用，然而，當一部佛經首尾俱殘，根本無經題時，這種方法就失去了意義。並且西田龍雄曾指出，仁宗仁孝在校訂先帝的譯本時，把許多藏傳佛教經典的經題都改成了漢式〔註 70〕，即開頭只給出意譯的經題，而刪除了對梵文的音譯。如果我們一味地從經題上去判斷一部佛經是否譯自藏文，難免會出差錯。因此，我們不得不另尋他法。我們可以先總結已知的夏譯藏文佛經中的詞彙特徵以及翻譯規律，再利用這些特徵和規律去辨別那些此前無法界定的西夏文佛經。目前，學界雖然已經總結出了一些規律，但卻缺少系統的研究，本項研究則通過解讀一部長篇佛經，爲夏譯藏傳佛經的翻譯規則找到了更多的語料，總結出的翻譯原則有助於今後學界對西夏文藏傳佛經的判定。

其次，爲今後搜尋西夏文佛經的藏文原本創造條件，爲解讀其它爲數眾多的藏傳西夏文佛經提供幫助。如所周知，目前學界在解讀西夏文漢傳佛經時大多參考相應的漢文本，同樣，在解讀藏傳佛經時最便捷的方法無疑是先找到其藏文原本。但是因爲佛教經典浩如煙海，又因爲藏語和西夏語之間畢竟存在差異，吐蕃人和西夏人翻譯經典的習慣也各有不同，所以有時候一部經的經名在不同的語言中有不同的譯法，這就大大增加了查找藏文原本的困難。就像《吉祥遍至口和本續》，曾因藏文經題譯法有所不同而難以找到其藏文原本，一度被學界認爲是藏密經典中此經的存世孤本。有幸的是，孫昌盛用音譯爲主、音譯與意譯結合爲輔的方法解讀出了《吉祥遍至口和本續》題記中幾位吐蕃僧人的名字及題記相關內容〔註 71〕，後來沈衛榮通過題記以及孫昌盛解讀出的部份經文終於找到了藏文原本〔註 72〕。如果我們當初對西夏人翻譯藏文佛經的習慣足夠瞭解，也許我們能更早地找到其藏文經題和西夏

〔註 68〕聶歷山：《西夏語發音研究的有關資料》，載李範文編《西夏研究》（第 6 輯），北京：中國社會科學出版社，2007 年，第 74 頁。

〔註 69〕西田龍雄：《西夏語研究》，載李範文編《西夏研究》（第 7 輯第 I 卷），北京：中國社會科學出版社，2008 年，第 290-291 頁。

〔註 70〕西田龍雄：前引書，頁 290-291。

〔註 71〕孫昌盛：《西夏文佛經〈吉祥遍至口合本續〉題記譯考》，《西藏研究》，2004 年第 2 期，第 66-72 頁。

〔註 72〕沈衛榮：《西夏文藏傳續典〈吉祥遍至口合本續〉源流、密意考述》（上），《西夏學》（第 2 輯），2007 年第 2 期，第 92-98 頁。

文經題之間的聯繫，同時也能更好地瞭解佛經的內容，從而更早地找到其藏文原本。本項研究通過總結西夏譯本《守護大千國土經》中的翻譯原則，將加強人們對西夏人譯經習慣的瞭解，從而爲夏譯藏經的解讀提供方便。在本研究中我們發現，西夏人對藏文佛教術語不僅僅使用了此前大家所發現的意譯、音譯等方式，還對一些本來意譯自梵文的藏文詞直接採用音譯，顯然是因爲對藏文不夠精通所致，這使得追溯其原意格外曲折，同時也讓我們今後在尋找藏文原本時又可以多有一層考慮。

再者，爲西夏語的研究補充基礎材料。聶歷山把西夏文佛經中音譯自藏文的詞以及西夏文佛經中的藏文對音殘片都當做研究西夏語音的重要資料，他曾說，西夏文音譯梵文經題對我們研究西夏字非常有用，同時，經文中的音譯專用名詞對梵夏對音研究非常有價值〔註 73〕。眾所周知，藏文佛經中的咒語雖然寫成藏字，但都是據梵文原本絲毫不差地轉寫過去的，所以完全可以視同梵文。因此，西夏文《守護大千國土經》中出現的大量音譯詞和咒語無疑是難得的西夏語音資料，其獲得解讀對西夏語研究具有重要意義。

〔註 73〕聶歷山，《西夏語發音研究的有關資料》，載李範文編《西夏研究》（第 6 輯），北京：中國社會科學出版社，2007 年，第 74 頁。

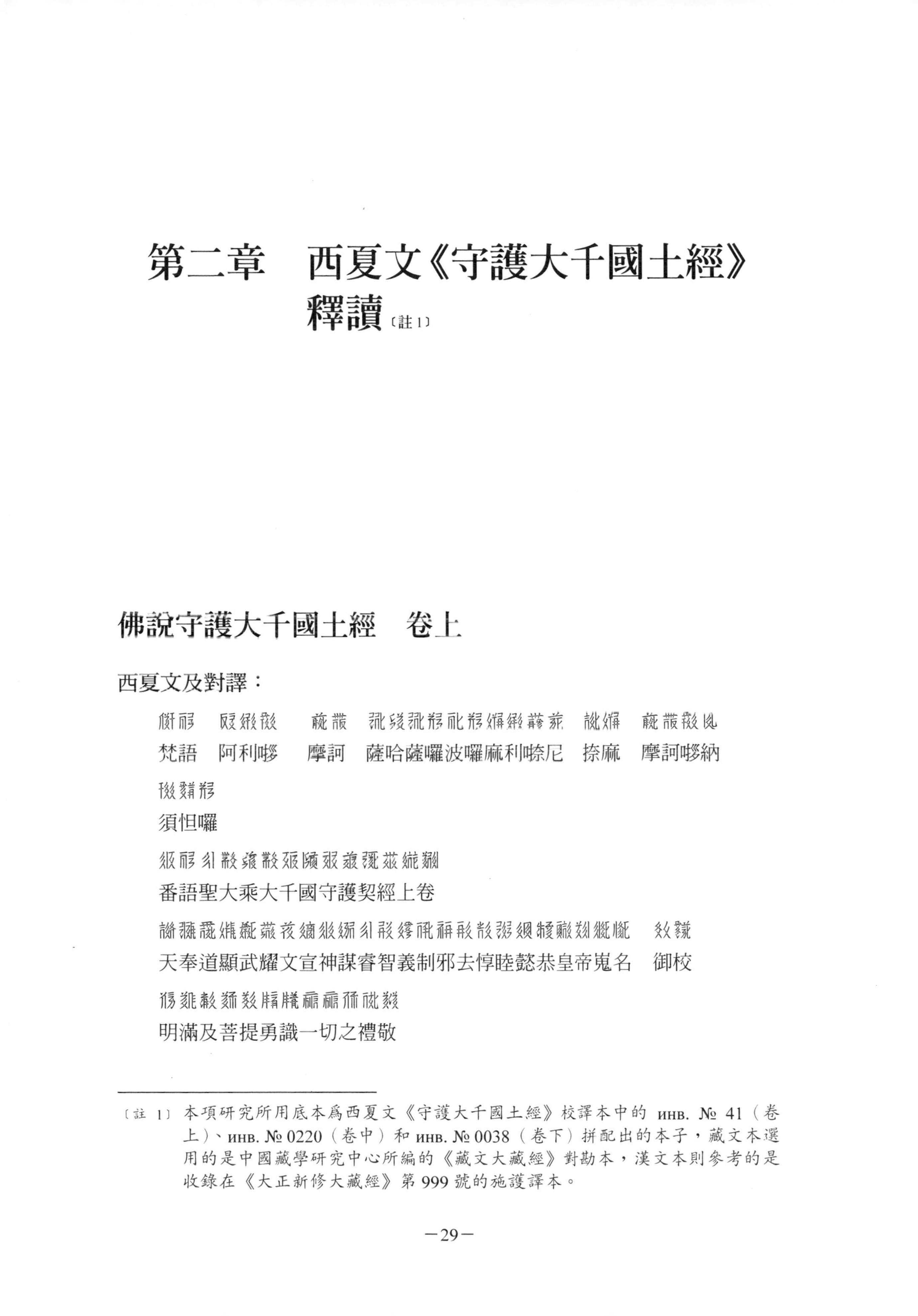

第二章　西夏文《守護大千國土經》釋讀〔註 1〕

佛說守護大千國土經　卷上

西夏文及對譯：

[illegible]

梵語　阿利嘐　摩訶　薩哈薩囉波囉蔴利嗦尼　捺蔴　摩訶嘐納

[illegible]

須怛囉

[illegible]

番語聖大乘大千國守護契經上卷

[illegible]

天奉道顯武耀文宣神謀睿智義制邪去惇睦懿恭皇帝嵬名　御校

[illegible]

明滿及菩提勇識一切之禮敬

〔註 1〕 本項研究所用底本爲西夏文《守護大千國土經》校譯本中的 инв. № 41（卷上）、инв. № 0220（卷中）和 инв. № 0038（卷下）拼配出的本子，藏文本選用的是中國藏學研究中心所編的《藏文大藏經》對勘本，漢文本則參考的是收錄在《大正新修大藏經》第 999 號的施護譯本。

[illegible]

是如聞我/一時壞有出王舍城鳥野聚山南面正覺境界大樹林中/

[illegible]

千二百五十大善起眾與聚/

藏文：

rgya gar skad du/ Ārya mahāsāhasrapramardana nāma mahāyāna sūtra/

bod skad du/ stong chen mo rab tu 'joms pa zhes bya ba'i mdo/

sangs rgyas dang byang chub sems dpa' thams cad la phyag 'tshal lo/

'di skad bdag gis thos pa'i dus gcig na bcom ldan 'das rgyal po'i khab na/ bya rgod phung po'i ri'i lho phyogs kyi ngos sangs rgyas kyi spyod yul shing ljon pa rab tu snang ba'i nags tshogs na dge slong gi dge 'dun chen po stong nyis brgya lnga bcu la 'di lta ste/

意譯：

梵語　阿利嘐　　摩訶　薩哈薩囉波囉麻利嗏尼　捺麻　　摩訶嘐納須怛囉〔1〕

番語聖大乘大千國守護契經上卷

奉天顯道耀武宣文神謀睿智制義去邪惇睦懿恭皇帝〔2〕嵬名　御校

敬禮一切佛菩薩〔3〕！

如是我聞，一時世尊王舍城鷲峰山〔4〕南面佛〔5〕境界〔6〕大樹林中，與大苾芻〔7〕眾千二百五十人俱。

注釋：

〔1〕據《大正藏》，梵文作 Ārya- mahā-sahasra-pramardini-nāma-mahāyāna- sūtra，藏文作 stong chen mo rab tu 'joms pa zhes bya ba'i mdo，其中省略了 Ārya，即「聖大乘」。

〔2〕夏仁宗皇帝尊號。

〔3〕[illegible]（明滿），意譯自藏文 sangs rgyas，或作「覺者，佛陀」，漢文作「佛」；[illegible]（菩提勇識），藏文作 byang chub sems dpa'，漢文作「菩薩」。[illegible]（勇識）意譯自 sems dpa'。

〔4〕[illegible]（出有壞），意譯自藏文 bcom ldan 'das，梵文 Bhagavān，漢文作「世尊」；[illegible]（王舍城），意譯自藏文 rgyal po'i khab，梵文作 Rājagṛha，漢文亦作「王舍城」；[illegible]（靈鷲山），字面義爲「聚野鳥山」，意譯自藏文

bya rgod phung po'i ri，梵文 Gṛdhrakūṭa，漢文作「靈鷲山」。

〔5〕[illegible]（正覺），意譯自藏文 sangs rgyas，西夏文亦作「[illegible]（明滿）」。見上文注釋 3。

〔6〕[illegible]（境界），藏文 spyod yul，意爲「思想活動範圍」或「所行處」。

〔7〕[illegible]（起善），意譯自藏文 dge slong gi dge 'dun，或作「比丘僧」，梵文 Bhikṣu，漢文作「比丘」或「苾芻」。

西夏文及對譯：

[illegible]/[illegible]/[illegible]/[illegible]/

彼等名者壽具舍利子/壽具大目乾連/壽具大光護/壽具伽耶光護/

[illegible]/[illegible]/[illegible]/[illegible]/[illegible]/

壽具水流光護/壽具馬通喬陳如/壽具喜謀/壽具伽怛之大子/壽具跋俱羅/

[illegible]/[illegible]/[illegible]/[illegible]/[illegible]/[illegible]/

壽具跋數槃/壽具腹大/壽具言主/壽具馬降/壽具須善提/壽具善手/

[illegible]/[illegible]/[illegible]/[illegible]

壽具損礙無/壽具優樓頻羅光護/壽具兮物亅/壽具阿那等

[illegible]/

千二百五十大善起與一方居/

藏文：

tshe dang ldan pa sha ri'i bu dang/ tshe dang ldan pa mo'u gal gyi bu chen po dang/ tshe dang ldan pa 'od srung chen po dang/ tshe dang ldan pa ga ya 'od srung dang/ tshe dang ldan pa chu klung 'od srung dang/ tshe dang ldan pa cang shes kau ṇḍi nya dang/ tshe dang ldan pa dga' byed dang/ tshe dang ldan pa kā tyā'i bu chen po dang/ tshe dang ldan pa bakku la dang/ tshe dang ldan pa rlats pa dang/ tshe dang ldan pa gsus po che dang/ tshe dang ldan pa ngag dbang dang/ tshe dang ldan pa rta thul dang/ tshe dang ldan pa rab 'byor dang/ tshe dang ldan pa lag bzang dang/ tshe dang ldan pa ma 'gags pa dang/ tshe dang ldan pa lteng rgyas 'od srung dang/ tshe dang ldan pa nam gru nas/ tshe dang ldan pa kun dga' bo'i bar du de la sogs pa'i dge slong stong nyis brgya lnga bcu'i dge slong gi dge 'dun chen po dag dang thabs cig tu bzhugs so/

意譯：

彼等名曰尊者舍利弗〔1〕，尊者摩訶目乾連〔2〕，尊者摩訶迦葉〔3〕，尊者伽耶迦葉〔4〕，尊者那提迦葉〔5〕，尊者阿若喬陳如〔6〕，尊者難提迦〔7〕，尊者摩訶迦旃延〔8〕，尊者跋俱羅〔9〕，尊者跋數檠〔10〕，尊者俱希羅〔11〕，尊者嚩倪舍〔12〕，尊者阿濕嚩爾多〔13〕，尊者須菩提〔14〕，尊者蘇婆呼〔15〕，尊者阿寧嚕馱〔16〕，尊者優樓頻羅迦葉〔17〕，尊者離婆多〔18〕，尊者阿難〔19〕〔註2〕等與千二百五十大比丘居一方。

注釋：

〔1〕[illegible]（具壽舍利子），意譯自藏文 tshe dang ldan pa sha ri'i bu，或作「具壽舍利之子」。梵文 Śāriputra。漢文「尊者舍利弗」。

〔2〕[illegible]（大目乾連），藏文 mo'u gal gyi bu chen po，或作「大目犍連」。梵文 Maudgalyāyana，漢文「摩訶目乾連」。音譯意譯結合。

〔3〕[illegible]（大護光），意譯自藏文'od srung chen po，或作「大飲光」。'od，作「光」；srung，作「守護」。梵文 Mahākāśyapa，漢文「尊者摩訶迦葉」。

〔4〕[illegible]（伽耶護光），其中「伽耶」是音譯，「護光」是意譯。藏文作 ga ya 'od srung，或作「伽耶飲光」。梵文 Gayākāśyapa，漢文「尊者伽耶迦葉」。

〔5〕[illegible]（流水護光），意譯自藏文 chu klung 'od srung。梵文 Nadīkāśyapa，漢文「尊者那提迦葉」。

〔6〕[illegible]（馬通喬陳如），意譯自藏文 cang shes kau ṇḍi nya，或作「神通喬陳如」。梵文 Ājñātakauṇḍinya，漢文「阿若喬陳如」。cang shes 有「神通」、「良馬」兩個意思，在譯 Ājñāta（已知、非無所知）時當取其「神通」之意。而西夏文用「[illegible]」二字與之對應，應該是採用了「良馬」這個意思，或者把「神通」和「良馬」兩個意思結合在了一起。

〔7〕[illegible]（謀喜），意譯自藏文 dga' byed，梵文應爲 Nandika（難提迦，意爲「有喜」）。漢文本中沒有此尊者名，卻有「難提枳曩」，不知道是不是 Nandika 的另一個漢文譯名，或者按對音似應是 Nandijñā（智謀）。

〔8〕[illegible]（大迦怛之子），意譯自藏文 kā tyā'i bu chen po，或作「大迦多之子」，梵文 Mahākātyāyana，漢文「摩訶迦旃延」或「摩訶迦多衍那」。

〔9〕[illegible]（跋俱羅），音譯自梵文 Bakula、Bakkula 或 Vakkula，漢文「跋俱羅」，藏文 bakku la。佛弟子之一。

〔10〕[illegible]（婆數槃），音譯自梵文 Bāṣpa，藏文 rlangs pa。漢文「尊者婆數槃豆」。

〔11〕[illegible]（大肚），意譯自藏文 gsus po che，或作「大肚羅漢」。梵文 Kauṣṭhila，漢文「俱希羅」。

〔註2〕漢文本比西夏文多一個尊者，一共是 20 個，其中無「尊者阿難」。西夏文則沒有漢文本中的「尊者摩訶那提迦葉」和「尊者準提曩」。

〔12〕[illegible]（語主），意譯自藏文 ngag dbang，或作「語自在」，是文殊菩薩的異名，ngag dbang 是 ngag gi dbang phyug 的縮寫。梵文 Vāgīśa，漢文「嚩倪舍」。

〔13〕[illegible]（馬勝），意譯自藏文 rta thul，或作「馬勝比丘」。梵文 Aśvajit，漢文「尊者阿濕嚩爾多」。

〔14〕[illegible]（須菩提），音譯自梵文 Subhūti，漢文「尊者須菩提」，藏文 rab 'byor，或作「具壽須菩提」。

〔15〕[illegible]（善手），意譯自藏文 lag bzang，或作「妙臂菩薩」。梵文 Subāhu，漢文「尊者蘇婆呼」。

〔16〕[illegible]（無滅），意譯自藏文 ma 'gags pa，或作「不滅」。梵文 Aniruddha，即「無滅如意」。漢文「尊者阿寧嚕馱」。

〔17〕[illegible]（優樓頻羅護光），梵文 Uruvilvākāśyapa，藏文 lteng rgyas 'od srung，或作「優樓頻羅飲光」。漢文「尊者優樓頻羅迦葉」。這個尊者名從梵文和藏文串著譯的，「優樓頻羅」音譯自梵文的 Uruvilvā，「護光」意譯自藏文的 'od srung。

〔18〕[illegible]（離婆多），音譯自梵文 Revata，即「奎宿」，二十八宿之一，漢文「尊者離跋多」，藏文 nam gru。

〔19〕[illegible]（阿難），音譯自梵文 Ānanda，漢文「阿難陀」，略作「阿難」。藏文 kun dga' bo，或作「慶喜」。

西夏文及對譯：

[illegible]/[illegible]

爾時壞有出及善起大眾等之摩竭提國身勝子未生怨王/衣服飲食臥具

[illegible]/[illegible]/[illegible]/

醫藥祐具以尊敬恭敬讚頌供養爲/爾時大地震動/大雲籠罩/

[illegible]/[illegible]/[illegible]/[illegible]/[illegible]/

不時風起大雲起生/大雹雨降/天雷閃電諸處皆至/十方雜亂/大黑夜成/

[illegible]/[illegible]/[illegible]/[illegible]

諸星辰隱蓋/日月光無/照耀不能/爾時毗捨離大城內如此等大畏懼災難

[illegible]/

一併大起/

藏文：

de'i tshe bcom ldan 'das dge slong gi dge 'dun dang bcas pa la lus 'phags mo'i bu yul ma ga dhā'i rgyal po ma skyes dgras na bza'i dang/ bshos dang/ gzims cha dang/ snyun gyi gsos sman dang/ yo byad rnams kyis bkur stir byas/ bla mar byas/ bsti stang du byas/ mchod par byas so/ yang de'i tshe sa yang cher gyos par gyur/ sprin 'dus pa chen po yang byung/ dus ma yin pa'i rlung dang/ser ba chen po dang/ sprin chen po las char pa chen po yang 'bab par gyur/ 'brug kyang di ri ri zer/ glog kyang byung/phyogs bcu yang 'khrugs par gyur to/ mun pa mun nag chen po yang byung ste/ skar ma rnams kyang mi snang/ nyi ma dang zla ba rnams kyang 'od dang mi ldan par gyus te/ lhan ner ma yin/ lhang nger ma yin zhing 'od mi gsal bar gyir to/ de nas yangs pa can gyi grong khyer chen por 'jigs pa de dag bying ba dang/

意譯：

爾時世尊及比丘大眾等之摩竭提國〔1〕韋提希子〔2〕阿闍世王〔3〕，以衣服飲食臥具醫藥等資具〔4〕供養恭敬尊重讚歎。爾時大地震動，大雲籠罩，不時起風大雲普覆，大雨雹降，天雷震吼掣電周遍，十方雜亂，大〔5〕黑暗降臨，諸星宿隱蔽，日月無光不能照耀。爾時毗捨離〔6〕大城內有如是等大災難競起〔7〕。

注釋：

〔1〕[illegible]（摩竭提），音譯自梵文 Magadha，漢文作「摩竭提」，藏文作 ma ga dha。摩竭提，古代中印度的一個國家，是印度重要的佛教聖地之一。

〔2〕[illegible]（勝身子），意譯自藏文 lus 'phags mo'i bu，梵文作 Ajātaśatru，漢文作「韋提希子」。藏文 lus 'phags，或作「勝身洲」，梵文 Videha，漢文「毗提訶」，是古印度四大部洲之一，即其中的東身勝洲（Pūrva-videha），略稱 Videha，以其身形殊勝，故稱「勝身」。 而藏文 lus 'phags mo，字面義作「勝身母、勝身夫人」，則是指摩竭提國的王妃 Vaidehī，意爲「思勝夫人、勝身夫人」，摩竭提國王子阿闍世的母親，漢文作「韋提希」。西夏文沒有譯出藏文中的 mo。

〔3〕[illegible]（未生怨王），意譯自藏文 rgyal po ma skyes dgras，與前文中的「韋提希子」是同一個人，梵文 Ajātaśatru，或作「阿闍多設咄路王」，意譯「未生怨王」，其母名「韋提希」，故亦稱「阿闍世韋提希子」。漢文作「阿闍世王」。

〔4〕[illegible]，對應的是藏文 yo byad，即「用具、資具」。[illegible]，意爲「祐」、「助」，音「亞」。可能是對藏文 yo 的音譯。byad，意爲「器具、用具」。

〔5〕這裏比漢文本多一個「大」字，譯自藏文 chen po。

〔6〕[illegible]（毗捨離），音譯自梵文 Vaiśālī，漢文作「毗耶離」，藏文作 yangs pa can。中印度著名的六大都城之一，爲離車子族所居之地。

〔7〕[illegible]（一併大起），藏文作 bying ba，意爲「沉陷、淹沒」，漢文作「競起」。

西夏文及對譯：

[illegible]

復次城內居者離車子等/及又城邑村落遍生者魔行爲侵害/村落中諸兒童

[illegible]

又卜算丞相大臣親者僕奴婢侍者使應等亦皆生者魔行爲侵害/

[illegible]

彼毗捨離國內善起善起女善親善親女等/皆悉驚恐/身毛皆豎

[illegible]

天之告呼啼哭/曰/或明滿法大眾之禮敬/或婆羅門長者等/

[illegible]

德法不信者乃梵天王處歸依/或釋皇帝處歸依/或世護神處歸依/

[illegible]

或大主富/又寶賢滿賢奪母/日月星辰及山林藥草樹林/江河池溝泊寶塔/

[illegible]

家長居者等於何已聚處歸依/我等如此災難畏懼/家中何以解得之說/

藏文：

yangs pa can gyi li ccha bī kha cig gi grong gzhan dang grong khyer ba gang yin pa de gdon ’byung po’i bdab par gyur/ grong gi gzhon nu rnams dang/ rtsis mkhan rnams dang/ blon po dang/ blon po chen po dang/ ’khor na gnas pa dang/ bran pho dang/ bran mo dang/ las byed pa dang/ mngag pa dang/ gyog kha cig kyang gdon ’bying pos btab par gyir/ yul yangs pa can gyi ljongs kun gyi dge slong dang/ dge slong ma dang/ dge bsnyen dang/ dge bsnyen ma rnams kyang ’jigs skrag sngangs te skyi bung zhes byed nas kha gnam du bltas to nyu ’bod cing sangs rgyas dang/ chos dang/ dge ’dun la phyg ’tshal/ bram ze dang khyim bdag gang dag sangs rgyas kyi bstan pa la mngon par ma dad pa’i bram ze dang/ khyim bdag de dag kha cig tshangs pa la phyg ’chal/kha cig ni brgya byin la/ kha cig ni ’jig rten skyong ba rnams la phyg ’tshal/ kha cig ni dbang phyug chen po dang/ nor bu bzang po dang/ gang ba bzang po dang/'phrog ma dang/ nyi ma dang/ zla ba dang/ gza'i dang/ skar ma dang/ ri dang/ nags tshogs dang/ sman dang/ sheng ljon pa dang/ klung dang/lteng ka dang/ mtshe'u dang/ rdzing bu dang/ rdzing dang/ mchod rten gyi gnas na gnas pa dag la phyag 'tshal zhing bdag cag 'di 'dra ba'i gnod pas 'jigs pa'i gnas nas ji ltar thar bar 'gyur snyam du sems shing 'khod pa

意譯：

復次居城內者有離車子〔1〕等，又及城邑村落遍為魑魅〔2〕魔所惱害，村落中諸兒童又卜算丞相大臣並眷屬〔3〕，奴婢僕從侍應等亦皆為魑魅魔所惱害。彼毗捨離國內苾芻苾芻尼優婆塞優婆夷〔4〕等，皆悉驚恐，身毛皆豎仰面向天呼告號哭。曰：「或敬禮明滿法大眾，或婆羅門諸長者，不信德法者〔5〕歸依於梵天王，或歸依於帝釋天〔6〕，或歸依於護世王，或大自在天〔7〕，或寶賢藥叉滿賢藥叉訶利帝母〔8〕，日月星辰及山林藥草樹林，江河陂池湖泊塔廟，常居家者等歸依於聚處。我等如此災禍怖畏，家中何以得解脫。」

注釋：

〔1〕豥絾豥（離車子），音譯自梵文 Licchavi，漢文「離車子」，藏文作 li ccha bī，或作「離車」。爲總印度毗捨離城之剎帝利種族，即拔祇族（Vṛji）之一部。

〔2〕縌疹（生者），意譯自藏文'byung po，意爲「動物、生物」，指「魔鬼、魑魅」，梵文 Bhuta。

〔3〕蕔蕟（眷屬），藏文作'khor，意爲「圍繞」，西夏文也直譯作「緋敽（圍繞）」。

〔4〕緢祇纑（起善女），意譯自藏文 dge slong ma，梵文 Bhikṣuṇī，漢文「比丘尼」或「苾芻尼」；緢緵（親善），意譯自藏文 dge bsnyen，梵文 Upāsakā，意爲「近善男、信男」，漢文「優婆塞」；緢緵纑（親善女），意譯自藏文 dge bsnyen ma，梵文 Upāsikā，意爲「近事女、信女」，漢文「優婆夷」。

〔5〕絾禨慨翑疹（不信德法者），藏文作 sangs rgyas kyi bstan pa la mngon par ma dad pa，意爲「佛說論藏」，漢文作「不信三寶」。

〔6〕蘵豃豩（帝釋天），藏文作 brgya byin，直譯作「百施」，西夏文有時也直譯作「緋馟（百施）」或「緋馟蘵豩（百施釋帝）」。梵文 Śakra Devānāmindra，漢文作「天帝釋」。原爲摩竭提國之婆羅門，由於布施等福德，遂生忉利天，且成爲三十三天之天主。

〔7〕糉豥蓏（大自在天），字面義作「大主富」，意譯自藏文 dbang phyug chen po，即「大自在天」。梵文 Maheśvara，漢文作「摩醯首羅」。西夏文有時也音譯自梵文作「敗豩蕔虈」。

〔8〕[illegible]（寶賢），意譯自藏文 nor bu bzang po，梵文 Maṇibhadra，漢文作「摩尼跋陀羅」；[illegible]（滿賢），意譯自藏文 gang ba bzang po，或作「滿賢藥叉」，梵文 Pūrṇabhadra，漢文作「布嚕那跋陀羅」；[illegible]（奪母），意譯自藏文'phrog ma，梵文 Hārītī，漢文「訶利帝母」，或作「羅刹女」。

西夏文及對譯：

[illegible]
爾時出有壞聖天目以觀/神變行以別瑞相現/其行相依此三千大千世界內

[illegible]
人天天非等/其聲音聞恭敬心生皆來聚集/爾時索訶世界主大梵天王/

[illegible]
梵天眾與一併/百施釋帝三十三天眾與一併/四大天王各天眾與一併/

[illegible]
二十八大礙施頭監三十二大礙施眾與一併/奪母小子又及圍繞眾與一併/

[illegible]
夜初分時出有壞處所來/奪母自威光/明輝以鳥野聚山中照皆一色爲/

[illegible]
壞有出處至二足頂禮/一方所立/口異聲同/壞有出之頌以讚歎/

藏文：

dag bcom ldan 'das kyis mi las 'phags pa'i spyan rnam par dag pas gzigs so/ de nas bcom ldan 'das kyis rdzu 'phrul mngon par 'du mdzad pa gang mngon par 'du mdzad pas stong gsum gyi stong chen po'i 'jag rten gyi khams dbyangs kyis go bar gyir nas lha dang mi dang mi dang lha ma yin di bcas ba'i 'jig rten dad par gyir te 'dus par gyir pa rnam pa de lta bu'i rdzu 'phrul mngon par 'du mdzad pa mngon par 'du mdzad do/ de nas mi mjed kyi bdag po tshangs pa dang/ tshangs ris kyi lha rnams dang/lha rnams kyi dbang po brgya byin dang/ sun cu rtsa gsum gyi lha rnams dang/ rgyal po chen po bzhi dang/ rgyal chen bzhi'i ris kyi lha rnams dang/ gnod sbyin gyi sde dpon nyi shu rtsa brgyad dang/ gnod sbyin chen po stobs po che sum cu rtsa gnyis dang/'phrog ma bu dang bcas 'khor dang bcas pa kha dog 'phags pa dag nub mo 'das pa dang/ dag pa lta bu'i bya rgod phung po'i ri la bdag gi kha dog dang mthus snang ba chen pos snang bar byas te/bcom ldan ’das ga la ba der dong nas phyin pa dang/ bcom ldan ’das kyi zhabs la mgo bos phyag ’tshal te phyogs gcig tu ’khod nas tshig gcig dbyangs gcig ngag gcig te bcom ldan ’das la tshigs su bcad de mngon par bstod pa/

意譯：

爾時世尊以聖目〔1〕觀，以神變現別瑞相。依其行相此三千大千世界內天人阿修羅〔2〕，聞其聲音恭敬心生皆來集會。爾時索訶世界主大梵天王，與梵眾天〔3〕俱〔4〕，帝釋天〔5〕與三十三天〔6〕眾俱，四大天王與各天眾俱，二十八大藥叉將〔7〕與三十二大力藥叉俱，訶利帝母並其子及及眷屬俱。於夜初分時來世尊所。訶利帝母以自威光，輝赫照耀鷲峰山皆爲一色，到世尊所頂禮佛足，卻住一面，異口同音，讚歎〔8〕如來曰：

注釋：

〔1〕𗼇𗦇（聖目），意譯自藏文’phags pa’i spyan。’phags pa 意爲「超群、聖」；spyan 意爲「目」。西夏文「𗦇」也常對譯藏文 mig（目）。

〔2〕𗹦𗼃（非天），意譯自藏文 lha ma yin，梵文 Asura，漢文作「阿修羅」。

〔3〕𘓞𗼇𗱕（梵眾天），藏文作 tshangs ris，梵文 Brahma-pāriṣadya，漢文作「梵天天子眾」；另有西夏文「𗼇𗱕」（天眾）譯藏文 lha rnams。

〔4〕𗍫𗫂（一併），字面義爲「結隊、伴隨、引導」，藏文 dang bcas pa，漢文作「俱」。

〔5〕𗋽𗪙𗢳𗧓（百施帝釋），藏文作 brgya byin，即「帝釋天」。brgya 意爲「百」；byin 意爲「給予、布施」。梵文全名 Śakra Devānāmindra，漢文作「天帝釋」。

〔6〕𗍳𗰗𗍳𗼇（三十三天），意譯自藏文 sun cu rtsa gsum，梵文 Trayastriṃśa，漢文作「忉利天」。

〔7〕𗥣𗪙（施礙），意譯自藏文 gnod sbyin，梵文 Yakṣa，漢文作「藥叉」；𗑗𗖵（首領），對譯藏文 sde dpon，意爲「大酋長，部落首領」，漢文作「將」。

〔8〕𘂤𗹙（讚歎），字面義爲「贊現」，意譯自藏文 mngon par bstod pa。mngon pa 意爲「顯現、看到」，bstod pa 意爲「歌頌、贊」。

西夏文及對譯：

縗縝敗驢霧綠梳/談蔚蕤繈敗荔舵/	㷀蘚䏲蘙毲梳緻/㼨䍃敠術緵㺬𤣩/
最妙光燃金色如/清淨滿月光與同/	吉祥多聞子如固/諸寶大之出可處/
蒞㢏皲㼐敵㢞梳/敠㹠敵術蘱剢綖/	㞾㞾霧斧劢㹠梳/叕敍豰㲺霧荔舵/
行走獅子象王如/大醉象之壓制能/	坦坦金山聚所如/莊嚴閻浮金與同/

[illegible]

虛空垢無淨月之/星辰眾以圍繞如/　諸相善以妙莊嚴/聲聞眾中安穩在/

[illegible]

世人天中尊殊妙/大牟尼之歸依△/　諸人天之皆利益/實親在以時依護/

[illegible]

大千國保護契經/過去壞有出所言/　輪圍諸山皆已至/界壇者中最上也/

[illegible]

大勇者之敬禮△/高大者之敬禮△/　法王者之敬禮△/掌合恭敬敬禮△/

藏文：

shin te ’bar ba’i gser dang ’dra/ zla ba nya ba’i ’od dang mtshungs/
dpal ldan rnam thos bu bzhin brtan/ rin chen rnams kyi ’byang gnas lags/
seng ge glang chen ’dra ba’i ’gros/ glang chen myos pa bzhin du gnon/
gser gyi ri bo dang yang mchungs/ ’dzam bu gling gi gser rgyan ’dra/
nam mkha’i zla ba dri med bzhin/ skar ma rnams kyis yongs bskor ba’i/
mtshan rnams kyis ni brgyan par gyur/ nyan thos dag ’dun rnams kyi dbus/
lha dang bcas pa’i ’jig rten ’di/ thub pa la ni skyabs sum chi/
mi rnams la ni phan pa’i phyir/ srung ba dus su nye bar gnas/
stong chen rab ’joms mdo sde ’di/ sangs rgyas snga mas bshad pa yi/
kho ra khor yug ri mtha’i bar/ mtshams gcod pa yi dam pa lags/
ghyag ’tshal skyes bu dpa’ khyod la/ ghyag ’tshal skyes bu mchog khyod la/
chos kyi rgyal po thub chen la/ thal mo sbyar te phyag ’tshal lo/

意譯：

最妙殊勝金色燃　猶如清淨滿月光
固如吉祥多聞子[1]　諸多珍寶來源處
行走如同獅象王[2]　威德堪壓大醉象[3]
坦坦如同金山聚[4]　美麗若比閻浮金[5]
虛空無垢清淨月　如同圍繞眾星中
諸眾美麗莊嚴相　聲聞僧伽安穩居
世天人中尊殊妙　歸依釋迦大牟尼[6]

諸人天之皆利益　至親〔7〕住以時依護
守護大千國土經　過去世尊已解說
輪圍〔8〕諸山皆所至　界壇者中最上也
敬禮雄健大勇者〔9〕　敬禮高大至尊者
敬禮法王大牟尼〔10〕　合掌尊恭而敬禮

注釋：

〔1〕[illegible]（吉祥多聞子），意譯自藏文 dpal ldan rnam thos bu，梵文 Vaiśravaṇa，漢文作「毗沙門」。

〔2〕[illegible]（象王），意譯自藏文 glang chen，漢文本無。

〔3〕[illegible]（醉），藏文 myos pa，漢文本無。

〔4〕[illegible]（坦坦金山），藏文 gser gyi ri bo，即「大金山」。此句漢文本作「巍巍眞金聚」。

〔5〕[illegible]（閻浮金），是音譯梵文和意譯藏文的結合。「閻浮」，這裏指「閻浮洲」，梵文 Jambudvīpa，漢文「閻浮提」或「贍部洲」，藏文'dzam bu gling。「閻浮洲」，佛家宇宙學所說環繞須彌山外的四大洲之南方大洲名。「閻浮洲」上有「閻浮樹」，樹下的河中產的金稱「閻浮金」。此句漢文本作「閻浮檀之色」。

〔6〕[illegible]（大牟尼），音譯自梵文 Muni，藏文 thub pa，或作「能仁」。漢文本作「薄伽梵」。

〔7〕[illegible]（實親），譯自藏文 nye ba，或作「親戚」。

〔8〕[illegible]（輪圍），藏文作 kho ra khor yug ri，梵文 Cakravāḍa-parvata，或作「金剛圍山、鐵圍山」，即圍繞於須彌四洲之外海，由鐵所成之山。漢文作「輪圍山」。

〔9〕[illegible]（者），對應藏文 khyod，意爲代詞「你」。

〔10〕[illegible]（法王），藏文 chos kyi rgyal po thub chen，即「法王大能仁」，梵文 Dharma-rāja。漢文作「牟尼大法王」。

西夏文及對譯：

[illegible]
爾時壞有出一念之時默然安住/四大天王之言曰/王大汝等之圍繞我圍繞之

[illegible]
擾亂/思者不合也/其者何云/此人世界中明滿出現/妙法解說/大眾眞實

[illegible]
修習者於此如善根種依/諸明滿壞有出及諸獨覺阿羅漢聲聞等世界出現/

[illegible]

其於世上者善根生則/三十二天中何所歸依天生得/王大彼等人中生/

[illegible]

亦四種軍隊四河洲主輪轉聖王成/大海中至大地壇上大法王成/彼等之子

[illegible]

勇健諸畏懼無/色妙莊嚴大神通有/急速風如威德自在敵寇降能/七寶具足

[illegible]

千子圍繞/此世上如是種種出現依/汝等輕蔑心起可不/

藏文：

de nas bcom ldan ’das kyis yud tsam zhig cang mi gsung bar dgongs nas rgyal po chen po bzhi po dag la dka’ stsal pa/ rgyal po chen po dag gang khyod kyi ’khor nga’i ’khor la ’tshe bar sems pa de ni tshul ma yin no/ de ci’i phyir zhe na/ mi’i ’jig rten ’dir sangs rgyas byung ba dang/ chos legs par gsungs pa dang/ dge ’dun legs par bsgrubs pa de la sa bon ’di btab na sangs rgyas bcom ldan ’das rnams dang/ rang sangs rgyas rnams dang/ dgra bcom pa rnams dang/ nyan thos rnams ’jig rten du ’byung bar ’gyur/ de la ’jig rten de dag gis dge ba’i rtsa ba bskyad nas lha’i ris sum bcu rtsa gsum las lha’i ris gang yang rung ba dag tu skye bar ’gyur/ rgyal po dag kyang dmag rnam ba’i dang ldan pa nas gling ba’i la dbang ba’i ’khor los skyur ba’i rgyal por’gyur ro/ rgya mtsho la thug pa’i sa’i dkyil ’khor chen por chos kyi rgyal srid byed par ’gyur te/ de dag la yang bu dpa’ ba/ rtul phod pa/ yan lag mchog gi gzugs dang ldan pa/ tshan po che’i stobs kyi shugs bdog pa/ pha rol gyi sde rab tu ’joms pa/ rin po che sna bdun dang ldan pa stong ’byung bar ’gyur ro/ de bas na ’jig rten ’dir rnam pa ’di lta bu ’byung bar ’gyur bar khyed snying las chung ngus gnas pas gnas par gyis shig/

意譯：

爾時世尊於一念頃〔1〕默然安住。告四大天王曰：「惱亂大王汝等諸眷屬我諸眷屬，思之不宜，云何如是。佛出現於人世間，解說妙法。僧伽眞實修行者依如是種善根。諸佛世尊及諸辟支佛〔2〕阿羅漢〔3〕聲聞眾出現於世，則於世間植善根，何所歸依得往生三十二天。大王彼等人中生，亦統領四兵成四河洲〔4〕主轉輪王〔5〕，至大海成大地壇〔6〕上大法王。彼等之子勇健無諸怖畏。妙色端正有大神通，急速如風威德自在能降怨敵，得七寶具足千子圍繞。出現世上如是種種，汝等不應起輕毀心。」

注釋：

〔1〕[illegible]（一念頃），藏文 yud tsam zhig。

〔2〕[illegible]（獨覺），意譯自藏文 rang sangs rgyas，即「獨覺、獨覺佛」，梵文 Pratyekabuddha，漢文「辟支佛」。

〔3〕[illegible]（阿羅漢），音譯自梵文 Arhant，漢文作「阿羅漢」，藏文 dgra bcom pa。

〔4〕[illegible]（四河洲），藏文 gling ba'i，梵文 Catvāro dvīpāḥ，或作「四洲」，漢文本作「四天下」。「四洲」，古印度人之世界觀，謂於須彌山四方大海中的大陸，又稱「四大部洲」、「四天下」，分別爲「東勝身洲」（Pūrva-videha）、「南瞻部洲」（Jambudvīpa）、「西牛貨洲」（Apara-godānīya）、「北俱盧州」（Uttara-kuru）。

〔5〕[illegible]（轉輪王），意譯自藏文'khor los skyur ba'i rgyal po，梵文 Cakra-varti-rājan，漢文作「轉輪王」。

〔6〕[illegible]（地壇），藏文 sa'i dkyil 'khor。

西夏文及對譯：

[illegible]/[illegible]/[illegible]/[illegible]
爾時多聞天王座處從起/左肩半穿右膝地著/壞有出於合掌敬禮/壞有出之

[illegible]/[illegible]/[illegible]/[illegible]/
如此說曰/我等之居處城大一有/園林宮殿樓閣/涼亭門樓隧道窗戶等/

[illegible]/[illegible]/[illegible]/[illegible]
絹幡以飾嚴/種種莊嚴鈴垂海珠鬘以繞/眾香善燒花以家遍散灑/如此宮在

[illegible]/[illegible]/[illegible]
其中我等之百千天女前後圍繞/五欲樂受/大德出有壞我等迷醉猶如放逸

[illegible]/[illegible]/[illegible]/[illegible]
以居/我之圍繞飲食尋因/十方馳走/若男若女童男童女嬰童牲趣等

[illegible]/[illegible]/[illegible]/
諸生命之損害/色彩失使/毀傷殺害命斷爲/

藏文：

de nas rgyal po chen po rnam thos kyi bu stan la slangs te/ bla gos phrag pa gcig tu gzar nas pus mo gyas pa'i lha nga sa la btsugs te/ bcom ldan 'das ga la ba de logs su thal mo sbyar ba btud de/ bcom ldan 'das la 'di skad ces gsol to/ bcom ldan 'das bdag cag la grong dang/ skyed mos tshal dang/ gzhal med khang dang/ khang pa brtsegs pa dang/ bsil khang dang/ sgo khang dang/ rta bbas dang/ skar khung dang/ dar kyi lda ldi bzang zhing mdzes pa rnam pa sna tshogs dang ldan pa dang/ dril bu dang mu tig gi dra bas yongs su bskor ba dang/ pog phor nas bdug pas bdug pa dag dang me tog gis gtor ba'i khyim dang/ gnas dang khang pa chen po dag mchis te/ der bdag cag bud med brgya phrag stong tag gis yongs su bskor cing 'dod pa'i yon tan lnga tshangs par spyod pa dang ldan par gyur nas gnas te/ btsun pa bcom ldan 'das bdag cag rab tu myos pas bag ma mchis par gnas pas gnas pa na/ 'khor zas dang skom tshol du phyogs bcu kun tu 'byer zhing skyes pa dang/bud med dang khye'u dang/ bu mo dang/ btsas ma thag pa dang/ dud 'gro'i skyes gnas su gtogs pa'i srog chags rnams kyi mdangs 'phrog/ 'tshe bar bgyid/ bgegs bgyid/ gsod par bgyid/srog dang bral bar bgyid de/

意譯：

爾時多聞天王〔1〕即從座起，左肩徧著右膝著地，於世尊合掌敬禮，白世尊如是曰：「我等之住處有一大城，園林〔2〕宮殿〔3〕樓閣〔4〕，涼亭門樓堦道〔5〕窗戶〔6〕等。嚴飾以絹幡〔7〕，繞以種種〔8〕美麗鈴鐺珍珠瓔鬘〔9〕，燒眾善香以遍灑宮中。在如是宮中我等之百千天女〔10〕前後圍繞，受五欲樂〔11〕。聖者薄伽梵〔12〕我等猶如迷醉放逸不羈〔13〕。我之弟子因尋飲食，十方馳走。若男若女童男童女嬰童牲畜〔14〕等諸生命〔15〕之損害，使失顏色〔16〕，毀傷殺害斷其命。

注釋：

〔1〕[illegible]（多聞天王），意譯自藏文 rgyal po chen po rnam thos kyi bu，梵文 Vaiśravaṇa，漢文作「北方藥叉主毗沙門天王」。下文亦稱「[illegible]」（多聞王），藏文作 rgyal po rnam thos bus。

〔2〕[illegible]（園林），藏文作 skyed mos tshal 或 nags tshal。

〔3〕[illegible]（宮殿），藏文 gzhal med khang，直譯作「無量宮」；或 rgyal po'i pho brang，直譯作「王宮」。

〔4〕[illegible]（樓閣），藏文 khang pa brtsegs pa。

〔5〕[illegible]（堦道），對應藏文 rta bbas，即「牌坊」、「宮殿門外下馬處」。

〔6〕[illegible]，藏文 skar khung，即「窗户」。《番漢合時掌中珠》中有[illegible]（沙窗），而西夏文《守護大千國土經》諸本作[illegible]。[illegible]本意爲「擠乳」，與[illegible]發音近似，應是通假字。

〔7〕[illegible]（幡），藏文 lda ldi，即「彩旗鬘」。

〔8〕[illegible]（種種），藏文 sna tshogs。

〔9〕[illegible]（鬘），藏文 dra ba。

〔10〕[illegible]（天女），藏文 bud med 或 lha yi bu mo。

〔11〕[illegible]（受五欲樂），藏文'dod pa'i yon tan lnga，漢文作「受五欲樂無有厭足」。

〔12〕[illegible]（聖者薄伽梵），字面義爲「大德出有壞」，意譯自藏文 btsun pa bcom ldan 'das。漢文本無。

〔13〕[illegible]（猶如迷醉放逸以處），藏文 myos pas bag ma mchis pa，直譯作「沉醉而無所顧忌」，漢文作「如迷醉人不能醒悟。」

〔14〕[illegible]（牲趣），藏文 dud 'gro'i skyes gnas。

〔15〕[illegible]（生命），藏文 srog chags，即「眾生、有情」。

〔16〕[illegible]（使失顏色），藏文 mdangs 'phrog，漢文本無。

西夏文及對譯：

[illegible]

大德壞有出及四眾面前我之圍繞所現色相說/我何所圍繞中生者魔行爲所

[illegible]

侵害時/彼病人天王又寶塔與所有形象爲/天王之名號/自手以香類以薰

[illegible]

地遍花灑火燒油灑塔之供養可/大德壞有出我之圍繞礙施魔行爲所侵害時/

[illegible]

如此種種色相現使/

[illegible]

若嘻笑又及畏懼/若言論多又怒生/　若癲狂又常困睡/若身病痛最中甚/

[illegible]

假若仰臥而仰視/若星辰觀馳走喜/　白日不安夜間樂/永常顫病聲音出/

[illegible]/[illegible]/

彼等等之調伏咒/世尊前說之聽汝/

藏文：

btsun pa bcom ldan ’das kyi spyan sngar bdag cag gi ’khor bzhi’i mdun du bdag cag gi ’khor gyi tshul gyi mtshan ma bstan par bgyi’o/ gang gi ’khor gyi gdon byung/ ba der rgyal po chen po de’i gzugs mchod rten dang bcas pa chen po bgyis te/nad pas rgyal po chen po de’i ming nas dbyung zhing dri sna tshogs kyis rang gi lag nas bdug par bgyi’o/ dog sa la me tog sil ma bkram ste/zhugs mar bus la mchod rten de la mchod par bgyi’o/ btsun pa bcom ldan ’das bdag gi ’khor gnod sbyin gyi gdon gyis btab pa’i tshul gyi mtshan ma ni ’di lta bu lags te/

phyi phyir rgod cing ’jigs par ’gyur/ smra bar bgyid cing khro bar ’gyur /
de ni gnyid kyang log par ’gyur/ yang na shin tu na bar ’gyur/
rtag tu gyen du lta bar ’gyur/ skar ma dag la snyegs par bgyid/
nub mo shin tu dga’ bar ’gyur/ rtag tu ’dar zhing sgra ’byin te/
de la sngags kyi tshig mchis kyis/ ’jig rten mgon po bdag la gson

意譯：

於大德世尊及四眾面前說我之弟子所現色相。凡我之眷屬中魑魅魔爲侵害時，彼病人天王〔1〕又與佛塔爲所有形象。天王之名號。親手以種種香薰遍地，散花燒火灑油以供養佛塔。大德世尊！我之眷屬藥叉魔爲侵害時，使現如此種種色相。

若常嘻笑又畏懼〔2〕　若多語言又生怒
若常癲狂又困睡　若身病痛最極甚〔3〕
若常仰臥且仰視　若觀星辰喜馳走
白晝不安夜間樂　永常發出顫慄聲
調伏彼等之神咒　惟願世尊聽我言

注釋：

〔1〕[illegible]（病人天王），意譯自藏文 nad pas rgyal po chen po，漢文本無。

〔2〕這裏漢文本不是七言偈。

〔3〕[illegible]（最極甚），藏文作 shin tu。

西夏文及對譯：

[illegible]
薩引底曳奴　西曳蘇西曳　薩怛翁阿引利　阿囉令　嚩黎　摩訶引嚩黎

[illegible]
昝陛　嗲底黎　阿佉寧　摩佉寧　佉佉寧　佉引黎　佉麻引疑　訶哩畢引誐

[illegible]
黎　底銘引擬利　底銘擬黎引　娑嚩訶

[illegible]
我等之密咒語等願成就/多聞天王之名及威力自在攝受以/我等之安樂

[illegible]
願得娑訶

藏文：

syād ya the dan/ sid dhe su sid dhe/ sa tve a re/ a ra ṇe/ ba le/ ma hā ba le/ jam bhe/ja ṭi le/ a kha ne/ma kha ne/ kha kha ne/ kha raṭṭe/ kha rarge ha ri pi n̄ga le/ te mi n̄g i le/ te min̄g i le / te mi n̄g i li ni ṃ ga lye svā hā/

bdag gi sngags kyi tshig rnams krub par gyur cig/ rgyal po chen po rnam thos kyi bu'i ming dang/ stobs dang/dbang phyug dang/ byin gyis bdag dge bar gyur cig sv̥āhā /

意譯：

薩引底曳奴　西曳蘇西曳　薩怛翁阿引利　阿囉令　嚩黎　摩訶引嚩黎　昝陛　嗲底黎　阿佉寧　摩佉寧　佉佉寧　佉引黎　佉麻引疑　訶哩畢引誐黎　底銘引擬利　底銘擬黎引　娑嚩訶〔1〕

願密咒成就我等。以多聞天王之名及威力自在攝受。願我等得安樂娑訶〔2〕。」

注釋：

〔1〕「北方毗沙門天王所說調伏咒」，梵文作：syād yathedan/ siddhe/ susiddhe/ satve are/ araṇe/ bale/ mahābale/ jambhe/ jaṭile/ akhane/ makhane/ khakhane/ kharaṭe/ kharan̄ge/ haripin̄gale/ timin̄gile/ timin̄gile/ timin̄gile/ timin̄galini/

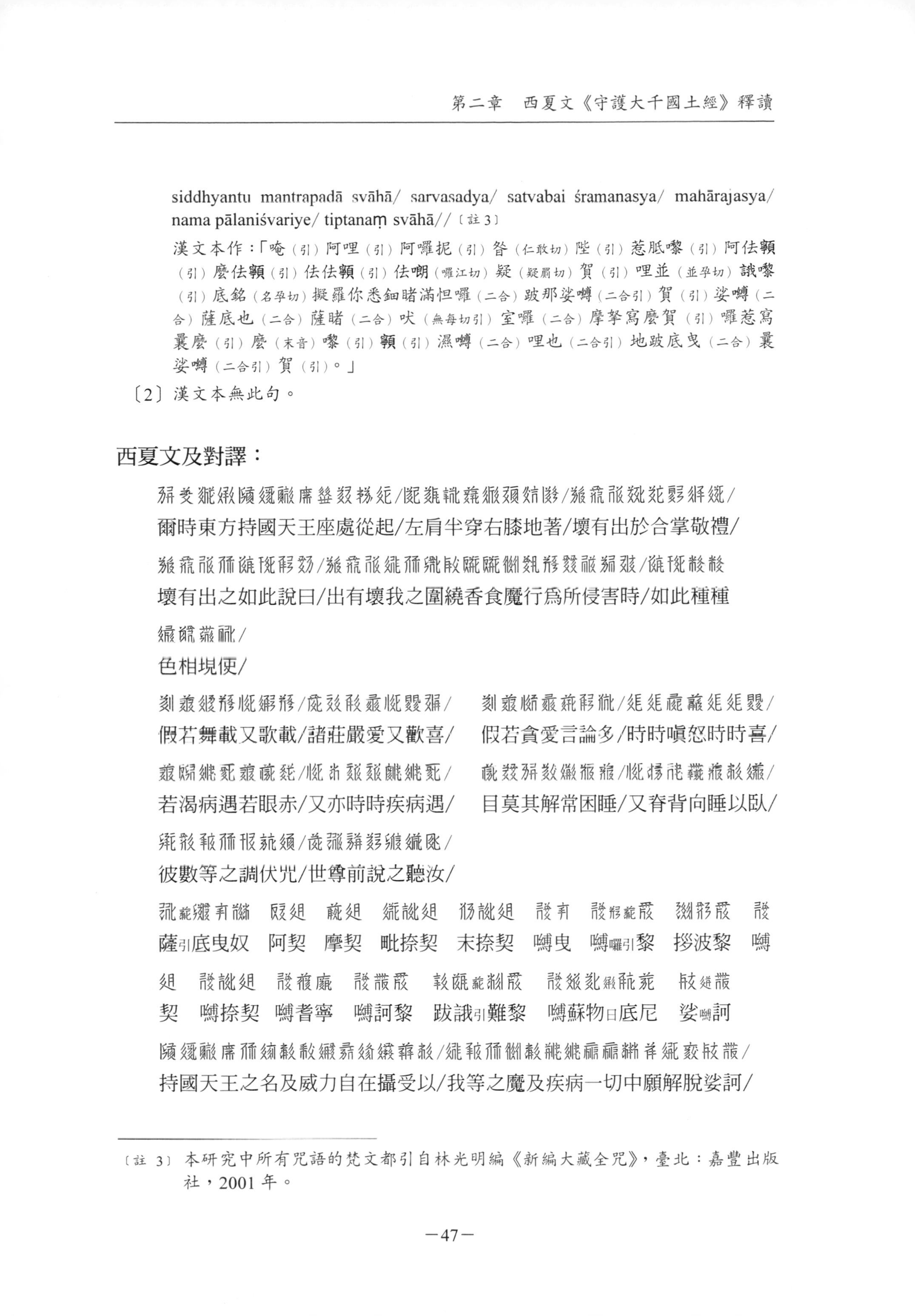

siddhyantu mantrapadā svāhā/ sarvasadya/ satvabai śramanasya/ mahārajasya/ nama pālaniśvariye/ tiptanaṃ svāhā//〔註 3〕

漢文本作：「唵（引）阿哩（引）阿囉抳（引）昝（仁敢切）陛（引）惹胝嚟（引）阿佉額（引）麼佉額（引）佉佉額（引）佉喲（囉江切）疑（疑罽切）賀（引）哩並（並孕切）誐嚟（引）底銘（名孕切）擬羅你悉鈿睹滿怛囉（二合）跛那娑嚩（二合引）賀（引）娑嚩（二合）薩底也（二合）薩睹（二合）吠（無每切引）室囉（二合）摩拏寫麼賀（引）囉惹寫曩麼（引）麼（末音）嚟（引）額（引）濕嚩（二合）哩也（二合引）地跛底曳（二合）曩娑嚩（二合引）賀（引）。」

〔2〕漢文本無此句。

西夏文及對譯：

[illegible]

爾時東方持國天王座處從起/左肩半穿右膝地著/壞有出於合掌敬禮/

[illegible]

壞有出之如此說曰/出有壞我之圍繞香食魔行為所侵害時/如此種種

[illegible]

色相現便/

[illegible]

假若舞載又歌載/諸莊嚴愛又歡喜/　假若貪愛言論多/時時嗔怒時時喜/

[illegible]

若渴病遇若眼赤/又亦時時疾病遇/　目莫其解常困睡/又脊背向睡以臥/

[illegible]

彼數等之調伏咒/世尊前說之聽汝/

[illegible]

薩引底曳奴　阿契　摩契　毗捺契　末捺契　嚩曳　嚩囉引黎　拶波黎　嚩契　嚩捺契　嚩者寧　嚩訶黎　跋誐引難黎　嚩蘇物日底尼　娑嚩訶

[illegible]

持國天王之名及威力自在攝受以/我等之魔及疾病一切中願解脫娑訶/

〔註 3〕本研究中所有咒語的梵文都引自林光明編《新編大藏全咒》，臺北：嘉豐出版社，2001 年。

藏文：

de nas rgyal po chen po yul ’khor srung stan las langs te/ bla gos phrag pa gcig tu gzar nas pus mo gyas pa’i lha nga sa la btsugs te/ bcom ldan ’das ga la ba de logs su thal mo sbyar nas/ bcom ldan ’das la ’di skad ces gsol to/ bcom ldan ’das bdag gi ’khor dri za’i gdon gyis btab pa’i tshul gyi mtshan ma ni ’di lta bu lags te/ glu len cing ni bro rdung ste/ rgyan rnams la yang dga’i bar bgyid/ brkam pa ma mchis mang bar smra/ rgod par bgyid cing khro bar ’gyur/ skom par ’gyur la mig dmar te/rtag tu rims gyis ’debs par bgyid/ mig gyang ’byed par mi bgyid de/ rgyab gyis phyogs shing nyal par bgyid/ de la sngags kyi tshig mchis kyis/ ’jig rten mgon po bdag la gson

syād ya the dan/ a khe/ na khe/ bi na khe/ bha dhe/ ba rān̄ge/ ca pa le/ ba khe/ ba kha ne/ a khi ni/ na khe ni/ ba hu le/ bha ke/ bha ga na da le/ ba śe ba śa bartīn svāhā/

rgyal po chen po yul ’khor srung gi sing dang/ stobs dang/ dbang phyug dang/ byin gyis bdag

gdon thams cad dang gnod pa thams cad las thar bar gyur dig svāhā/

意譯：

爾時東方持國天王〔1〕即從座起，左肩徧著右膝著地，於世尊合掌敬禮，白世尊如是曰：「世尊我之眷屬食香魔爲侵害時〔2〕，令現如是種種色相。

假若載舞又載歌　　諸愛莊嚴又歡喜
假若貪愛多語言　　有時嗔怒有時喜
若遇焦渴又眼赤　　若復時時得疾病
目閉不開常困睡　　又常背向以睡臥〔3〕
調伏彼等之神咒　　惟願世尊聽我言

薩引底曳奴　阿契　摩契　毗捺契　末捺契　嚩曳　嚩囉引黎　拶波黎　嚩契　嚩捺契　嚩耆寧　嚩訶黎　跋誐引難黎　嚩蘇物離/去底尼　娑嚩訶〔4〕

以持國天王之名及威力自在攝受。願我等於魔鬼及一切疾病中得解脫娑訶。」

注釋：

〔1〕[illegible]（東方持國天王），意譯自藏文 rgyal po chen po yul 'khor srung，梵文 Dhṛtarāṣṭra，此天王護持國土，安撫眾生，故稱「持國天」，又稱「東方天」。四天王之一，住於須彌山東面半腹聳出之由乾陀山。漢文作「東方彥達嚩主持國天王」。

〔2〕[illegible]（世尊我之眷屬食香魔），意譯自藏文 bcom ldan 'das bdag gi 'khor dri za'i gdon，漢文作「世尊我彥達嚩眾執魅之者」。[illegible]（食香），藏文 dri za，梵文 Gandharva，漢文作「彥達嚩」或「乾達婆」。

〔3〕這裏漢文本多出一句：「如是人等爲彥達嚩之所執魅，於諸時間無能制者。」

〔4〕「東方持國天王所説調伏咒」，梵文作：syād yathedan/ akhe/ nakhe/ binakhe/ bandhe/ baraṃte/ cabale/ bakhe/ bakhene/ akhili/ nakhine/ bahule bhakhe/ bhagandale/ baśe baśa partini svāhā/ mugantu gandarba/ grahabhyotare/ triṣṭarașṭa/ mahārājasya/ nama bālaṃ śvariye/ tiptanaṃ svāhā//
漢文本作：「唵（引）阿契（引）麼契（引）尾曩契（引）滿弟（引）嚩囕（引）禰（引）左跋嚟（引）嚩契（引）嚩佉你（引）阿契（上）嚟（引）嚩賀嚟（引）婆彥那黎嚩勢（引）嚩（無缽切）哩底（二合）娑嚩（二合引）賀（引）母煎睹彥達哩嚩（二合）仡囉呬（引）毗喻（二合引）地哩（二合）多囉（引）瑟吒囉（三合）寫麼賀（引）囉（引）惹寫曩（引）麼（引）嚩黎乃（引）濕嚩（二合）哩也（二合引）地跛底曳（二合引）曩娑嚩（二合引）賀。」

西夏文及對譯：

[illegible]

爾時南方增長天王坐處從起/左肩半穿右膝地著/壞有出於合掌敬禮/

[illegible]

壞有出之說曰/出有壞我之圍繞體鬼囊瓶魔行爲所侵害時/如此種種

[illegible]

色相現使/

[illegible]

假若最甚渴病遇/心意迷亂目逆使/

[illegible]

面色變化赤實成/若地上臥又痙攣/

[illegible]

容顏醜惡身枯瘦/若指長使頭髮長/

[illegible]

身體臭味及污垢/若及妄爲若癲狂/

[illegible]

彼數等之調伏咒/世尊前說之聽汝/

[illegible]

薩引底定奴　佉佉銘　佉囉寧　佉囉引銘　佉囉利　佉囉者　迦薩寧　迦囉

[illegible]

銘迦引黎　迦銘尼　毗拶利　毗定曳　薩摩物寧　薩摩引薩摩底　薩引銘堵

[illegible]

增長天王之名及威力自在攝受以/我等之魔及爲害一切願和雅娑訶/

藏文：

de nas rgyal po chen po ’phags skyes po stan las langs te/ bla gos phrag pa gcig tu gzar nas pus mo gyas pa’i lha nga sa la btsugs te/ bcom ldan ’das ga la ba de logs su thal mo sbyar nas bcom ldan ’das nyid la phyag ’tshal zhing skad ces gsol to/ bcom ldan ’das bdag gi ’khor yi da dgya grul bum gyis zin pa’i tshul gyi mtshan ma ni ’di lta bu lags te/ shin tu skom pas ’debs par gyur/ gyeng bas btab cing lta bar ’gyur/ bzhin yang dmar por gda’i bar ’gyur/ bskums nas sa la nyal par ’gyur/ kha dog ngan cing lus kyang skem/ skra dang sen mo ring ba ste/ dri ma can la dri mi bda’ / brdzun dang kyal pa smra par bgyid/ de la sngags kyi tshig mchis kyis/’jig rten mgon po bdag la gson/

syād ya the dan/kha kha kha mi/ kha la ne/ kha la mi/ kha rā li/ kha ra li/ ka ra khe/ka śa ni/ ka ra ṭe/ kā li/ kā me ni/ bi ba le/ bi dhe ya śa ya ni sa ma ba te/ śa ma/ śa ma ni svā hā/

rgyal po chen po ’phags skyes po’i ming dang/ stobs dang/ dbang phyug dang/byin gyis bdag gi gdon dang/gnod pa thams cad zhi bar gyur cig svā hā/

意譯：

爾時南方增長天王〔1〕即從座起，左肩半穿右膝著地，於世尊合掌敬禮，白世尊如是曰：「世尊我之眷屬髏鬼甕形魔爲侵害時〔2〕，使現如是種種色相。

若遇最甚焦渴病　　心意迷亂目瞢瞪
面色變化成赤色　　蜷臥地上又痙攣〔3〕
容顏醜惡身枯瘦　　若長爪甲長頭髮
身體腥臭又垢穢　　若復妄佞又癲狂〔4〕
調伏彼等之神咒　　惟願世尊聽我言

薩引底定奴　佉佉銘　佉囉寧　佉囉引銘　佉囉利　佉囉耆　迦薩寧　迦囉銘迦引黎　迦銘尼　毗拶利　毗定曳　薩摩物寧　薩摩引薩摩底　薩引銘堵〔5〕

以增長天王之名及威力自在攝受。願我等於魔及一切危害得和睦娑訶。」

注釋：

〔1〕[illegible]（南方增長天王），藏文 rgyal po chen po ’phags skyes po，梵文 Virūḍhaka，音譯「毗嚕陀迦」或「毗流離天」，漢文作「南方矩畔拏主增長天王」。「增長天王」住於須彌山之南面半腹之善見城中，常時觀察閻浮提之眾生，守護於南方，能折伏邪惡，增長善根，爲護法之善神。

〔2〕[illegible]（髏鬼甕形魔），意譯自藏文 da dgya grul bum。[illegible]（甕形魔），藏文 grul bum，梵文 Kumbhāṇḍa，音譯「鳩槃荼」，意爲「甕形鬼、厭魅鬼」，隸屬於增長天的二部鬼類之一。漢文本無。

〔3〕[illegible]（蜷臥地上又痙攣），藏文 bskums nas sa la nyal par ’gyur，漢文本作「若常臥於地若身常拘急。」

〔4〕漢文本此處多「如是人等爲矩畔拏之所執魅，於諸時間無能制者。」

〔5〕「南方增長天王所説調伏咒」，梵文作：syād yathedan/ kha kha khami/ khalane/ khalame/ kharali/ kharāli/ karakhe/ kaśine/ karaṭe/ kāle/kamāni/ pidhale/ bidhe yeśyani sameba/ bati sami/ samani siddhyantu mantrapadai svāhā/ sarva satvanṃ/ grahabhya yobitrava/ biruṭakasya/ mahārājasya/ nama bālana śvariye/ tiptaye svāhā//

漢文本作：「唵（引）佉佉佉銘（引）佉羅（引）銘佉囉黎佉囉契迦囉黎（引）迦尸你（引）迦嚕銘（引）迦囉智（引）迦（引）黎迦（引）彌你尾馱黎（引）閉（上）至（引）曳細（引）野舍嚩底三母（引）三彌你舍緬睹銘（引）滿怛囉（二合）跛那（引）娑嚩（二合引）賀（引）薩嚩薩怛嚩（二合引）南（引）仡囉（二合）虎婆喻（引）波捺囉（二合）嚩（引）尾嚕茶迦寫麼賀（引）囉惹寫曩麼（引）嚩黎（引）乃（引）濕嚩（二合）哩也（二合引）地缽底曳（二合引）娑嚩（二合引）賀（引）。」

西夏文及對譯：

[illegible]

爾時西方目廣天王座處從起/左肩半穿右膝地著/壞有出於合掌敬禮/

[illegible]

壞有出之說曰/壞有出我之圍繞諸龍魔行爲所侵害時/此如種種色相現使/

[illegible]

若嗝病及氣逼迫/又亦氣落最中冷/　汗生痰吐又唾流/重復困眠迷惑使/

[illegible]

身體色有勇健成/馳走往來身顫抖/　假若爪現彼見令/若地上臥又啼哭/

[illegible]

其數等之調伏咒/世尊前說之聽汝/

[illegible]

薩引底定奴　訖囉摩擬　訖囉迦摩利　訖囉迦悉　訖囉羖悉　訖囉羖蘇悉

[illegible]

羖嚕蘇嚕銘　悉嚕迦迦　悉嚕佉銘悉擬　阿誐黎　捺誐黎　迦囉迦囉銘

[illegible]

阿路迦　阿囉怛迦　野哩銘引哩毗哩　阿誐嚕嚩底

[illegible]

目廣天王之名及威力自在攝受以/我等之安樂願得娑訶/

藏文：

de nas rgyal po chen po mig mi bzang stan la slangs te/ bla gos phrag pa gcig tu gzar nas pus mo gyas pa'i lha nga sa la btsugs te/ bcom ldan 'das ga la ba de logs su thal mo sbyar nas/ bcom ldan 'das nyid la phyag 'tshal zhing 'di skad ces gsol to/ bcom ldan 'das bdag gi 'khor klu 'dab bzangs kyi gdon gyis btab pa'i tshul gyi mtshan ma ni 'di lta bu lags te/ skyigs bus 'debs shing dbugs kyang 'byin/ de bzhin dbugs kyang grang bar 'gyur/ rngul zhing dbu ba kha chu 'byung/ phyi phyir gnyid kyang log par 'gyur/ kha dog ldan shing dpa' ba ste/de bzhin 'dar zhing rgyug par 'gyid/ sen mo dag kyang ston par bgyid/ dog sar mchis shing ngu bar bgyid/ de la sngags kyi tshig mchis kyis/'jig rten mgon po bdag la gson/

syād ya the dan/ kra ka mi/ kra ga ma ni/ kra ga se/ kru gra śe/ kra kra/ śa mi/ kru śru mi kru śru me/ krukka/ ku klu ma/ kru ge/ a ga le/ na ga le/ sa ma ga le/ ku hu me/ gu me/ a la ke/ ka lu ke/ ka la ma le/ ga la le/ ka la ṭa ke/ i ri mi re/ dhi re/ a ru ga ba ti svā hā/

rgyal po chen po mig mi bzang gi ming dang/stobs dang/ dbang phyug dang/ byin gyis bdag dge bar gyur cig svā hā/

意譯：

爾時西方廣目天王〔1〕即從座起，左肩半穿右膝著地，於世尊合掌敬禮，白世尊如是曰：「世尊我之眷屬諸龍魔〔2〕為侵害時，使現如是種種色相。

若常呃逆〔3〕並氣迫〔4〕　　若復氣落竟冰冷
出汗吐痰又流涎　　若多睡眠使迷惑〔5〕
身體有色變勇猛　　馳走往來身顫抖〔6〕
假若爪甲長令現　　若臥地上又啼哭〔7〕
調伏彼等之神咒　　惟願世尊聽我言

薩引底定奴　訖囉摩擬　訖囉迦摩利　訖囉迦悉　訖囉羖悉　訖囉羖蘇悉　羖嚕蘇嚕銘　悉嚕迦迦　悉嚕佉銘悉擬　阿誐黎　捺誐黎　迦囉迦囉銘　阿路迦　阿囉怛迦　野哩銘引哩毗哩　阿誐嚕嚩底〔8〕

以廣目天王之名及威力自在攝受。願我等得安樂娑訶。」

注釋：

〔1〕[illegible]（西方廣目天王），藏文 rgyal po chen po mig mi bzang，梵文 Virūpākṣa，音譯「鼻溜波阿叉」或「毗樓婆叉」，又作「醜目天」、「惡眼天」。漢文作「西方龍主廣目天王」。四天王之一，住於須彌山西面半腹，常以淨天眼觀察閻浮提之眾生，爲守護西方之護法善神，又稱「西方天」。

〔2〕[illegible]（龍魔），藏文作 klu 'dab bzangs kyi gdon。

〔3〕[illegible]（嗝病），藏文 skyigs bu，即「呃逆」，漢文作「鍋噦」。

〔4〕[illegible]（氣急迫），藏文 dbugs kyang 'byin，漢文作「喘息長噓」。

〔5〕[illegible]（重復睡眠使迷惑），藏文作 phyi phyir gnyid kyang log par 'gyur，漢文作「若多睡眠，若身體如蛇光滑堅硬」。

〔6〕漢文作「若心勇猛不懼生死，若能馳走無困乏時。」

〔7〕漢文作「若爪甲長利，若手爬其地令如窟穴。」

〔8〕「西方廣目天王所說調伏咒」，梵文作：syād yathedan/ kragaye/ grakaśe/ kragase/ kruśame/ kruke/ krugkhame/ kruge/ agale/ nagale/ samaḥgale/ kuhume gume/ aloke/ kaloke/ iriśi biri/ iri mire dhire arugabati svāhā/ sarvasiddhyastu/ birupakṣasya/ mahārājasya/ nama bālanāśvariye/ tiptanaṃ svāhā//
漢文本作：「唵（引）訖囉（二合）野細（引）訖囉（二合）迦矖（引）訖囉（二合）迦矖（引）加沙曳骨嚕（二合）計計骨口祿（二合）佉銘骨嚕（二合）嚕（引）阿佉黎（引）娑麼娑佉黎（引）迦護銘（引）阿魯計（引）迦魯計（引）伊哩（引）尸尾哩（引）伊哩彌哩（引）地（引）哩（引）虞嚕嚩底娑嚩（二合）悉底也（三合）窣睹（二合）尾嚕（引）膊（引）乞叉（二合）寫麼賀（引）囉惹寫曩（引）麼（引）嚩攞乃（引）濕嚩（二合）哩也（二合引）地缽底曳（二合引）曩娑嚩（二合引）賀（引）。」

西夏文及對譯：

[illegible]/[illegible]
爾時壞有出其諸圍繞一切面前大獅子吼此如說曰/我十力四懼可不具足

[illegible]
畏懼無/圍繞中獅子音最上牛王如大眞實音生/梵音以法輪所轉/

[illegible]
似又威有又乘騎/我身獨以魔皆降/　情有一切守護因/此種咒者之聽△/

[illegible]
薩引底定奴　阿僧擬　僧誐摩黎　摩囉你哩軀囇　戍哩　戍囉嚩哩

[illegible]
嚩日囉三銘　嚩日囉三銘　嚩日囉馱哩　蘇擔鼻　捺哩姹娑哩　毗囉曳

[illegible]
毗三契　嚩囉引吃囉　缽囉缽帝　阿囉令　阿囉寧　馱黎摩　欲迦帝

[illegible]
帝細毗兀帝

[illegible]
如來之名及威力自在攝受以/我等安樂願得娑訶/

藏文：

de nas bcom ldan ’das kyis de’i tshe ’khor thams cad kyi mdun du seng ge’i sgra bsgrags pa/nga ni stobs bcu dang ldan zhing mi ’jigs pa bzhis ’jigs pa med pa ste/ ’khor gyi nang du seng ge’i sgra khyu mchog lta bu rgya chen po yang dag par bsgrags so/ tshangs pa’i ’khor lo bskor ro/ sde dang mthu dang bzhon bcas pa’i/ bdud kyang gcig gis rab tu btul/ sems can thams cad bsrung ba’i phyir/ rig sngags thams cad nga la nyon/

syād ya the dan/a saṅge/ kha ṭga ba te/ ba la ba te/ ba la nirgho ṣe śū re/ śū ra ba tve bajrasa me/bajra ga me bajra dha re/stam bhe/ jaṃ bhe/dṛ ḍha sā re/ bi ra je/ bi gho ṣe/ ba rā gra prāpte/ a ra ṇe a ra ṇe dharma yuk te/ di śi bi ghuṣṭe svā hā/

de bzhin gshegs pa’i mtshan dang/ stobs dang/ dbang phyug dang/byin gyis bdag dge bar

gyur cig svā hā/

意譯：

爾時世尊於其一切諸眷屬〔1〕面前大獅子吼而作是言：「我十力具足四無

所畏〔2〕。眷屬中生獅子音如最上牛王之大眞實音。以梵音轉法輪。

若似威力又乘騎　　我獨一身降諸魔

守護一切眾有情　　汝應聽受此明咒〔3〕

薩引底定奴　阿僧擬　僧誐摩黎　摩囉你哩軀囖　戍哩　戍囉嚩哩　嚩日囉三銘　嚩日囉三銘　嚩日囉馱哩　蘇擔鼻　捺哩姹娑哩　毗囉曳　毗三契　嚩囉引吃囉　缽囉缽帝　阿囉令　阿囉寧　馱黎摩　欲迦帝　帝細毗兀帝〔4〕

以如來之名及威力自在攝受。願我等得安樂娑訶。」

注釋：

〔1〕[illegible]（諸眷屬），意譯自藏文'khor thams cad，漢文作「諸天龍神藥叉眾」。

〔2〕原文爲「[illegible]（我十力四懼可無具足畏懼無）」，疑誤，據藏文本和漢文本改。藏文 nga ni stobs bcu dang ldan zhing mi 'jigs pa bzhis 'jigs pa med pa ste，與漢文本同，作「具足十力四無所畏」。

〔3〕以上四句漢文本作：「我獨一身降伏汝等大藥叉將，一切軍眾悉令降伏。爲欲擁護利益安樂一切眾生，如來於一切悉地皆得成就。我有神咒名一切明，汝應聽受。即說咒曰。」

〔4〕「一切明（世尊說）」，梵文作：syād yathedan/ asaṅge/ khagabate/ balabate/ balanirghoṣe/ śūre/ śūrabadhe bajra same bajra dhare/ stambhe jaṃbhe driḍhasāre/ biraje bighase/ barāgraprāpte/ araṇya dharmma yugate/ diśibigtuṣṭe svāhā/ sarvasasatyestu/ ahivan/ sarvasatvanan ca/ tathāgata bālanan/ śvariye/ tiptanaṃ svāhā//

漢文本作：「唵（引）阿僧擬（引）康誐嚩帝（引）末攞你哩驅（二合引）曬（引）戍（引）哩戍（引）囉嚩哩（引）嚩日囉（二合）三銘（引）嚩日囉（二合）馱哩（引）薩擔（二合）鼻捺哩（二合）姹娑哩（引）尾惹曳（引）尾伽細（引）嚩囉（引）仡囉缽囉（二合引）缽帝（二合引）阿囉抳（引）達麼欲訖帝（二合引）禰尸尾驅瑟致（二合引）娑嚩（二合引）薩底也（三合）薩睹（二合）阿呬半（引）薩嚩薩怛嚩（二合引）南（引）左怛他（引）誐多末黎（引）曩乃（引）濕嚩（二合）哩也（二合引）地缽底曳（二合引）曩娑嚩（二合引）賀（引）。」

西夏文及對譯：

[illegible]

四方世上守護神/正覺詔言論聞依/　所驚畏懼又毛豎/掌合恭敬一方居/

[illegible]

生者聚集到來數/雜亂驚恐自不在/　自各十方皆驚逃/大聲音出驚恐起/

四大天王其悟依/如來三密眞實言/
正覺所說詔言之/聞依生者皆驚恐/
喬達摩眞所言法/種咒匕首齒與類/
倶尾囉之子長如/淨梵繩索無爲也/
燒施水以棄入可/青稞荣果白取以/

稀有種咒威聖勝/大千守護大明王/
喩其殊妙火焰中/芝麻油塗劍刃如/
大仙和雅所說語/假若其之不信者/
火者眞實燃燒時/上方下方及四方/
諸醍醐以混合時/其火中者入可也/

藏文：

phyogs bzhi'i 'jig rten skyong ba dag/ sangs rgyas kyi ni gsung thos nas/
'jigs dang skrag dang dngangs gyur te/ thal mo sbyar nas 'khod par gyur/
'byung po'i tshogs ni lhags pa rnams/ dngangs 'khrugs rod rod por gyur nas/
phyogs bcur rab tu 'byer byed cing/ sgra bo che yang sgrogs par byed/
rgyal po chen pos de shes nas/ gsang ba gsum ni yang dag smra/
kye ma rig sngags rig sngags che/ stong chen rab tu 'joms byed pa/
sangs rgyas kyis ni gsungs pa de/ thos nas 'byung po skrag gyur te/
dper na rab tu 'bar me dang/ til mar ngar btags ral gri bzhin/
gau ta mas ni rab bshad pa'i/ rig sngags spu gri'i so dang 'dra/
drang srong tshig ni legs bshad pa/ de la gang zhig ma dad na/
de yi bu yi thu bo ni/ tshangs pa'i zhags pas med par 'gyur/
me ni rab tu 'bar byas nas/ bla dang 'og dang phyogs bzhir yang/
sbyin sreg gi ni chus gtor te/ nas dang yungs kar blangs nas su/
mar gyi snying po dang sbyar nas/ me yi nang du blug par bya/

意譯：

世上四方守護神　　聞世尊說是神咒
驚怖畏懼又毛豎　　合掌恭敬一方住
魑魅聚集皆到來　　雜亂驚恐不自在

各自十方皆驚逃　　大聲音出驚恐起〔1〕
四大天王乃理會　　如來三密眞實言
殊妙威聖大明咒　　守護大千大明王
世尊所說之神咒　　魑魅聞之皆驚恐
猶如殊妙火焰中　　塗抹麻油如劍刃
喬達摩〔2〕言之眞法　明咒亦如匕首刃
大仙所說和順言　　若有不信其言者
如俱尾囉〔3〕之長子　未成淨梵之繩索〔4〕
火者眞實燃燒時　　上方下方及四方
當之擲入燒施〔5〕水　取以青稞白芥子〔6〕
以諸醍醐〔7〕混合時　注入火中者可也

注釋：

〔1〕以上六句漢文本作「怖畏戰慄身體四肢，一時合掌恐懼失色。不能自勝出大怖聲，其聲遠震十方聞知。」

〔2〕[illegible]（喬達摩），音譯自梵文 Gautama，藏文 gau ta ma，漢文本作「佛」。

〔3〕[illegible]（俱尾囉），音譯自梵文 Kubera 或 Kuvera，意爲「不好身」，是「毗沙門天」的本名。漢文作「俱尾囉」，藏文本無，根據梵文的意思，藏文應爲 lus ngan po，即「醜身」。

〔4〕[illegible]（繩索），藏文 zhags pa，漢文本無。

〔5〕[illegible]（燒施），藏文 sbyin sreg，漢文本無。

〔6〕[illegible]（青稞白菜果），藏文 yungs kar，或作「白芥子」，梵文 Sarṣapa，音譯作「薩利殺跛」或「舍利娑婆」，原爲芥菜之種子，顏色有白、黃、赤、青、黑之分，體積微小，故於經典中屢用以比喻極小之物。漢文作「芥子」。

〔7〕[illegible]（醍醐），藏文 mar gyi snying po，梵文 Sarpir-maṇḍa，漢文作「醍醐」。指由牛乳精制而成最精純之酥酪，爲五味之一，即乳、酪、生酥、熟酥、醍醐等五味中之第五種味，爲牛乳中最上美味，故經典中常以醍醐比喻涅槃、佛性。

西夏文及對譯：

[illegible]/[illegible]/　[illegible]/[illegible]/
此如妙法言聞時/假若立即不放則/　其數悉皆燃燒爲/酥及菜果火入如/

[illegible]/[illegible]/　[illegible]/[illegible]/
礙施罪法以懼依/其數礙施安不得/　其之右方肋左上/大瘡惡生最中甚/

凝施病患所著依/身色白斑病等爲/髮有宮中往不能/大威德有俱尾囉/

自之舍亦見不能/生者甚多所無依/自之家宅受不做/凝施圍繞所聚時/

食飲等亦祈不得/大千國守護契經/假若諸魔不信則/金剛持者嗔怒起/

其之頭腦皆掰爲/又亦勇剛刀巧以/彼等皆之耳鼻割/輪圓匕首齒所如/

彼等皆之腦斷爲/又亦鐵纏槌敲及/椿以其之心毀爲/或膿血熱不純淨/

口中常流續不斷/種咒繩索威力以/凝施圍繞親屬等/永常流傳中輪迴/

藏文：

legs par gsungs pa ’di thos nas/ gal te myur du mi gtong na/
thams cad ’bar bar ’gyur ba ni/ mar dang yungs kar mer blugs bzhin/
gnod sbyin chad pas bsdigs nas su/ de dag bde ba me rnyed de/
de yi rtsib logs gyas par ni/ ’bras chen nad kyang ’byung bar ’gyur/
gnod sbyin nad kyis btab pa na/ sha bkra’i nad kyis btab par ’gyur/
lcang lo can gyi pho brang du/ gzhar yang ’gro bar mi ’gyur ro/
lus ngan grogs dang ldan pa yi/
khyim yang mthong bar mi ’gyur te/ ’byung po mang po tshogs pa na/
ston yang thob par mi ’gyur ro/gnod sbyin dag ni dkyil ’khor du/
zas skom dang yang ’bral bar ’gyur / stong chen rab ’joms mdo sde la/
gnod sbyin gang dag mi phyogs pa/ de la rdo rje ’chang khros te/
spyi bo dag ni ’gems par ’gyur/ spu gri’i so ni rtsub po yis/
de yi lce ni gcod par ’gyur/ mtshon cha shin tu rnon po yis/
de yi sna dang rna ba gcod/ ’khor lo spugri’i so ’dra bas/
klad pa rab tu gshegs par byed/ tho ba lcags kyis dkris pa yis/
de yi snying la ’joms par byed/ rnag dang khrag ni dron mo dag/

de yi kha nas ’dzag par ’gyur/ rig sngags zhags pa’i chad pa yis/
rtag tu ’khor bar ’gro ba na/ ’khor ba gnod sbyin dkyil ’khor du/
de nyid du ni ’khor bar ’gyur/

意譯：

聽聞如是妙法言　　倘若立即不放故
彼等悉皆將燃燒　　酥並芥子如入火
藥叉畏懼因罪法　　彼等藥叉不得安
彼之右方左肋〔1〕上　　大瘡惡生最極甚
藥叉隨之疾病起　　身色發白得斑病〔2〕
楊柳宮〔3〕中往不能　　俱尾囉有大威德
自之宮亦不能見　　魑魅甚多無所依
自之家宅不能受　　藥叉眷屬所聚時
食飲等亦祈不得　　守護大千國土經
如若諸魔不依信　　金剛持者嗔怒起
彼之頭腦皆擊破〔4〕　　復又剛勇以利刃〔5〕
彼等耳鼻悉皆割　　猶如輪圓匕首刃
悉皆割斷諸魔首　　又有纏鐵敲槌者
或以椿杵釘其心〔6〕　　膿血溫熱不純淨
口中常流續不斷　　明咒繩索其威力
藥叉僕從親屬等　　永常流傳輪迴中

注釋：

〔1〕[illegible]（右方左肋），藏文作 rtsib logs gyas pa，意爲「右側肋」。rtsib 爲「肋」；logs 爲「方面、側」；gyas pa 爲「右」。另外，logs 也有「顛倒」之意，西夏文應該是取了「顛倒」之意，所以才將 rtsib logs gyas pa 譯爲「右方左肋」，意思是不是「左肋長到右側」？

〔2〕以上六句漢文本作：「彼等藥叉爲棒所打，身體生瘡及有棒痕，彼藥叉等疼痛苦惱。」[illegible]（斑病），藏文 sha bkra，漢文本無。

〔3〕[illegible]（楊柳宮），字面義爲「有髮宮」，直譯自藏文 lcang lo can gyi pho brang，梵文 Aṭakavatī，漢文作「阿拏迦嚩底王城」。lcang lo 意爲「柳葉、長辮」，根據梵文 aṭakavatī（意爲「柳葉隅」）的意思，這裏應該取其「柳葉」之意，但是西夏人用「衡」（髮）來譯，顯然是將其理解成了「長辮」。下文的「[illegible]，[illegible]」（我今主有髮，王宮有有髮），顯然是對

藏文 de bas bdag ni lcang lo'i bdag/ rgyal po'i pho brang lcang lo can/的誤譯，正確的翻譯應該是「我今有柳葉，王宮有柳葉」。「楊柳宮」是金剛手菩薩和多聞天子所居宮殿。

〔4〕[illegible]（持金剛者），字面義作「石王持者」，意譯自藏文 rdo rje 'chang，或作「金剛持」。以上二句漢文作「金剛明王手執金剛而破其頭。」

〔5〕以下漏譯兩句，藏文作 de yi lce ni gcod par 'gyur/ mtshon cha shin tu rnon po yis/，意思與漢文本同，作「復以利刃而截其舌。」

〔6〕以上二句漢文作「或以鐵棒恒常鞭撻，或以鐵橛而釘其心。」

西夏文及對譯：

[illegible]/[illegible]/ [illegible]/[illegible]/
四大天王吉祥有/各自四方行走時/ 法之堅甲各用穿/自身宮中位上坐/

[illegible]/[illegible]/ [illegible]/[illegible]/
東方居者國持王/南方居者增長王/ 西方居者目廣王/北方多聞大天王

[illegible]/[illegible]/ [illegible]/[illegible]/
吉祥威儀光火焰/王等各自宮至又/ 爾時一切智慧師/虛空中居殊妙現/

[illegible]/[illegible]/ [illegible]/[illegible]/
梵王神力宮變爲/其金剛之位上坐/ 爾時梵王大梵王/合掌敬禮讚歎有/

[illegible]/[illegible]/ [illegible]/[illegible]/
吉祥金眞山與似/又亦金眞供樹似/ 花及蓮花圓滿如/娑羅樹王花盛如/

[illegible]/[illegible]/ [illegible]/[illegible]/
日圓與同月滿如/星辰眾以圍繞如/ 牟尼身相金眞色/相善巍巍皆滿足/

[illegible]/[illegible]/ [illegible]/[illegible]/
世上祖先淨梵王/牟尼法燈頌敬供/ 世上世尊如面前/世護神之此說曰/

藏文：

rgyal po chen po dpal ldan pa/ phyogs bzhi dag tu song gyur nas/
chos kyi go cha bgos gyur de/ bzang po'i khri la 'dug pa ni/
shar phyogs na ni yul 'khor srung/ lho phyogs na ni 'phags skyes po/
nub phyogs na ni mig mi bzang/ byang phyogs na ni lus ngan po/
dpal dang gzi brjid 'bar ba yi/ rgyal po dag ni phyin pa dang/
de tshe ston pa thams cad mkhyen/ bar snang gnas la rab tu 'phags/

tshangs pas sprul pa 'i gzhal med khang/ der ni rdo rje'i gdan la bzhugs/
de nas tshangs dang tshangs chen rnams/ thal mo sbyar 'khor phyag 'tshal lo/
dpal sdan gser gyi ri bo 'dra/ gser gyi mchod sdong dang yang mtshungs/
me tog badma bzhin du rgyas/ sq la'i rgyal po bzhin du rgyas/
nyi ma dang 'dra zla nya la/ skar ma rnams kyis yongs bskor bzhin/
thub sku gser gyi kha dog la/ mtshan rnams kyis ni yongs su bskor/
'jig rten mes po tshangs pa yis/ 'jig rten sgron ma bstod byas te/
'jig rten mgon po'i spyan sngar ni/ 'jig rten skyong la 'di skad smras/

意譯：

四大天王有吉祥　　各自四方行走時
法之堅甲各自穿　　自身宮中位上坐
居東方者持國王　　居南方者增長王
居西方者廣目王　　北方多聞大天王
吉祥威嚴火焰光　　王等行至各自宮
爾時一切智慧師　　居虛空中現殊妙
梵王神力化寶殿　　彼之金剛位上坐
爾時梵王大梵王　　合掌敬禮又讚歎
猶如吉祥眞金山　　又似眞金聖佛塔〔1〕
圓滿清淨似蓮花　　盛如娑羅樹王〔2〕開
如同圓日與滿月　　好似眾星辰圍繞
牟尼身相眞金色　　相善巍巍皆滿足
世間祖先淨梵王〔3〕　牟尼法燈敬供頌
世間世尊之面前　　護世之神如是說

注釋：

〔1〕[illegible]（供養樹），意譯自藏文 mchod sdong，意爲「靈塔」。西夏人沒有用更常見的「[illegible]」（寶塔）來譯，讓人懷疑是不是沒有明白藏文的眞正意思。

〔2〕[illegible]（娑羅樹王），是梵文音譯與藏文意譯的結合，梵文 Śālendrarāja，又稱「娑羅王」，意譯爲「堅固、寂勝」，藏文 sā la'i rgyal po。爲法華經中所記載之佛名，是「開敷華王如來（Saṃkusumitarāja-tathāgata）」之異名，爲密教胎藏界曼荼羅中臺八葉院南方之如來名。此如來萬德開敷，皆至金剛實際，故以娑羅樹（Sāla）之花果繁茂，堅固不壞，以喻其二德。漢文「娑羅王樹」。

〔3〕[illegible]（淨梵王），藏文 tshangs pa，梵文 Śuddhodana，音譯「首圖馱那、悅頭檀」，又作「淨飯王、白淨王、眞淨王」，中印度迦毗羅（Kapilavastu）之城主，佛陀之生父。

西夏文及對譯：

[illegible]
彼護神之圍繞皆/所言妙法不受持/　此中相依明滿及/獨覺等亦此依生/

[illegible]
諸聲聞亦此由生/諸天等亦此由起/　明巧六因前終及/婆羅門亦此依生/

[illegible]
仙人福祿廣大有/善淨婆羅此依生/　汝等輕賤為可不/世上人之所莫害/

[illegible]
大梵王於此聞依/世護等亦此如說/　大梵天王所說也/牟尼說與一樣悟/

[illegible]
比如人一須彌動/又亦大地翻我言/　所至四大河海水/其亦悉皆枯竭令/

[illegible]
假若繩索堅固以/日又及月風等皆/　空中星辰所有等/我今悉皆纏縫會/

[illegible]
此契經之譭謗時/世上者之益不為/　彼等悉皆一切之/諸方等長不顯明/

藏文：

’jig rten skyong gi ’khor rnams kyis/ rjes su bstan pa ma thob ste/
gang phyir ’di las sangs rgyas dang/ rang sangs rgyas dag ’byung ’gyur zhing/
’di las nyan thos rnams kyang skye/ lha rnams dag kyang skye bar ’gyur/
rig byed yan lag drug mthar phyin/ bram ze rnams kyang skye bar ’gyur/
drang srong skal ba chen po dang/ dge sbyong bram ze ’di las skye/
khyed cag snying las chung byed pa/ mi yi skye dgu gnod par ’gyur/
tshangs pa yi ni tshig thos nas/ ’jig rten skyong gis tshig smras pa/
tshangs pa chen po de bzhin no/ thub pa chen po de bzhin no/
bdag gis ri rab bsgul byas shing/ sa yang rab tu bzlog byas la/
rgya mtsho la ni thug pa rnams/ rnam par sbyang ba nyid du bya/

zhags pa dam po ma nyams pas/ nyi ma zla ba rlung rnams dang/
skar ma dag ni thams cad kyang/ bdag gis su ni bcing bar bya/
gang dag rab tu sdang byed cing/ 'jig rten la ni phan mi byed/
de dag la ni thams cad du/ phyogs kyang snang bar mi bya'o/

意譯：

彼之護神皆圍繞　所言妙法不受持
此中相依明滿者　獨覺等亦以此生
諸聲聞亦由此生　諸天等亦由此起
梵天〔1〕六因〔2〕圓滿者　婆羅門亦依此生
仙人福祿〔3〕廣大有　沙門〔4〕婆羅依此生
汝等不可爲輕賤　世間人之所莫害
大梵王處聞如是　護世等亦如是說
大梵天王所說之　牟尼說與大法悟
譬如有人動須彌　復又大地令翻覆
乃至四大河海水　其等悉皆令枯竭
倘若繩索堅固足　日月又及風等皆
空中所有星宿等　我今悉皆會纏縛
此契經之譭謗時　不爲利益世間人
彼等悉皆一切之　諸方等長不顯明

注釋：

〔1〕[illegible]（梵天），字面義作「巧明」，意譯自藏文 rig byed，即「智慧、知識、梵天」。梵文 Brahmā，漢文作「天人」。

〔2〕[illegible]（六因），藏文 yan lag drug，漢文本無。

〔3〕[illegible]（福祿），藏文作 skal ba，即「緣法」。

〔4〕[illegible]（善淨），意譯自藏文 dge sbyong，梵文 Śramaṇa，漢文作「沙門」。dge，「善、美好」；sbyong，「乾淨」。

西夏文及對譯：

[illegible]
世上神等圍繞皆/生者一切皆輕毀/　生者人及眾生之/又亦破裂危害爲/

[illegible]
何謂咒頌又藥者/此種咒等言渡時/　此最上眞咒頌以/他之悉皆監督能/
[illegible]
此種咒渡圍繞皆/罪法言以皆畏懼/　世上世尊如面前/眞實謀以供養爲/
[illegible]
何謂生者圍繞皆/此言所說不聞故/　彼等皆之罪述我/淨梵變幻契經也/
[illegible]
明滿足之恭敬拜/自各金色身之現/　琉璃又及諸眞金/銀白又及諸海珠/
[illegible]
善妙玉石及瑪瑙/頗胝迦又及珊瑚/　種種美麗七寶以/金色千輻輪裝飾/
[illegible]
四種寶軫美和做/爲造種種皆滿足/　世護四王軫上坐/變化力以空中往/

藏文：

’jig rten lha dang bcas pa de/ ’byung po rnams kyi phyir smod de/
’byung po mi yi skye dgu la/ gnod par byed cing ’tshe bar byed/
gang dag sngags dang sman rnams dang/ rig sngags las ni ’da’ byed pa/
’di la sngags kyi dam pa ni/ pha rol gnon pa ston par byed/
rig sngags las ni ’da’ ba’i ’khor/ kun tu chad pas bsdigs byas te/
’jig rten mgon po’i spyan sngar ni/ yang dag par yang brjod par bgyi/
gang gis ’byung po’i dkyil ’khor du/ ’di bshad pa na mi nyan pa/
de gag chad pa bshad par bya/ tshangs pas sprul pa’i mdo sde’o/
sangs rgyas zhabs la phyag ’tshal te/ phan tshun du ni blta byas na/
bee fqu dang gser dang dngul/ su tig rnams dang shel dag dang/
spug dang rdo yi snying po dang/
rin chen bdun gyis brgyan pa yi/ rtsibas stong kha dog gser ’dra ba’i/
shing rta rnam pa bzhi byas pa/ bzo rnams kun dang ldan pa ste/
rdzu ’phrul gyis ni mkha’ la ’gro/ rgyal po dag ni der bzhugs nas/

意譯：

世間神等皆圍繞　　一切魑魅悉輕毀
魑魅又及人眾生〔1〕　　復又破壞爲危害

諸凡咒頌及藥者　　此明咒等言超渡
頌此最上眞言咒　　他之悉皆能監督
渡此明咒之眷屬　　悉皆畏懼罪法言
世間世尊之面前　　眞實謀以爲供養
諸凡魑魅之眷屬　　此論說之不聞故
我悉述說彼等罪　　淨梵幻變契經也
明滿之足頂禮拜　　各各現其金色身
琉璃〔2〕又及諸眞金　　白銀又及諸珍珠
善妙玉石〔3〕及瑪瑙〔4〕　　頗胝迦〔5〕又及珊瑚〔6〕
種種美麗七珍寶〔7〕　　金色千輻輪以飾
四大寶軫和美做　　爲造種種皆滿足
護世四王軫上坐　　神通力以空中行

注釋：

〔1〕[illegible]（眾生），藏文作 skye dgu。

〔2〕[illegible]（琉璃），藏文作 bāi ḍū 或 bāi ḍūrya，「吠琉璃」。梵文 Vāiḍūrya，七寶之一。七寶爲金（Suvarṇa）、銀（Rūpya）、吠琉璃、頗胝迦（Sphaṭika）、硨磲（Musāragalva，音譯「牟娑落揭拉婆」）、赤眞珠（Lohitamuktikā）、瑪瑙（Aśmagarbha，音譯「阿濕摩揭拉婆」）。

〔3〕[illegible]（善妙玉石），藏文 Spug，或作「琥珀」，梵文 Musāragalva，或作「硨磲」，漢文本無。《夏漢字典》中有「[illegible]」對譯「硨磲」。

〔4〕[illegible]（瑪瑙），藏文作 rdo yi snying po，直譯爲「石之精華」，梵文見本頁注釋〔2〕。

〔5〕[illegible]（頗胝迦），音譯自梵文 Sphaṭika，意譯作「水玉、水晶」，藏文 shel，漢文本亦作「頗胝迦」。

〔6〕[illegible]（珊瑚），梵文 Pravāḍa，音譯「缽攞婆福羅」，或 Vidruma。藏文應作 byi ru，不過藏文本中無。「[illegible]」在《夏漢字典》中也用來譯「琥珀」

〔7〕[illegible]（七寶），見注釋〔2〕。不過西夏文本卻多了一寶，即「珊瑚」。

西夏文及對譯：

[illegible]/[illegible]/　　[illegible]/[illegible]/
生者舍中彼至往/金沙以地皆遮蓋/　　眾花善以散灑滿/項上椿又及繩索/

[illegible]/[illegible]/　　[illegible]/[illegible]/
諸繩索以捆綁時/方及隅等所在等/　　生者一切皆驅趕/諸礙施之族主等/

[illegible]
四方各自皆所遣/大千國土守護者/此契經者最中上/世界中起梵天至/
[illegible]
若諸天眾此攝受/大千國守護經依/礙施魔鬼皆降伏/多聞王於詔聞依/
[illegible]
礙施族主各自往/四方四隅至往時/大密主之緊指示/二十八生者鬼神/
[illegible]
香食由起諸魔等/東方舍上居者皆/契經索以彼等之/五繩索以身體縛/
[illegible]
生者我言所聞△/二十八生者鬼神/甕瓶由起諸魔等/南方舍上居者皆/

藏文：

'byung po'i dkyil 'khor nyid du dong/ sa ni gser gyi phye ma dang/
me tog dag gis mkang byas nas/ mgul par ltung dang skud pa dang/
zhags pa dag kyang gdags byos la/ phyogs kyi sa ni ci snyed pa'i/
'byung po thams dad khrid shog ces/ gnod sbyin gyi ni sde dpon kun/
phyogs bzhi dag tu dgye ba byas/ stong chen rab tu 'joms pa yi/
mdo sde yi ni dam pa 'di/ tshangs pa'i 'jig rten bar tu byung/
lha rnams kun gyis rnam par bsams/ stong chen po yi lus gyis su/
gnod smyin dang ni srin po btul/ lus ngan po yi tshig thos nas/
gnod sbyin gyi ni sde dpon dag/ phyogs bzhi dag tu song nas su/
gsang ba po la drag tu bsgo/ thub pa 'byung po nyi shu brgyad/
dri za las byung gdon gyi rnams/ shar phyogs cha na 'khor pa dag/
mdo sde'i zhags pas de dag kun/ bcing ba lnga yis bsdams pa yi/
'byung po mang po nga la nyon/ thub pa 'byung po nyi shu brgyad/
grul bum las byung gdon gyi rigs/ lho phyogs cha 'dir 'khod pa dag/

意譯：

乘空行至魑魅舍　　遍地遮蓋以金沙
眾香花以遍散灑　　項上椿〔1〕者及繩索
以諸繩索捆綁時　　四方各處諸所在

一切魑魅皆驅趕　　諸藥叉之將領〔2〕等
四方各自皆遣化　　守護大千國土者
此契經者最賢聖　　世界中起梵天至
若諸天眾此攝受　　依大千國守護經
藥叉魔鬼皆降伏　　依聞詔於多聞王
藥叉將領各自往　　四方四隅行至時
大密主〔3〕之嚴指示　二十八魑魅鬼神
諸魔乃起於食香　　東方舍上之居者〔4〕
彼等一切契經索　　五繩索以身體縛
魑魅且聞我所言　　二十八魑魅鬼神
諸魔乃起於甕瓶〔5〕　南方舍上之居者〔6〕

注釋：

〔1〕[illegible]（項上樁），藏文作 mgul par ltung，這裏好像藏文和西夏文都有誤。mgul pa 意爲「頸項」，ltung 意爲「下落、墜」。而根據上下文，這裏的意思應該是「用繩索套住頸項」。

〔2〕[illegible]（將領），字面義作「族主」，對應藏文的 sde dpon（部落長）。

〔3〕[illegible]（大密主），意譯自藏文 gsang ba po。梵文 Guhyakādhipati，即「密主」，藏文作 gsang ba pa bdag po，gsang ba po 估計是其簡寫。

〔4〕以上二句漢文本作：「東方彥達嚩魅」。[illegible]（東方舍上居者），意譯自藏文 shar phyogs cha na 'khor pa dag，指「東方持國天王」。

〔5〕[illegible]（甕瓶），即前文所說的「[illegible]」（甕形鬼），藏文 grul bum，梵文 Kumbhāṇḍa。漢文本無。

〔6〕[illegible]（南方舍上居者），意譯自藏文 lho phyogs cha 'dir 'khod pa dag，指「南方增長天王」，漢文作「南方矩畔拏魅」。

西夏文及對譯：

[illegible]/[illegible]/　[illegible]/[illegible]/
契經索以彼等之/五繩索以身體縛/　生者我言所聽之/二十八生者鬼神/

[illegible]/[illegible]/　[illegible]/[illegible]/
龍王由起諸魔等/西方舍上居者皆/　契經索以彼等之/五繩索以身體縛/

[illegible]/[illegible]/　[illegible]/[illegible]/
生者我言所聽之/二十八生者鬼神/　礙施由起諸魔等/北方舍上居者皆/

[illegible]
契經索以彼等之/五繩索以身體縛/

[illegible]
生者我言所聽之/俱尾囉之最子長/

[illegible]
名者最勝人上坐/其之圍繞親屬者/

[illegible]
六十俱胝礙施等/五繩索以身體縛/

[illegible]
契經索以彼等引/二子名者盛長也/

[illegible]
其之圍繞親屬者/六十俱胝礙施等/

[illegible]
五繩索以身體縛/契經索以彼等引/

[illegible]
三子名者大魔也/其之圍繞親屬者/

藏文：

mdo sde'i zhags pas de dag kun/ bcing ba lnga yis bsdams pa yi/
'byung po mang po nga la nyon/ thub pa 'byung po nyi shu brgyad/
klu las gdon du gyur pa rnams/ nub phyogs cha 'dir 'khod pa dang/
mdo sde'i zhags pas de dag kun/ bcing ba lnga yis bsdams pa yi/
'byung po mang po nga la nyon/ thub pa 'byung po nyi shu brgyad/
gnod sbyin las ni gdon gyur pa/ byang phyogs cha 'dir 'khod pa dag/
mdo sde'i zhags pas de dag kun/ bcing ba lnga yis bsdams pa yi/
'byung po mang po nga la nyon/ lus ngan po yi bu thu bo/
kun tu rgyal ba mi la zhon/ de yi drung na 'khod pa yi/
gnod sbyin bye ba drug cu dag/ bcing ba rnam pa lngas bsdams nas/
mdo sde'i zhags pas kun tu drangs/ de nyid gyi ni bu gnyis pa/
skyed pa po zhes rnam grags pa/ de yi drung na 'khod pa yi/gnod sbyin bye ba drug cu dag/
bcing ba rnam pa lngas bsdams nas/ mdo sde'i zhags pas kun tu drangs/
de nyid kyi ni bu gsum pa/ de yi ming ni gdon po che/ de yi drung na 'khod pa yi/

意譯：

彼等一切契經索　　五繩索以身體縛
魑魅且聽我所言　　二十八魑魅鬼神
諸魔乃起於龍王　　西方舍上之居者
彼等一切契經索　　五繩索以身體縛

魑魅且聽我所言　　二十八魑魅鬼神
諸魔乃起於藥叉　　北方舍上之居者
彼等一切契經索　　五繩索以身體縛
魑魅且聽我所言　　俱尾囉之最長子
名者最勝〔1〕人上坐　彼之僕從親屬者
六十俱胝〔2〕藥叉等　五繩索以身體縛
彼等引攜契經索　　二子名者盛長〔3〕也
彼之僕從親屬者　　六十俱胝藥叉等
五繩索以身體縛　　彼等引攜契經索
三字名者大魔〔4〕也　彼之僕從親屬者

注釋：

〔1〕[illegible]（最勝），意譯自藏文 kun tu rgyal ba，文中說是俱尾囉長子之名，漢文作「散惹野大藥叉」。根據漢文本中的這個名字，我們知道其梵文作 Saṃjñeya mahā yakṣa，又音譯作「散脂迦大將」，意譯作「正了知」，是北方毗沙門天王八大將之一。藏文之所以譯作「最勝」，應該指的是「最勝太子」，爲護持佛法、守護國家之善神，又稱「如意勝王」、「如意天王」，與北方毗沙門大土之太子哪吒爲同尊。梵文不詳。

〔2〕[illegible]（俱胝），音譯自梵文 Koṭi。「俱胝」是個比億、京、兆、赫還要廣大的計數單位，藏文 bye ba drug cu，漢文作「俱胝」。

〔3〕[illegible]（盛長），意譯自藏文 skyed pa po，爲俱尾囉之二子，漢文作「惹你迦大藥叉將」。梵文不詳。

〔4〕[illegible]（大魔），意譯自藏文 gdon po che，漢文「大魅大藥叉將」。根據《大正藏》注釋，梵文作 Mahāgraha。

西夏文及對譯：

[illegible]
六十俱胝礙施等/五繩索以身體縛/　契經索以彼等引/第四子名者罐陶腹/

[illegible]
其之圍繞親屬者/六十俱胝礙施等/　五繩索以身體縛/契經索以彼等引/

[illegible]
摩醯首羅大天神/身四臂在威力大/　其之圍繞親屬者/六十俱胝礙施等/

[illegible]
五繩索以身體縛/契經索以彼等引/　生者毀壞之山中/生者一切皆已聚/

[illegible]

種咒一切出處家/此種咒者念可也/ 最中甚以罪語爲/諸明滿等語者也/

[illegible]

喬達摩之恭敬之/一切其於歸依可/ 不動定中所入時/有一切者無爲令/

藏文：

gnod sbyin bye ba drug cu rnams/ bcing ba rnam pa lngas bsdams nas/

mdo sde'i zhags pas kun tu drangs/ de nyid kyi ni bu bzhi pa/ de yi ming ni bum pa'i lto/

de yi drung na 'khod pa yi/ gnod sbyin bye ba drug cu rnams/

bcing ba rnam pa lngas bsdams nas/ mdo sde'i zhags pas kun tu drangs/

dbang phyug chen po lha chen po/ lag bzhi pa la stobs po che/

de yi drung na 'khod pa yi/ gnod sbyin bye ba drug cu rnams/

bcing ba rnam pa lngas bsdams nas/ mdo sde'i zhags pas kun tu drangs/

'byung po 'joms pa'i ri la ni/ 'byung po thams cad lhags nas su/

rig sngags thams cad 'byung ba'i gnas/ rig sngags 'di ni kun tu bsams/

chad pa mi bzad drag po ste/ gang phyir sangs rgyas kun gyis gsungs/

gau ta ma la gus par ni/ thams cad de la skyabs su song/

gyo med par ni rjes zhugs shig/ thams cad med par gyur ta ra/

意譯：

六十俱胝藥叉等　五繩索以身體縛

彼等引攜契經索　四子名者甕罐腹〔1〕

彼之僕從親屬者　六十俱胝藥叉者

五繩索以身體縛　彼等引攜契經索

摩醯首羅大天神　身有四臂威力大

彼之僕從親屬者　六十俱胝藥叉等

五繩索以身體縛　彼等引攜契經索

魑魅毀壞之山中　一切魑魅皆聚集

一切明咒生起處　可念此明咒者也

最甚極以爲罪語　諸明滿等宣說也

喬達摩之恭敬也　　一切於彼可歸依

毗濕奴〔2〕中所入時　有一切者令無爲

注釋：

〔1〕[illegible]（甕罐腹），意譯自藏文 bum pa'i lto，指俱尾囉的第四子，漢文作「甕腹大藥叉將」，《大正藏》中的梵文注釋爲 Karaśodara。不知跟前文的「甕形鬼」有什麼關係。

〔2〕[illegible]（遍入天），字面義作「不動定」，意譯自藏文 gyo med，梵文 Viṣṇu，漢文「毗濕奴」。

西夏文及對譯：

[illegible]

爾時取汝指彈時/諸生者一切皆聚/　或山中及險崖居/或大海及江中居/

[illegible]

或河流水池中居/或小水波浪中居/　或小園及宮中居/最喜舍及林中居/

[illegible]〔註4〕[illegible]

或寶塔及村舍居/或小大樹木下居/　或城堡　　及村中居/或村邑及城池居/

[illegible]

或王宮及門廣居/或小妙殿中方居/　或土墓及中圍居/或亦諸種寺廟居/

[illegible]

或小隅及稅院居/或小屋空谷長居/　方上方下施礙等/或亦四方又四隅/

[illegible]

其數礙施千萬億/種咒索以所攝時/　或鼓小及鼓大打/琵琶漢語銅鼓又笛吹/

[illegible]

諸大力者戲聲生/種種遊戲樂音爲/　又或歌爲或舞爲/主者月又及水神/

藏文：

de nas thang cig yud tsam gyis/ 'byung po mang po thams cad lhags/

ri rnams dang ni gyang sa dang/ rgya mtsho dang ni mtsho rnams dang/

klung dang 'bab chu lu ma dang/ dba' klong dag na gang 'khod dang/

〔註 4〕[illegible]字殘，據 0916 號補。

skyed mos tshal dang gzhal med khang/ kun dga' dang ni nags rnams dang/
mthod rten gnas dang grong gi gnas/ ljon shing drung na gang gnas dang/
grong khyer sgo dang grong dang ni/ grong rdal dang ni ljongs rnams dang/
rgyal po'i pho brang sgo rnams dang/ gzhal med khang na gang gnas dang/
dkyil 'khor dag dang dur khrod dang/ de bzhin lha khang rnams dang ni/
mtshams dang sho gam gnas rnams dang/ khang stong dang ni gram sa dang/
gnod sbyin gang rnams bra 'og dang/ phyogs bzhi dang ni mtshams rnams nas/
gnod sbyin bye ba stong rnams ni/ rig sngags zhags pas bkug pa rnams/
rdza rnga dag ni brdungs nas su/ la las rnga zlum dag ni brdungs/
pi wang gling bu 'khar ba'i rnga/
stobs chen rnams ni sgra 'byin te/ rol mo'i dbyangs sgra sna tshogs dang/
glu dang gar rnams byas nas su/ dbang po zla ba chu lha dang/

意譯：

爾時取汝彈指間〔1〕	一切魑魅皆聚集
或居山中及懸崖	或居大海及大湖
或居平川江河中	或居小溪波濤中
或居林苑及宮殿	居最喜舍〔2〕及林中
或居佛塔及聚落	或居大小樹木下
或居城堡及村坊	或居村邑及城池〔3〕
或居王宮及廣戶〔4〕	或居種種小妙殿
或居土墓〔5〕及壇城〔6〕	或居種種諸寺廟
上方下方藥叉等	或亦四方又四隅
或居一方及稅院〔7〕	或居空室及長谷〔8〕
彼等藥叉千萬億	以明咒索招攝時
或打小鼓及大鼓〔9〕	琵琶銅鼓又吹笛〔10〕
發出一切大力聲	奏出種種樂調音
亦或載歌又載舞	月之天子及水神

注釋：

〔1〕[illegible]（彈指間），藏文 thang cig yud tsam，漢文作「一念頃」。

〔2〕[illegible]（最喜舍），意譯自藏文 kun dga'，梵漢文不詳。

〔3〕[illegible]（城池），藏文作 grong rdal。

〔4〕[illegible]（廣户），直譯自藏文 sgo rnams。

〔5〕[illegible]（土墓），藏文 dur khrod，即「天葬場、寒林」。

〔6〕[illegible]（壇城），字面義作「中圍」，意譯自藏文 dkyil 'khor。

〔7〕[illegible]（道界？），字面義作「稅院」，意譯自藏文 sho gam gnas。

〔8〕以上漢文本作：「或居大海或住諸河，或居捨宅或依門户。或處空室湫濼江湖，川澤陂池園苑林樹。或居曠野或住村坊國邑聚落村巷四衢。或居天祀或住王宮。或依乾枯娑羅之樹。或居道路或住城隍。或居道界或處一方。或住四隅或不依方所。」

〔9〕[illegible]（小鼓），藏文作 rdza rnga，或「腰鼓」，梵文 Mṛidañga；[illegible]（大鼓），藏文作 las rnga，或「上工鼓」。

〔10〕[illegible]（琵琶），漢語藉詞，藏文作 pi wang，或「琵琶」，又或「箜篌」，梵文 Vīṇā；[illegible]（銅鼓），藏文'khar ba'i rnga；[illegible]（笛），藏文 gling bu，梵文 Vaṃsha。

西夏文及對譯：

[illegible]
跋囉怛掺眾生主/不有王及最察王/

[illegible]
項善和及已定動/諸眾生之導師者

[illegible]
人王至勝大牛王/又亦其如五髻王/

[illegible]
皆之師及名號持/野舍居又及謀聖/

[illegible]
自族親屬一切及/及亦乘騎圍繞皆/

[illegible]
假若三日狂病遇/及亦四日暑病遇/

[illegible]
四方各自已攝時/五種繩以皆捆縛/

[illegible]
大勇者之敬禮△/高大者之敬禮△/

[illegible]
雪山神通圓滿王/旃檀王又及至愛/

[illegible]
天上所生不有王/種種香食類一切/

[illegible]
睹母嚕及日光王/慕西王及武之子/

[illegible]
針耳王及山谷口/五持耳及口聖等/

[illegible]
天及龍等又香食/礙施魔鬼又天非/

[illegible]
世上情有毒傷害/礙施魔鬼性惡皆/

[illegible]
世上世尊如面前/掌合恭敬此如贊/

[illegible]
法王者之敬禮△/掌合恭敬敬禮△/

[illegible]

聖大乘大千國守護契經上卷

藏文：

bha ra dwa dza skye dgu'i bdag/ mi ldan pa dang kun tu lta/
mngon shes gngas can rdzogs pa dang/ candan dang ni 'dod mchog dang/
mgul pa mdzes dang mgul nges dang/ skye dgu'i bla mar gyur pa dang/
lha las byung ba'i ma ldan dang/ dri za sna tshogs sde dang ni/
mi rgyal rgyal ba khyu mchog dang/ de bzhin phud bu lnga zhes bya/
gyer ma dang ni nyi zer dang/ nya lcibs dang ni ral gri bu/
kun gyi bshes dang grags 'jin dang/ 'brog gnas dang ni yid bzangs dang/
khab sna dang ni ri sul kha/ lnga 'dzin dang ni khab bzangs dag/
sde dang dpung dang bzhon par bcas/
lha dang klu dang dri za dang/ gnod sbyin srin po lha ma yin/
nyin gsum pa yi smyo byed dang/ de bzhin bzhi pa'i rims dag dang/
'jig rten 'tshe ba gang yin pa/ gnod sbyin srin po ma rungs rnams/
phyogs bzhi nas ni bkug nas su/ bcing ba lnga yis bsdams pa rnams/
'jig rten mgon po'i spyan snga ru/ thal sbyar 'khod nas 'di skad smras/
phyag 'tshal skyes bu dpa' khyod la/ phyag 'tshal skyes bu mchog khyod la/
thal mo sbyar nas phyag 'tshal lo/ chos rgyal khyod la phyag 'tshal lo/

意譯：

頗羅墮拶[1]眾生主　不具王[2]及普觀王[3]
雪山神通圓滿王[4]　旃檀王又及至愛[5]
頂寶頸及所定動[6]　諸眾生之導師者[7]
天上所生不具王　種種一切食香者[8]
睹母嚕及日光王[9]　摩臬王及劍之子[10]
至勝人王大牛王[11]　或又其如五髻王[12]
眾友王及持名號[13]　居荒野又及謀賢[14]
針耳王及大口王[15]　五持耳及妙口等[16]
本族一切之親屬　亦及乘騎並僕從

天和龍等又食香　　藥叉魔鬼又非天
假若三日得狂病　　復又四日得熱病
世間有情之毒害　　藥叉魔鬼性皆惡
四方各自所攝時　　以五種繩皆捆綁
世間世尊之面前〔17〕　　合掌恭敬如是贊
敬禮雄健大勇者　　敬禮高大至尊者
敬禮法王大牟尼　　合掌尊恭敬禮也

注釋：

〔1〕[illegible]（頗羅墮拶），音譯自梵文 Bharadvāja，漢文本作「頗羅墮」，藏文音譯梵文作 bha ra dwa dza。

〔2〕[illegible]（不具王），意譯自藏文 mi ldan pa，梵文漢文不詳。

〔3〕[illegible]（普觀王）意譯自藏文 kun tu lta，梵文作 Ālokita，又 Ālokanta，意爲「普觀、前觀」，估計是漢文本中的「眼赤天子」，梵文 Lohitāngga。

〔4〕[illegible]（雪山神通圓滿王），意譯自藏文 mngon shes gngas can rdzogs pa，梵文 Himavanta，漢文本作「雪山天子」。

〔5〕[illegible]（旃檀王），音譯自梵文 Candanā，漢文本作「旃檀天子」，藏文作 candan；[illegible]（至愛），意譯自藏文'dod mchog，漢文本作「商主天子」，《大正藏》注釋梵文作 Kāmaśreṣṭhī。kāma，意爲「貪愛」；śreṣṭhī，意爲「商人、商主」。藏文只譯了前半部份，漢文本只譯了後半部份。

〔6〕[illegible]（項寶頸），意譯自藏文 mgul pa mdzes，梵文 Maṇikaṇṭha，漢文本作「摩捉建姹天子」。《翻譯名義大集》中藏文作 mgul na nor bu。[illegible]（已定動），意譯自藏文 mgul nges，梵文漢文不詳。

〔7〕[illegible]（眾生之導師），意譯自藏文 skye dgu'i bla mar gyur pa，可能對應漢文本的「世間敬天子」。《翻譯名義大集》中有梵文 Guru kāra，藏文作 bla mar byed pa，漢文作「奉事尚師」。

〔8〕[illegible]（種種一切食香族），意譯自藏文 dri za sna tshogs sde，梵文 Gandharva，漢文本作「彥達嚩王」。

〔9〕[illegible]（睹母嚕），《大正藏》中梵文注釋爲 Tumburu，漢文本作「睹母嚕天子」，藏文作 gyer ma，意爲「花椒」，不知道跟「睹母嚕天子」有什麼關係。[illegible]（日光王），意譯自藏文 nyi zer，梵漢文不詳。

〔10〕[illegible]（摩臬王），藏文作 nya lcibs，意爲「蚌、水棉」，梵文不詳，漢文本作「摩臬天子」。[illegible]（劍之子），意譯自藏文 ral gri bu，梵文可能作 Khaḍga-putra（?），漢文本無。

〔11〕[illegible]（至勝大牛王），藏文 rgyal ba khyu mchog，梵文 Ṛṣabha，意爲「勝群、牛王」，意譯作「勒沙婆」。漢文本無。

〔12〕[illegible]（五髻王），藏文 phud bu lnga，梵文 Pañcaśikha，漢文本作「五髻天子」。

〔13〕[illegible]（眾之師），藏文作 kun gyi bshes，直譯爲「眾友」，梵文 Viśvāmitra，漢文本作「尾濕嚩（二合）彌怛嚕（二合）天子」。梵文 viśvā 意爲「普遍、一切」，mitra「親友」。疑西夏文有誤。[illegible]（持名號），意譯自藏文 grags 'jin，《翻譯名義大集》作 grags 'dzin ma，梵文 Yaśodhara，漢文本作「耶殊陀羅天子」。

〔14〕[illegible]（居荒野），意譯自藏文'brog gnas，應該是 gnod sbyin'brog gnas 的簡稱，梵文 Āṭavaka yakṣa，意爲「住曠野藥叉」，音譯作「阿吒薄拘鬼神大將」，又作「曠野鬼神」、「曠野夜叉」，漢文本無；[illegible]（意賢），意譯自藏文 yid bzangs，梵漢文不詳。

〔15〕[illegible]（針耳王），藏文作 khab sna，直譯作「針鼻」，漢文本作「針耳天子」。[illegible]（山谷口），意譯自藏文 ri sul kha，漢文本作「大口天子」。

〔16〕[illegible]（持五），藏文作 lnga 'dzin，梵文 Pāñcāla，應該是「持五王」，漢文本無。[illegible]（妙口），藏文作 khab bzangs，疑誤。漢文本作「妙口天子」。

〔17〕[illegible]（世間世尊之面前），藏文作'jig rten mgon po spyan snga ru。[illegible]（世間世尊），藏文作'jig rten mgon po，直譯爲「護世主」，即「觀世音菩薩」，梵文 Avalokiteśvara，漢文本作「世尊」。[illegible]（面前），藏文作 spyan snga。

漢文本佛說守護大千國土經　卷上

西天北印度烏塡曩國帝釋宮寺傳法大師三藏沙門賜紫臣施護奉詔譯

如是我聞。一時世尊。住王舍城鷲峰山南面佛境界大樹林中。與大苾芻眾千二百五十人俱。其名曰尊者舍利弗尊者摩訶目乾連。尊者摩訶迦葉尊者伽耶迦葉。尊者那提迦葉尊者摩訶那提迦葉。尊者阿若憍陳如尊者優樓頻螺迦葉。尊者摩訶迦旃延尊者跋俱羅尊者婆藪槃豆尊者俱絺羅。尊者嚩倪舍尊者阿濕嚩爾多。尊者須菩提尊者蘇婆呼。尊者阿寧嚕馱尊者難提枳曩。尊者離跋多尊者準提曩。如是等千二百五十大苾芻眾俱。是時摩竭提國韋提希子阿闍世王。供養恭敬尊重讚歎。以衣服臥具飲食湯藥珍玩寶物。而供養佛及比丘僧。是時大地欻然震動。大雲普覆起大惡風。雷聲震吼掣電霹靂。降大雨雹周遍而霔。十方黑暗星宿隱蔽。日月不現不能照曜。日無暖氣亦無光明。人民惶怖。是時世尊以淨天眼。見毗耶離大城王及臣民。有如是等災難競起。復次毗耶離別有離車子等。或有內宮嬪妃婇女。爲彼鬼神之所惱害。諸王王子及諸老幼。奴婢僕從並諸眷屬。皆爲鬼神惱害惑亂。彼毗耶離大城一切人民。若苾芻苾芻尼優婆塞優婆夷。皆悉怕怖悶絕憧惶。身毛皆豎仰面號哭。而作是言。

曩謨沒馱野。曩謨達摩野。曩謨僧伽野。一心歸依乞求加護。或有婆羅門及諸長者。不信三寶歸向梵天王者。或歸向天帝釋者。歸向護世四王者。歸向摩醯首羅者。或寶賢藥叉大將滿賢藥叉大將訶利帝母。日月星辰山林藥草。江河陂池園苑塔廟。隨所樂著悉皆歸敬。作如是言。我此災禍怖畏患難。誰爲救濟云何令我速得免離。爾時世尊愍諸眾生。別現瑞相起變化行。以是行故令此三千大千世界天人阿修羅。聞其音聲生恭敬心皆來集會。是時索訶世界主梵天王。與梵天天子眾俱。天帝釋與忉利天眾俱。四大天王與四天王天眾俱。二十八大藥叉將與三十二大力藥叉俱。訶利帝母並其子及眷屬俱。於夜分時來詣佛所。訶利帝母以自威光。輝赫晃耀照鷲峰山皆爲一色。到世尊所頂禮佛足。卻住一面異口同音。讚歎如來說伽他曰。

端嚴金色相　　由如淨滿月
富如毗沙門　　吉祥之寶藏
遊行如師子　　威德若大龍

巍巍眞金聚　閻浮檀之色
暗夜清淨月　安住眾星中
於諸聲聞眾　顯煥莊嚴相
歸命薄伽梵　諸天人中尊
利益於人天　住世垂救護
守護大千經　過去佛已說
盡此輪圍山　而結金剛界
稽首人中尊　歸命無所畏
合掌恭敬禮　牟尼大法王

是時世尊於一念頃默然而住。告四天大王言。大王汝等現是色相形類差別。云何惱亂我諸弟子。大王若復有人聞佛法僧。出現於世心生歡喜。如是人等於佛法中。植菩提種生値佛世。遇辟支佛及阿羅漢諸聲聞眾。於佛法中植眾德本十善具足。命終之後當得往生三十二天。一一天上爲天王身受天快樂。復生人中作轉輪王。統領四兵王四天下。乃至大海皆爲一境。得七寶具足得千子圍繞。其王千子智慧明達。勇猛精進無諸怖畏。妙色端正有大神力。迅疾如風威德自在能伏怨敵。以是因緣獲得如是福德果報。貪著愛欲娛樂自恣。汝等今者於如來前。起憍慢心現如是相作如是事。於我弟子心生輕毀恐怖惱害。

是時北方藥叉主毗沙門天王。即從座起偏袒右肩。右膝著地合掌恭敬。而白佛言世尊。我今住處有一大城及以聚落。園林花果宮殿樓閣。周匝欄楯金銀階道。種種寶物而嚴飾之。安以表刹四面懸鈴。妙眞珠網羅覆其上。燒眾名香晝夜氛馥。散諸雜花遍佈其地。清淨皎潔甚可愛樂。百千天女周匝圍繞。我處於彼受五欲樂無有厭足。如迷醉人不能惺悟。犯所行行違本所願。以是義故諸藥叉眾周遍世界。十方馳走飲血啖肉。若男若女童男童女。於如是人作諸執魅。及諸惡食食血者。食肉者食胎者。食生者。食命者。或作畜生及諸異類。或作師子常食有情。彼恒殺生食啖其命。大德世尊我今於佛及四眾前。說彼藥叉所現色相。種種形貌一一不同。此藥叉眾皆有執魅。是故我常手持寶塔內安聖像。彼執魅者藥叉眾中我名大王。是諸藥叉燒種種香。燃種種燈散諸雜花。供養塔像及供養我。世尊若藥叉眾作執魅者。令其眾生現如是相。若常笑喜若常驚怖。若常啼泣若多語言無有其度。若常狂亂若不睡眠。若身常疼痛若仰視虛空。若樂觀星宿若常馳走。若晝即不樂夜即歡喜。

若常健羡此諸樂叉。有如是等執魅之事。於諸世間無能制者。我有神咒悉能調伏。惟願世尊聽我說之。即說咒曰。

唵（引）阿哩（引）阿囉抳（引）昝（仁敢切）陛（引）惹胝嚟（引）阿佉韇（引）麼佉韇（引）佉佉韇（引）佉哢（囉江切）疑（疑閼切）賀（引）哩並（並孕切）誐嚟（引）底銘（名孕切）擬攞你悉鈿睹滿怛囉（二合）跛那娑嚩（二合引）賀（引）娑嚩（二合）薩底也（二合）薩睹（二合）吠（無每切引）室囉（二合）摩拏寫麼賀（引）囉惹寫曩麼（引）麼（末音）嚟（引）韇（引）濕嚩（二合）哩也（二合引）地跛底曳（二合）曩娑嚩（二合引）賀（引）

是時東方彥達嚩主持國天王。從座而起偏袒右肩。右膝著地合掌向佛。恭敬作禮而白佛言。世尊我彥達嚩眾執魅之者。其人現如是等種種色相。若常歌舞若愛莊嚴。若無貪愛若語言誠信。若乍瞋乍喜若復燋渴。若眼赤如朱若復瘧病。若如中毒若閉目不開常在睡眠。若常背視面不向入。如是人等爲彥達嚩之所執魅。於諸世間無能制者。我有神咒悉令調伏。惟願世尊聽我說之。即說咒曰。

唵（引）阿契（引）麼契（引）尾曩契（引）滿弟（引）嚩㘓（引）襧（引）左跛嚟（引）嚩契（引）嚩佉你（引）阿契（上）嚟（引）嚩賀嚟（引）婆彥那黎嚩勢（引）嚩（無鉢切）哩底（二合）娑嚩（二合引）賀（引）母煎睹彥達哩嚩（二合）仡囉呬（引）毗喻（二合引）地哩（二合）多囉（引）瑟吒囉（三合）寫麼賀（引）囉（引）惹寫曩（引）麼（引）嚩黎乃（引）濕嚩（二合）哩也（二合引）地跛底曳（二合引）曩娑嚩（二合引）賀。

是時南方矩畔拏主增長天王。從座而起偏袒右肩。右膝著地合掌向佛。恭敬作禮而白佛言。世尊若我矩畔拏眾執魅之者。現如是等種種色相。若多語若燋渴。若心迷亂目睛瞢瞪若面赤色。若常臥於地若身常拘急。若容貌醜惡若身體羸瘦。若長爪甲若長頭髮。若身體腥臭若身坌垢穢。若常妄語若語言狂亂。如是人等爲矩畔拏之所執魅。於諸世間無能制者。我有神咒悉令調伏。惟願世尊聽我說之。即說咒曰。

唵（引）佉佉佉銘（引）佉攞銘（引）佉攞（引）銘佉囉黎佉囉契迦囉黎（引）迦尸你（引）迦嚕銘（引）迦囉智（引）迦（引）黎迦（引）彌你尾馱黎（引）閉（上）至（引）曳細（引）野舍嚩底三母（引）三彌你舍緬

睹銘（引）滿怛囉（二合）跛那（引）娑嚩（二合引）賀（引）薩嚩薩怛嚩（二合引）南（引）仡囉（二合）虎婆喻（引）波捺囉（二合）嚩（引）尾嚕茶迦寫麼賀（引）囉惹寫曩麼（引）嚩黎（引）乃（引）濕嚩（二合）哩也（二合引）地鉢底曳（二合引）娑嚩（二合引）賀（引）

是時西方龍主廣目天王。從座而起偏袒右肩。右膝著地合掌向佛。恭敬作禮而白佛言。世尊我諸龍等執魅之者。現如是等種種色相。若常餲噦若喘息長噓。若身常冰冷若口吐涎沫。若多睡眠若身體如蛇光滑堅硬。若心勇猛不懼生死若能馳走無困乏時。若爪甲長利若手爬其地令如窟穴。如是人等爲諸龍等之所執魅。於諸世間無能制者。我有神咒悉令調伏。唯願世尊聽我說之。即說咒曰。

唵（引）訖囉（二合）野細（引）訖囉（二合）迦囇（引）訖囉（二合）迦囇（引）加沙曳骨嚕（二合）計計骨嚕（二合）佉銘骨嚕（二合）嚕（引）阿佉黎（引）娑麼娑佉黎（引）迦護銘（引）阿魯計（引）迦魯計（引）伊哩（引）尸尾哩（引）伊哩彌哩（引）地（引）哩（引）虞嚕嚩底娑嚩（二合）悉底也（三合）窣睹（二合）尾嚕（引）髆（引）乞叉（二合）寫麼賀（引）囉惹寫曩（引）麼（引）嚩攞乃（引）濕嚩（二合）哩也（二合引）地鉢底曳（二合引）曩娑嚩（二合引）賀（引）

爾時世尊於一切諸天龍神藥叉眾中大師子吼而作是言。我爲一切世間調御丈夫天人師。具足十力四無所畏。難調伏者使令調順。我今轉大法輪。我獨一身降伏汝等大藥叉將。一切軍眾悉令降伏。我今以大智力。爲欲擁護利益安樂一切眾生。如來於一切悉地皆得成就。我有神咒名一切明。汝應聽受即說咒曰。

唵（引）阿僧擬（引）康誐嚩帝（引）末攞你哩驅（二合引）囇（引）戍（引）哩（引）戍（引）囉嚩哩（引）嚩日囉（二合）三銘（引）嚩日囉（二合）馱哩（引）薩擔（二合）鼻捺哩（二合）姹娑哩（引）尾惹曳（引）尾伽細（引）嚩囉（引）仡囉鉢囉（二合引）鉢帝（二合引）阿囉抳（引）達麼欲訖帝（二合引）禰尸尾驅瑟致（二合引）娑嚩（二合引）薩底也（三合）薩睹（二合）阿呬牛（引）薩嚩薩怛嚩（二合引）南（引）左怛他（引）誐多末黎（引）曩乃（引）濕嚩（二合）哩也（二合引）地鉢底曳（二合引）曩娑嚩（二合引）賀（引）

是時四方諸大藥叉矩畔拏等。聞佛世尊說是神咒。一時合掌恐懼失色。怖畏戰慄身體四肢。不能自勝出大怖聲。其聲遠震十方聞知。四大天王作是思惟如來三密守護大千大明王神咒威德之力。廣大甚深不可思議。彼諸藥叉矩畔拏眾諸鬼神等。聞佛所說皆悉降伏。猶如大風吹散火焰無有遺餘。佛所說法亦如利刀。諸毒害心悉令斷滅。佛言如梵王咒。破彼俱尾囉長子。令彼長子不起異心。若復有人爲彼天龍及諸藥叉矩畔拏眾諸鬼神等。惱害惑亂執魅之者。當用醍醐及以芥子。以是神咒而加持之。擲入火中令火出焰。又擲四方及以上下。或擲入水。是諸人等速得安樂。若有不順此咒者。以酥芥子相和燒之。皆令出焰亦得安樂。彼等藥叉爲棒所打。身體生瘡及有棒痕。彼藥叉等疼痛苦惱。往阿拏迦嚩底王城。到已其俱尾囉威德神力。敕諸藥叉或不令入。不得飲食及其本坐。種種怖畏眾會一處。出大音聲。離藥叉國此守護大千甚深經典。若有藥叉及矩畔拏諸鬼神等不隨順者。彼諸藥叉及鬼神等爲大忿怒。金剛明王手執金剛而破其頭。復以利刀而截其舌。復以利刀劓其耳鼻。或復斬截令身粉碎。或以刀輪而斷其首。或以鐵棒恒常鞭撻。或以鐵橛而釘其心。或於口中常出膿血。譭謗斯經獲如是報。常處輪迴出已復入無有休息。諸有吉祥國土城邑不復共會。時四方天王。東方持國南方增長西方廣目北方毗沙門天王。被忍辱鎧各坐賢座住於佛會。大梵天王以神通力化作寶殿。種種妙寶以爲莊嚴。其中復現金剛寶座佛坐其上。彼大梵天王及諸梵王。合掌作禮住立佛前。讚歎世尊作如是言。如真金幢金色晃耀。目若蓮華清淨無垢。如娑羅王樹花開敷。如淨滿月眾星圍繞。相好巍巍功德莊嚴。牟尼法王爲世間燈。天人稱讚能令安樂一切眾生。皆到究竟涅槃彼岸。出生於佛及辟支佛諸聲聞眾。天人神仙婆羅門等悉皆增長。是時世尊告大梵天王及諸梵眾護世四王等。而作是言如來爲欲利益安樂一切有情故。汝等聽受。若復有人聞此經典輕毀之者。譬如有人動須彌山及四大海。乃至大地皆令翻覆。其人又言日月星辰水火風等。我能繫縛致於他方令彼處現。如是人等爲自欺誑無有是處。乃至起於種種異心輕毀之者。如是人等皆爲嫉妒。不爲利益一切人天。即爲愛樂增長步多鬼神等眾。彼諸鬼神周遍遊行。伺求人便食啖其肉。如是人等即爲一切魔王徒黨。步多鬼神而爲眷屬。如是人等於此神咒不生信敬。以是神咒威德力故。令彼人等知其過惡。即於佛前志心受持此守護大千陀羅尼經懺悔之者。是諸人等即得遠離種種謫罰。時會大眾頂禮佛足。各各瞻仰金色之身。是時復有毗首劫摩天子。爲四天王造四大寶車。一一皆以七寶所成。謂金銀琉璃眞珠瑪瑙。及玻胝迦珊瑚等寶。種種間錯而嚴飾之。護世四王坐其寶車。以天威力悉變金色。乘空而行至步多國。香花寶物遍覆其地而爲供養。

是時護世四天王。敕六十大藥叉將言。汝等今者持是神咒。以咒威力往詣四方。所有一切藥叉羅刹步多鬼神。汝以羂索當係其頸將來至此。乃至十方一切國土。有此最上甚深經典所在之處悉當守護。時梵天眾及餘諸天。皆悉以此甚深經典神咒威力。降伏一切藥叉羅刹步多鬼神。而爲守護大千國土。是時毗沙門天王大藥叉。即往四方巡遊世界。敕諸大藥叉將。所有藥叉羅刹步多鬼神。或住十方國土城邑或居岩窟。東方彥達嚩魅與二十八步多鬼神眾俱。南方矩畔拏魅與二十八步多鬼神眾俱。西方龍魅與二十八步多鬼神眾俱。北方藥叉魅與二十八步多鬼神眾俱。如是等種種執魅。恒於世間惱害眾生作諸魅事。汝等諸大藥叉將。以此神咒威德力故而降伏之。以五羂索繫縛其身牽來至此。時矩尾囉說是語已。復有矩尾囉長子名散惹野大藥叉。常乘於人。統領六十俱胝藥叉及步多鬼神眾俱。其第二子名惹你迦大藥叉將。統領六十俱胝藥叉及步多鬼神眾俱。其第三子名曰大魅大藥叉將。統領六十俱胝藥叉及步多鬼神眾俱。其第四子名曰甕腹大藥叉將。統領六十俱胝藥叉及步多鬼神眾俱。魔醯首羅其天四臂具大威力。亦復統領六十俱胝藥叉及步多鬼神眾俱。如是矩尾囉長子散惹野大藥叉將等。及魔醯首羅彥達嚩眾。皆以此神咒悉令調伏。十方所有藥叉羅刹步多鬼神亦令降伏。以五羂索繫縛其身。牽來至此我令破壞。佛言若復有人。於此神咒如法受持。當想此大明王志心念誦如是神咒能攝一切諸大神咒等無有異。作忿怒聲起勇猛意誦此神咒。彼藥叉眾步多鬼神。以是神咒威德力故。皆爲毗沙門天王鐵棒之所鞭撻。自縛而來歸命懺悔。若諸魔王及諸魔眾藥叉羅刹步多鬼神。於佛法中常作魔事起諸障難。以是神咒威德力故。於一念頃皆悉自來歸命懺悔。彼諸藥叉及羅刹娑步多鬼神。或居大海或住諸河。或居捨宅或依門戶。或處空室湫濼江湖。川澤陂池園苑林樹。或居曠野或住村坊國邑聚落村巷四衢。或居天祀或住王宮。或依乾枯娑羅之樹。或居道路或住城隍。或居道界或處一方。或住四隅或不依方所。有千萬億藥叉羅刹及諸步多鬼神等眾。以是神咒威德力故皆悉調伏。復有諸大彥達嚩眾。或爲歌舞或作唱妓。奏諸雅樂琴瑟鼓吹出妙音聲。如是等大彥達嚩眾。具大威德有大光明色相圓滿。以是神咒威德力故。皆悉調伏。天帝釋日月天子。地天水天火天風天。頗羅墮天子護世四天。摩多裏天子眼赤天子。雪山天子旃檀天子。商主天子麼抳建姹天子。世間敬天子麼怛隸唧怛囉（二合）枲曩天子。彥達嚩王口爾曩哩沙（二合）天子。五髻天子。睹母嚕天子。山王天子麼枲天子。尾濕嚩（二合）彌怛嚕（二合）天子耶殊陀羅天子。針耳天子大口天子。妙口天子。如是等一切大威德天大力軍眾。及天龍彥達嚩阿蘇囉藥叉羅刹娑。或復瘧病一日二日三日四日。若常熱病。恒常惱害一切眾生。起毒害心行不饒益者。諸藥叉羅刹。皆爲神咒罥索之所繫縛牽之而來。一時合掌住立佛前。讚歎世尊而作是言。

稽首丈夫無所畏　　稽首調御天人師
不可思議大法王　　是故我今歸命禮

佛說守護大千國土經　卷中

西夏文及對譯：

[illegible]
聖大乘大千國守護契經中卷

[illegible]
天奉道顯武耀文宣神謀睿智義制邪去惇睦懿恭皇帝　御校

[illegible]	[illegible]	[illegible]	[illegible]
彼等之前跑	礙施身極大	四臂性兇惡	多足又足獨
[illegible]	[illegible]	[illegible]	[illegible]
四足又二足	足伸顛倒行	身多頭獨有	身獨四頭有
[illegible]	[illegible]	[illegible]	[illegible]
身半多目有	目獨十二肚	驢象駝頭有	手伸頂禮又
[illegible]	[illegible]	[illegible]	[illegible]
兵刃兵手有	兵足諸魔鬼	銅毛又銅牙	銅目又銅手
[illegible]	[illegible]	[illegible]	[illegible]
銅槌敲足有	銅鼻又鐵口	手足皆燃燒	人相如有等
[illegible]	[illegible]	[illegible]	[illegible]
腰曲瞽三瘤	眼惡又呵欠	水魔又虎相	醜陋又口破
[illegible]	[illegible]	[illegible]	[illegible]
唇垂又牙斜	毒甚怒相有	肚大又瓶耳	耳垂又耳無
[illegible]	[illegible]		
手長又耳長	鼻長手尖長		

藏文：

de dag gi ni mdun rgyug pa/ ’byung po gnod sbyin lus po che/ lag pa bzhi pa ma rungs pa/ rkang mangs dang ni rkang gcig pa/ rkang bzhi pa dang rkang gnyis pa/ rkang pa bsgreng la spyi’u tshugs dang/ lus mang mgo bo gcig pa dang/ lus gcig pa la mgo bzhi pa/mig mangs po la lus phyed dang/ mig gcig lto ni bcu gnyis dang/ bong bu rnga mo glang chen mgo/ lag pa bsgreng la mgo btud dang/ mtshon cha’i so dang mtshon cha'i lag/ mtshon cha'i rkang pa srin po'i rnams/ zangs kyi skra dang zangs kyi so/ zangs kyi mig dang zangs kyi lag/ zangs kyi tho ba'i rkang pa dang/ zangs kyi sna dang zangs kyi kha/ rkang lag kun tu 'bar ba dang/mi yi lus su gnas pa rnams/ sgur zhar lba ba gsum yod pa/ mig mi sdug la kha glal ba/ chu srin stag gi gzugs dang ni/ gzugs mi sdug dang kha ral po/ mchu 'phyangs po dang so yon po/ rab tu gtum po khro gnyer can/ gsus po che dang bum rna po/ rna 'phyangs pa dang rna ba med/ lag ring dang ni rna ba ring/ sna yi rtse dang lag rtse ring/

意譯：

聖大乘大千國守護契經中卷

奉天顯道耀武宣文神謀睿智制義去邪惇睦懿恭皇帝　御校

彼等之疾跑　　藥叉身巨大　　四臂性兇惡〔1〕　　多足又獨足

四足又二足　　仰足頭頂地〔2〕　　多身而獨頭〔3〕　　獨身而四頭〔4〕

半身而多目〔5〕　　獨目十二腹〔6〕　　驢象駱駝頭〔7〕　　臂伸而頂禮〔8〕

或鐵牙鐵臂　　鐵足〔9〕諸羅刹〔10〕　　銅髮又銅牙　　銅目又銅臂

有銅鐵錘足〔11〕　　銅鼻又鐵口〔12〕　　手足皆燃燒〔13〕　　如有人相等〔14〕

傴僂盲三疣〔15〕　　惡眼又呵欠〔16〕　　水魔又類虎〔17〕　　醜陋又唇破〔18〕

長唇又偏牙〔19〕　　毒害有怒相〔20〕　　大腹又瓶耳〔21〕　　耽耳又無耳〔22〕

長臂又長耳〔23〕　　長鼻又長手

注釋：

〔1〕[illegible]（四臂），意譯自藏文 lag pa bzhi pa，漢文作「四臂藥叉」；[illegible]（性兇惡），意譯自藏文 ma rungs pa，漢文作「大毒害藥叉」。

〔2〕[illegible]（仰足），字面義作「足伸」，藏文 rkang pa bsgreng，漢文作「仰足藥叉」；[illegible]（顛倒行），藏文作 spyi'u tshugs，意爲「頭頂地、倒栽蔥」，漢文作「頭懸藥叉」。

〔3〕[illegible]（多身而獨頭），藏文 lus mang mgo bo gcig pa，漢文本無。

〔4〕[illegible]（獨身而四頭），藏文 lus gcig pa la mgo bzhi pa，漢文本作「四頭多眼藥叉」。

〔5〕[illegible]（半身而多目），藏文 mig mangs po la lus phyed，漢文本作「半身一目藥叉」。

〔6〕[illegible]（獨目十二腹），藏文 mig gcig lto ni bcu gnyis，漢文本作「十二腹藥叉」。

〔7〕[illegible]（驢象駱駝頭），藏文 bong bu rnga mo glang chen mgo，漢文本作

「驢唇藥叉。象頭藥叉」。

〔8〕□□□□□（臂伸而頂禮），藏文 lag pa bsgreng la mgo btud，漢文本作「半手藥叉。倒面藥叉」。

〔9〕□（兵器），譯自藏文 mtshon cha。□□（鐵牙）/□□（鐵臂）/□□（鐵足），字面義作「兵刃」/「兵臂」/「兵足」，意譯自藏文 mtshon cha'i so/ mtshon cha'i lag/ mtshon cha'i rkang pa，漢文本作「鐵牙藥叉」/「鐵臂藥叉」/「鐵足藥叉」。

〔10〕□□（鐵足）和□□□（諸羅刹）中間應該斷句，而不是在同一句話中，但藏文卻沒有斷句，作 mtshon cha'i rkang pa srin po'i rnams，應該是爲了保持句式的整齊，西夏文完全照抄藏文。漢文本作「鐵足藥叉。復又諸羅刹娑衆。」

〔11〕□□□□□（有銅鐵錘足），直譯自藏文 zangs kyi tho ba'i rkang pa，漢文本作「身如銅棒羅刹娑」。□□（槌），藏文作 tho ba，即「鐵錘」。

〔12〕□□（鐵口），藏文 zangs kyi kha，漢文本無。

〔13〕□□□□□（手足皆燃燒），藏文 rkang lag kun tu 'bar ba，漢文本作「手足炎熾羅刹娑」。

〔14〕□□□□□（如有人相等），藏文 mi yi lus su gnas pa rnams，此處漢文本作「諸根不具羅刹娑」。

〔15〕□□（傴僂），字面義作「腰曲」，藏文 sgur，意爲「曲、扳彎」，漢文本作「傴僂羅刹娑」；□□□（盲三疣），直譯自藏文 zhar lba ba gsum yod pa，漢文本無。□（腫瘤），藏文作 lba ba，或作「瘿疣」。

〔16〕□□（惡眼），藏文作 mig mi sdug，漢文本作「惡眼惡視羅刹娑」；□□（呵欠），意譯自藏文 kha glal ba，漢文本作「惡面羅刹娑」。

〔17〕□□（水魔），意譯自藏文 chu srin，梵文作 Makara，意譯爲「大體魚、鯨魚、巨鼇」，印度神話中以之爲水神（Varuṇa）之坐騎摩竭魚。漢文本作「摩竭魚形羅刹娑」；□□（虎相），意譯自藏文 stag gi gzugs，漢文本作「獸形羅刹娑」。

〔18〕□□（丑陋），藏文作 gzugs mi sdug，漢文本作「醜陋羅刹娑」；□□（唇破），藏文 kha ral po，漢文本作「鏵嘴羅刹娑」。

〔19〕□□（長唇），字面義作「唇垂」，意譯自藏文 mchu 'phyangs po，漢文本作「長唇羅刹娑」；□□（偏牙），藏文 so yon po，漢文本作「偏牙羅刹娑」。

〔20〕□□（毒害），字面義爲「甚毒」，意譯自藏文 rab tu gtum po，漢文本作「毒害羅刹娑」；□□□（有怒相），意譯自藏文 khro gnyer can，漢文本作「常嚬眉面羅刹娑」。

〔21〕□□（瓶耳），直譯自藏文 bum rna，漢文本作「象耳羅刹娑」。

〔22〕□□（耽耳），字面義爲「耳垂」，意譯自藏文 rna 'phyangs pa，漢文本作「耽耳羅刹娑」；□□（無耳），藏文 rna ba med，意爲「聾子」，漢文本作「無耳羅刹娑」。

〔23〕□□（長耳），藏文 rna ba ring，漢文本無。

西夏文及對譯：

[illegible]
瘦枯又身長　髮長實美麗　足大又喉細　味臭又瓶肚

[illegible]
諸體水魔如　舂相槌敲肚　天肚又耳大　髮豎又色赤

[illegible]
頭大又弓項　身瘦曲瓶腹　須彌頂搖以　火雨須降令

[illegible]
大樹又山石　雲集色與類　螺鼓又琴鼓　囊瓶鼓小聲

[illegible]
最中懼聲出　喉大騾驢聲　黑青又色黃　赤黃火色如

[illegible]
毛針又髮劍　身上血赤塗　手中死屍執　奔跑行以食

[illegible]
齒巧手色赤　血以嘴唇髒　屍體一半食　腎臟心腔西

[illegible]
合以滿執行　諸兒童之食　命生迦郎老　手以命取爲

[illegible]
身屍骨連接　多生者之懼　人活皮囊爲　其中血純滿

[illegible]
最甚毒純塗　向隅遍跑行　國土城邑門　又亦聚落遍

藏文：

lus skam lus ni rid pa dang/ skra ring rab tu brgyan pa dang/ rkang pa mid pa phra ba dang/ dri nga ba dang bum lto po/ yan lag chu srin ’dra ba dang/ gtun shing tho ba ’dra ba’i lto/ gnam lto bo la rna bo che/ gyen du brdzes skra rab tu dmar/ mgo bo che la gzhu mgrin po/ skem po sgur po bum lto bo/ ri rab rtse mo bskul nas su/ me mdag gi ni char pa ’bebs/ ljon shing ri dang rdo ba dang/ sprin gyi tshogs kyi mdog ’dra ba/ dung dang rnga chen rdza rnga dang/ grul bum rnga phran rnams kyi sgra/ ’jigs pa’i sgra ni rab tu ’byin/ mid po che la bong bu’i sgra/ nag po ser po sngon po dang/ dmar ser me ltar dmar ser dang/ khab 'dra'i spu dang ral gri'i sgra〔註5〕/ dmar po khrag gis bskus pa rnams/ mi ro dag ni khyer nas su/ za bzhin du ni rnam par rgyug/ so rnon lag pa dmar po dang/ mchu ni khrag gis bskus pa dang/ lus phyed dag ni zos pa dang/ mkhal ma snying dang nang grol gyis/ snyim pa shin tu bkang ba dang/ byis pa dag ni za bzhin du/ mer mer po dang srog chags kyi/ rkang lag rnams kyi stobs kyang 'phrog/ keng rus kyi ni lus kyis su/ skye bo mang po skrag par dyed/ khrag gis rab tu bkang ba yi/ mi yi pags pa thogs nas su/ mi bzad dug gis kun bskus te/ phyogs phyogs dag tu rnam par rgyug/ grong khyer rnams kyi sgo dag dang/ khyim nas khyim tu rnam par 'thor/

意譯：

枯瘦〔1〕又身長　髮長實莊嚴〔2〕　大足又細頸　臭氣又瓶腹
諸體如水魔〔3〕　持杵腹如棒〔4〕　天腹〔5〕又大耳　髮豎又赤色
大頭又弓項　身瘦瓶腹曲〔6〕　須彌頂以搖　令如雨火降〔7〕
大樹〔8〕又山石　雲集色與類〔9〕　梵螺又鼓音〔10〕　囊瓶鼓聲小
最甚駭聲出〔11〕　大項騾驢聲〔12〕　黑青又黃色　赤黃如火色〔13〕
針毛又劍髮　身上塗鮮血〔14〕　手中執死屍　疾走而食之
齒利手赤色　血穢污其唇　屍體食其半　腎臟心腹腔〔15〕
滿手執捧行　而食諸兒童　生命迦郎老〔16〕　以手而索命
連接身屍骨　眾生多恐懼　活剝人皮囊　其中滿盛血〔17〕
滿塗最甚毒　處處遍疾走〔18〕　國土城邑門〔19〕　又遍及聚落

注釋：

〔1〕[illegible]（枯瘦），藏文 lus skam lus ni rid pa，漢文本作「體乾枯羅刹娑」。

〔2〕[illegible]（實莊嚴），意譯自藏文 rab tu brgyan pa，對應漢文本「長莊嚴羅刹娑」。

〔3〕[illegible]（諸體如水魔），藏文 yan lag chu srin 'dra ba，對應漢文本的「猴形羅刹娑、鵝形羅刹娑」。

〔4〕[illegible]（杵相），藏文 gtun shing，漢文本作「持杵羅刹娑」；[illegible]（腹如棒），字面義爲「槌敲肚」，藏文 tho ba 'dra ba'i lto，漢文本作「腹如棒羅刹娑」。

〔5〕[illegible]（天腹），意譯自藏文 gnam lto bo，漢文本作「豎眼羅刹娑」。

〔註 5〕這裡藏文本有誤，據西夏文和漢文應改爲 skra（髮），概因藏文 sgra（聲）與 skra（髮）二字形似而誤。

〔6〕[illegible]（瓶腹曲），意譯自藏文 sgur po bum lto，漢文本作「腹曲羅刹娑」；[illegible]（身瘦），藏文 skem po，漢文本作「肌瘦羅刹娑」。

〔7〕以上二句意譯自藏文 ri rab rtse mo bskul nas su/me mdag gi ni char pa 'bebs/，對應漢文爲「雨火羅刹娑，須彌頂羅刹娑」。

〔8〕[illegible]（大樹），藏文 ljon shing，漢文本作「樹形矩畔拏」。

〔9〕[illegible]（如同雲聚色），意譯自藏文 sprin gyi tshogs kyi mdog 'dra ba，漢文本作「雲霧形矩畔拏」。

〔10〕[illegible]（螺鼓），藏文 dung dang rnga chen，漢文本作「梵螺聲矩畔拏」；[illegible]（琴鼓），藏文 rdza rnga，或作「腰鼓」，漢文本作「鼓音矩畔拏，天音聲矩畔拏」。[illegible]（螺），對應藏文 dung（號角、喇叭）；[illegible]（鼓），對應藏文 rnga chen（大鼓）。[illegible]，泛指樂器，常與其它字一起表示一種樂器，比如[illegible]（箏）、[illegible]（琴）、[illegible]（箜篌）。

〔11〕[illegible]（最甚駭聲出），藏文 'jigs pa'i sgra ni rab tu 'byin，漢文本作「惡聲震吼矩畔拏」。

〔12〕[illegible]（大項），藏文 mid po che，漢文本作「大項矩畔拏」；[illegible]（騾驢聲），藏文 bong bu'i sgra，漢文本作「驢聲矩畔拏」。

〔13〕[illegible]（黑），藏文 nag po；[illegible]（青），藏文 sngon po；[illegible]（黃），藏文 ser po；[illegible]（赤），藏文 dmar。此處漢文本有「綠色矩畔拏，碧色矩畔拏」，西夏文及藏文本無。

〔14〕[illegible]（身上塗鮮血），藏文 dmar po khrag gis bskus pa rnams，漢文本作「血污身矩畔拏」。

〔15〕[illegible]（腎），藏文 mkhal ma；[illegible]（心），藏文 snying；[illegible]（西腔、腹腔），藏文 nang gros（內臟），原文 nang grol，概因藏文字母 sa 與 la 形似而誤。此句漢文本作「自擘其腹心腸皆出。」

〔16〕[illegible]（生命迦郎老），藏文作 mer mer po dang srog chags kyi，不知道「迦郎老」和藏文 mer mer po 是什麼關係。

〔17〕以上二句藏文作 khrag gis rab tu bkang ba yi/mi yi pags pa thogs nas su/，對應漢文本的「活剝人皮滿中盛血」。

〔18〕[illegible]（方隅），藏文 phyogs phyogs，或作「處處」。

〔19〕以上二句藏文作 phyogs phyogs dag tu rnam par rgyug/grong khyer rnams kyi sgo dag dang/，對應漢文本的「十方國土城邑聚落，處處門户而棄擲之。」

西夏文及對譯：

[illegible]	[illegible]	[illegible]	[illegible]
惡毒純散爲	風疾痰膽疾	四方雜亂令	彼依諸人王
[illegible]	[illegible]	[illegible]	
礙施懼以在	諸魔聚一切	種咒索以纏	

[illegible]

大勇者之禮敬△/高大者之禮敬△/　法王者之敬禮△/合掌恭敬敬禮△/

[illegible]	[illegible]	[illegible]	[illegible]
國土城邑村	王宮中行走	惡礙施色奪	悲無血飲爲
[illegible]	[illegible]	[illegible]	[illegible]
身大畏可堪	力大又聲大	十頭千目有	大魔目赤等
[illegible]	[illegible]	[illegible]	[illegible]
圍繞多多遣	兵器執以懼	手以蛇皮持	四手以燈執
[illegible]	[illegible]	[illegible]	[illegible]
手兵器杖執	又石王槍執	最甚兵發生	諸方皆驚令
[illegible]	[illegible]	[illegible]	[illegible]
可惡舍於居	密者信起數	此人世界中	男女等之觸

藏文：

rlung dang bad kan mkhris pa rnams/ phyogs bzhi dag tu 'khrug par byed/ de ltar de na rgyal po yi/ gdon dang 'jigs pa chen po rnams/ lhags pa de dag thams cad kyang/ rig sngags zhags pas rab tu bsdams/

phyag 'tshal skyes bu dpa' khyod la/ phyag 'tshal skyes bu mchog khyod la/

thal mo sbyar nas phyag 'tshal lo/ chos rgyal khyod la phyag 'tshal lo/

grong khyer grong dang yul 'khor dang/ pho brang 'khor na rgyu ba ni/ gnod sbyin ma rungs mdangs 'phrog pa/ snying rje med cing khrag 'thung ba/ lus chen 'jigs pa chen po ste/ stobs po che la sgra yang che/ mgrin bcu po la mig stong po/ gdon chen mig ni dmar po rnams/ 'khor ni mang po rnams btang ste/ lag na mtshon thogs rab tu 'jigs/ sbrul gyi zhags pa thogs pa dang/ lag bzhi lag na sgron ma thogs/ lag na mtshon dang dbyig pa thogs/ rdo rje mdung rtse lag thogs pa/ rab tu drag pa'i dmag brgal nas/ phyogs kun tu ni skrag par byed/ sdang ba'i gnas na 'khod pa yi/ gsang ba po ni dad kun kyang/

意譯：

惡毒四方散	風寒膽熱疾〔1〕	令四方雜亂	依彼諸人王
懼魑魅以居〔2〕	諸魔一切聚	明咒索自縛	
敬禮雄健大勇者	敬禮高大至尊者		

敬禮法王大牟尼　合掌尊恭之敬禮

國土城邑村　王宮中遊行　惡藥叉奪色〔3〕　無慜〔4〕而飲血

大身畏可堪　大力又大聲〔5〕　有十頭千眼〔6〕　大魔赤目等

侍從多多遣　執兵器以懼　以手持蛇索〔7〕　以四手秉炬〔8〕

手執弓箭杖　又執金剛槍〔9〕　最甚鬥戰起　令諸方恐怖

居於可惡所　神密信奉起　於此人世間　男女等所侵〔10〕

注釋：

〔1〕[illegible]（風疾），譯自藏文 rlung；[illegible]（膽疾），譯自藏文 bad kan mkhris pa。[illegible]（痰、垢），藏文 bad kan（痰、膽）；[illegible]，藏文 mkhris pa（膽熱）。西夏有[illegible]，意爲「風痰疾」，這裏的[illegible]也有可能是西夏人誤把[illegible]、[illegible]二字顛倒了。

〔2〕以上二句直譯自藏文 de ltar de na rgyal po yi/gdon dang ’jigs pa chen po rnams/，對應漢文「是諸國土所有仁王，見是災禍流行世間心生怖畏。」

〔3〕[illegible]（奪色），直譯自藏文 mdangs ’phrog pa，或作「使顏色敗壞、失魂、失魂藥叉」。

〔4〕[illegible]（無慜），藏文作 snying rje med。

〔5〕以上三句藏文爲 snying rje med cing khrag ’thung ba/lus chen ’jigs pa chen po ste/stobs po che la sgra yang che/，漢文本作「飲啖血肉吸人精氣。或有大身具大威德富貴自在。」

〔6〕此處漢文本作「十頭千眼四臂多臂」。

〔7〕[illegible]（蛇皮），藏文 sbrul gyi zhags pa，意爲「蛇的索套」。

〔8〕以上二句漢文本爲「執蛇秉炬」。

〔9〕[illegible]（金剛槍），直譯自藏文 rdo rje mdung rtse，漢文作「金剛」。

〔10〕[illegible]（侵、觸），藏文作’dzin（執持、貪戀）。

西夏文及對譯：

[illegible]

肉血新見時　種惑以身變　獅子又虎馬　水牛騾驢牛

[illegible]

駱駝香象似　熊又及豹狼　犬又及狐羊　貓鼠又獼猴

[illegible]

龜豬又鼠狼　魚鱉龜等形　或水獺相爲　鴉及鵂鶹相

[illegible]

鷲鷹摩竭魚　孔雀鵝鴉鴿　鶴及飛禽相　亦或鴉黑相

[illegible]	[illegible]	[illegible]	[illegible]
礙施諸人見	金羽鳥如爲	多人驚恐令	又或人頭有
[illegible]	[illegible]	[illegible]	[illegible]
身鴉黑驢如	或兵器以害	或身命斷爲	意亂喜尋求
[illegible]	[illegible]	[illegible]	[illegible]
腸以身上繞	矛以情有之	刺穿破裂爲	大聲音惡出
[illegible]	[illegible]	[illegible]	[illegible]
群生皆驚恐	情有本性依	種種象相現	又或山攝受
[illegible]	[illegible]	[illegible]	
或劍及輪執	百千萬億數	言極杖以懼	

藏文：

mi yi ’jig rten ’di dag tu/ skyes pa bud med gzhan yang ’dzin/ sha khrag dron mor bcas pa la/ rnam par ’khrul cing ’dod pa’i gzugs/ seng ge dang ni stag dang rta/ ma he ba lang bong bu rnga/ glang po che yi gzugs ’dra dang/ dom dang gzig dang spyang ki dang/ khyi dang wa dang ra dag dang/ byi la byi ba spre’u’i gzugs/ bse dang phag dang sre mong dang/ nya dang rus sbal dag gi gzugs/ kha cig dag ni sram gyi gzugs/ khva dang ’ug pa khu byug dang/ bya rgod khra dang nya mid bcas/ rma bya ngang pa thi bya dang/ khrung khrung dang ni bya rnams dang/ kha cig bya gag gzugs rnams su/ gnod sbyin rnams ni mi yis mthong/ ’dab bzangs bya yi tshul gyis kyang/ skye bo mang po skrag par byed/ kha cig mi yi mgo can la/ lus ni bya gag bong bu ’dra/ kha cig mtshon gyis rab tu ’tshe/ lus dang bral ba dag tu snang/ rnam par ’khrugs shing ’dod la mos/ rgyu ma’i phreng bas kun tu dkris/ rtse gsum mdung gis rab ’debs shing/ srog chags rnams la gnod par byed/ mi bzad gdug pa’i dbugs ’byin cing/ skye dgu ’di dag skrag par byed/srog chags rgyud ni ji snyed par/ sna tshogs gyi ni gzugs su snang/ kha cig dag ni ri yang thogs/ la la ral gri ’khor lo thogs/ grangs ni brgya phrag stong rnams te/

意譯：

見新血肉時	以身變幻象〔1〕	獅子又虎馬	水牛騾驢牛〔2〕
以駱駝〔3〕香象	又及熊豹狼	又及犬狐羊	貓鼠又獮猴

龜豬又鼠狼〔4〕　魚鱉龜等相　或爲水獺相　或鵶鵐鶹相
鷲鷹摩竭魚〔5〕　孔雀鵝斑鳩　仙鶴飛禽相〔6〕　亦或黑鵶相〔7〕
人見諸藥叉　如同金翅鳥〔8〕　令多人驚恐　又或人其頭
黑鵶身如驢　或以兵器害　或斷其身命　意亂求欲戀
腸以身上繞　以矛眾生之　刺穿破裂爲　兇惡聲音出〔9〕
眾生皆驚恐　有情依本性〔10〕　種種色相現　亦或山攝受
或執劍及輪〔11〕　百千萬億計　嚇以極言杖〔12〕

注釋：

〔1〕[illegible]（以身變幻象），字面義作「種惑以身變」，意譯自藏文 rnam par 'khrul cing 'dod pa'i gzugs，漢文本作「亦以神通作諸變現」。[illegible]（惑），藏文 khrul，即「迷惑、錯誤」。

〔2〕[illegible]（水牛），藏文作 ma he；[illegible]（牛），藏文作 ba lang，即「黃牛」或「大象」。

〔3〕[illegible]（駱駝），藏文本無。

〔4〕[illegible]（龜、犀），藏文作 bse，即「犀牛」；[illegible]（鼠狼），藏文作 sre mong，即「鼬、黃鼠狼」。

〔5〕[illegible]，音譯自梵文 Makara，意譯爲「大體魚、鯨魚、巨鼇」，印度神話中以之爲水神（Varuṇa）之坐騎摩竭魚。藏文 nya mid，即「吞魚、鱷魚」。

〔6〕[illegible]（鶴），原文爲[illegible]（螞蟻），概因與[illegible]形似而混，這裏據藏文 khrung khrung（鶴、鷺）改爲[illegible]。

〔7〕[illegible]（黑鵶、黑鳥），對應藏文 bya gag，或作「雞、家禽、灰鴨」。

〔8〕[illegible]（金翅鳥），藏文作'dab bzangs bya，或作「妙翅鳥」，梵文 Garuḍa 或 suparṇi，音譯作「迦樓羅」或「蘇缽剌尼」。

〔9〕[illegible]（聲音），這裏藏文作 dbugs 'byin，意爲「呼氣」。以上三句可譯作：「以矛刺穿眾生，發出兇惡聲」。

〔10〕[illegible]（本性），藏文作 rgyud，意爲「傳統、繩索、族類、密宗」。

〔11〕[illegible]（或），藏文 la la，或作「有些、個別」。

〔12〕[illegible]（極言），對應藏文 kha drag po，意爲「言論專橫」。

西夏文及對譯：

[illegible]　[illegible]　[illegible]　[illegible]
目宛身醜陋　或魔鬼牙巧　又或耳鼻割　舌割面褶皺

[illegible]　[illegible]　[illegible]　[illegible]
又或足手切　頭無諸魔鬼　人之害可尋　最少許魔成

[illegible]
諸人之遍體　毛孔等中入　人之色失令　其孔雀口中

[illegible]
所來每悉皆　種咒繩以攝

[illegible]
大勇者之敬禮△/高大者之敬禮△/　法王者之敬禮△/合掌恭敬敬禮△/

[illegible]
又妙高山王　輪圓圍山王　鳥野聚犁執　雪山香醉王

[illegible]
所有波怛嚩　那羅怛二山　吉祥又山頂　最勝妙高山

[illegible]
其諸山中皆　天仙五通居　畏懼意憂苦　其數不歡喜

[illegible]
又百千億天　百千億天眾　天女大祿眾

藏文：

dbyug pas bsdigs shing kha drag po/ mig phyung ba la bzhin mi sdug/ srin po so ni rno ba dang/ sna dang rna ba bcad pa dang/ lce chad gdong ni gnyer ma can/ rkang lag dang ni gtubs pa dang/ mgo bo bcad pa'i srin po rnams/ skabs ni rab tu tshol bar byed/ sdig pa can rnams mdangs gyang 'phrog/ mi dag gi ni lus rnams la/ rab tu phra ba'i gdon du snang/ spu yi bar dang gnad rnams dang/ de bzhin rma yi kha rnams su/ lhags pa de dag thams cad kyang/ rig sngags zhags pas rab tu drangs/

phyag 'tshal skyes bu dpa' khyod la/ phyag 'tshal skyes bu mchog khyod la/
thal mo sbyar nas phyag 'tshal lo/ chos rgyal khyod la phyag 'tshal lo/

ri yi rgyal po ri rab dang/ de bzhin kho ra khor yug dang/ bya rgod phung po gshol mda' 'dzin/ spos ngad ldang dang gangs kyi ri/ sna tshogs brtsegs dang paṇḍa pā/ na la pā yi ri gnyis dang/ dpal gyi ri yi rtse mo ni/ gang dag shin tu mthor 'phags dang/ ri bo de dag kun la yang/ lha dang drang srong gang gnas pa/ de dag thoms cad mi dga' zhing/ 'jigs pa'i yid kyis mya ngan byed/ bye ba stong gi lha dag dang/ bye ba phrag brgya'i lha rnams dang/ lha yi bu mo skal chen dag/

意譯：

目突身醜陋〔1〕　或魔鬼牙利　或又割耳鼻　割舌面褶皺
或又砍手足　無頭諸魔鬼　可尋人而害　成最微細魔〔2〕
諸人之遍體　毛孔等中入　令人之失色〔3〕　彼孔雀口中〔4〕
彼等皆到來　明咒繩自縛
敬禮雄健大勇者　敬禮高大至尊者
敬禮法王大牟尼　合掌尊恭之敬禮
又妙高山〔5〕王　又輪圍山〔6〕王　靈鷲持軸山〔7〕　雪山香醉王〔8〕
所有波怛嚩　那羅怛二山〔9〕　吉祥山之頂〔10〕　最勝妙高山
彼等大山中　五通神仙居〔11〕　畏懼意憂苦　彼等不歡喜
又百千億天〔12〕　百千億天眾　天女眷屬眾〔13〕

注釋：

〔1〕[illegible]（剜目），意譯自藏文 mig phyung ba，漢文本作「或自出眼睛」。

〔2〕這裏漏譯藏文 sdig pa can rnams mdangs gyang 'phrog，對應漢文本的「吸人精氣如是藥叉羅刹」。

〔3〕[illegible]（失色），意譯自藏文 bzhin rma。bzhin 意爲「臉、面」；rma 意爲「傷」。

〔4〕此句疑誤，藏文原文爲 de bzhin rma yi kha rnams su，西夏文上句已用[illegible]（失色）譯 bzhin rma，此句中用[illegible]（口）譯 kha。這裏的[illegible]（孔雀）疑是對 rma yi 的誤譯，正確的藏文爲 rma bya。這裏漢文本也無「孔雀」。

〔5〕[illegible]（妙高山），意譯自藏文 ri rab，即「須彌山」，梵文 Sumeru。漢文作「妙高山」。

〔6〕[illegible]（輪圍山），即前文中的「[illegible]（輪圍）」，藏文作 kho ra khor yug，梵文 Cakravāḍa-parvata，或作「金剛圍山、鐵圍山」，即圍繞於須彌四洲之外海，由鐵所成之山。漢文作「輪圍山」。

〔7〕[illegible]（執犁），藏文作 gshol mda' 'dzin，意爲「持軸山」。梵文作 Īṣādhāra。漢文作「伊沙馱羅山」。

〔8〕[illegible]（雪山），意譯自藏文 gangs kyi ri，梵文 Himālaya，漢文作「雪山」；[illegible]（香醉王），藏文作 spos ngad ldang。spos 與 ngad，意爲「香氣」；ldang 意爲「起立、冒出」。「香醉」應該是指「香醉山」。據《藏漢大辭典》，spos ngad ldang ba'i ri 即「香積山」，是傳說中去岡底斯雪山五十由旬處一聖山名。「香積山」，梵文 Gandha-mādana，佛教世界觀須彌山說中，此山爲閻浮提洲最北端之山，因有諸香氣，嗅之能令人醉，故稱「香醉山」。這裏漢文作「香醉山王」。

〔9〕[illegible]（種），藏文作 sna tshogs；[illegible]（堆積），藏文作 brtsegs；[illegible]（波怛嚩），藏文作 paṇḍa pā，此處漢文作「半拏囉山王」，《大正藏》注釋中的梵文爲

Pāṇḍra。[illegible]（那羅怛），音譯藏文 na la pā，梵文漢文不詳。

〔10〕[illegible]（吉祥又山頂），藏文作 dpal gyi ri yi rtse mo ni。漢文本作「吉祥山王」。[illegible]（吉祥），藏文作 dpal；[illegible]（頂），藏文作 rtse mo。漢文本作「高頂山王」。

〔11〕[illegible]（五通神仙），藏文作 lha dang drang srong gang。

〔12〕[illegible]（百千億），藏文作 bye ba stong。bye ba，「千萬」。

〔13〕[illegible]（眷屬眾），字面義爲「大祿眾」，意譯自藏文 skal chen dag，漢文作「眷屬」。

西夏文及對譯：

[illegible]	[illegible]	[illegible]	[illegible]
合掌恭敬以	妙織羅睺羅	飽滿處於至	百千億天非
[illegible]	[illegible]	[illegible]	[illegible]
百千天非眾	彼等女變有	多皆恭敬以	勝妙居之海
[illegible]	[illegible]	[illegible]	[illegible]
威儀有龍王	熱非池龍王	喜近喜龍王	金剛謀巴殊
[illegible]	[illegible]	[illegible]	[illegible]
恒喜信度海	鳥王金羽鳥	大海雜亂令	百千大龍等
[illegible]	[illegible]	[illegible]	[illegible]
百千諸龍眾	龍女大祿眾	合掌恭敬以	日以又月之
[illegible]	[illegible]	[illegible]	[illegible]
星辰以圍繞	金花施礙神	摩竭陀懼居	育邊人冠戴
[illegible]	[illegible]	[illegible]	[illegible]
殊妙白礙施	羖薩羅國住	毛針賢國住	名號力國住
[illegible]	[illegible]	[illegible]	[illegible]
懼意五持住	目赤馬生住	黃契護國住	目黃思國住
[illegible]	[illegible]	[illegible]	
瓶腹俾臘住	長長喜國住	殊壞牛執住	

藏文：

thal mo rab tu sbyor bar byed/ thags bzangs ris dang sgra gcan dang/ sim par byed pa'ang der phyin to/ lha min bye ba phrag stong dang/lha min bye ba phrag brgya dang/ de dag bu mo 'phrul ldan pa/ mang po kun kyang thal mo sbyor/ rab tu gnas dang rgya mtsho dang/ klu yi rgyal po gzi can dang/ klu yi rgyal po ma dros dang/ dga' bo nye dga' gnyis po dang/ rdo rje blo gros pakshu dang/ ganggā dga' bo sin dhu mtsho/ bya yi rgyal po 'dab bzangs dang/ rgya mtsho chen po 'khrug byed dang/ stong phrag bye ba'i klu yi rnams/ bye ba brgya yi klu dag dang/ de dag bu mo skal chen rnams/ thal mo rab tu sbyor bar byed/ nyi ma zla ba gnyis ka yang/ skar ma'i 'khor gyis yongs su bskor/ gser gyi me tog yan lag na/ ma ga dhāna 'jigs byed pa/ gso ba'i mtha' na mi thod can/ ko sa la na rab tu dkar/ bzang po'i yul na kha spu can/ gyad kyi yul na grags pa 'dzin/lnga 'dzin pa na skrag byed pa/ rta skye ba na mig dmar gnas/ srung byed pa na ser skya ste/ sems pa na ni mig ser po/ be'u la phan bum pa'i lto/

意譯：

合掌而敬禮	妙織羅睺羅〔1〕	滿足而往來	百千億非天
百千非天眾	眾女有神通〔2〕	諸等皆恭敬	勝妙居之海
有威儀龍王〔3〕	無熱池龍王〔4〕	喜近喜龍王〔5〕	金剛慧巴殊〔6〕
恒河信度海〔7〕	鳥王金翅鳥	令大海雜亂	百千大龍王
百千諸龍眾	龍女眷屬眾	合掌而敬禮	又以日和月
星辰圍繞之	金花藥叉神〔8〕	摩竭陀國住	育邊人冠戴〔9〕
殊妙白藥叉〔10〕	俱舍羅國住〔11〕	毛針賢國住〔12〕	名號力國住〔13〕
懼意五持住〔14〕	目赤馬生住〔15〕	黃契護國住〔16〕	目黃思國住〔17〕
瓶腹俾臘住〔18〕	長生喜國住〔19〕	妙壞執牛住〔20〕	

注釋：

〔1〕[illegible]（妙織），意譯自藏文 thags bzang ris，即「淨心天，綺畫天王」。梵文 Vemacitra，意爲「妙織、淨心」，漢文作「毗摩質多阿修羅王」，四大阿修羅王之一。[illegible]（羅睺羅），音譯自梵文 Rāhula，漢文作「羅睺阿修羅王」，藏文作 sgra gcan，四大阿修羅王之一。四大阿修羅王分別爲婆稚、佉羅騫馱、毗摩質多、羅睺。

〔2〕[illegible]（有神通），藏文作'phrul ldan pa。

〔3〕[illegible]（有威儀龍王），意譯自藏文 gzi can klu yi rgyal po，梵文 Manasvī nāgarāja，意爲「具威龍王」，漢語作「摩那斯龍王」。

〔4〕[illegible]（無熱池），意譯自藏文 ma dros。ma 意爲「不、無」；dros pa 意爲「變熱」。梵文 Anavatapto nāgarāja，意譯爲「無熱惱龍王」，音譯「阿那婆達多」，又稱「阿耨達龍王」，住於雪山頂之阿耨達池。漢文作「無熱惱池」。

〔5〕[illegible]（喜近喜龍王），意譯自藏文 dga' bo nye dga' gnyis po，梵文作 Nandopanando nāgarāja，即「令喜與善喜弟兄二龍王」，漢文作「難陀跋難陀龍王」。

〔6〕[illegible]（金剛慧），意譯自藏文 rdo rje blo gros，漢文作「金剛慧龍王」，梵文不詳。[illegible]（巴殊），音譯自梵文 Pakṣur nāgarājā，即「叭東龍王、縛芻龍王」，藏文作 pakshu。漢文本無。

〔7〕[illegible]（恒），音譯自梵文 Gaṅgā，即「恒河」，漢文作「殑伽」，藏文作 ganggā。[illegible]（喜），意譯自藏文 dga' bo（梵文待查）。[illegible]（信度），音譯自梵文 Sindhū，漢文作「信度」，藏文作 sin dhu。

〔8〕[illegible]（金花），意譯自藏文 gser gyi me tog，即「瞻波迦花」，梵文作 Campaka，漢文作「金花」。

〔9〕[illegible]（育邊人冠戴），直譯自藏文 gso ba'i mtha' na mi thod can，梵文漢文不詳。

〔10〕[illegible]（殊妙），藏文 rab tu，梵文可能是 Bharukaccha，意爲「妙魔」，《翻譯名義大集》中藏文作 dam pa 'debs，漢文作「婆嚕迦砌神」。[illegible]（白藥叉），意譯自 dkar，梵文 Kopili，漢文作「迦卑梨藥叉」。

〔11〕[illegible]（俱舍羅），音譯自梵文 Kośala，漢文本作「俱舍羅國」，藏文作 ko sa la，古印度十六大國之一。「迦卑梨藥叉」和「婆嚕迦砌神」都住在「俱舍羅國」。

〔12〕[illegible]（毛針賢國住），意譯自藏文 bzang po'i yul na kha spu can。[illegible]（毛針），藏文作 kha spu，意爲「鬍鬚」，應該對應漢文本的「針毛藥叉神」，《大正藏》注釋中梵文爲 Suciroma；[illegible]（賢國），意譯自藏文 bzang po'i yul，梵文可能作 Kamboja，意爲「好、勝」，音譯爲「劍洴沙」，古印度十六大國之一。此句漢文本作「針毛藥叉神，住於末利國」。「末利國」的梵文及意譯見下一條注釋。

〔13〕[illegible]（名號），應該是[illegible]（持名號）的縮寫，意譯自藏文 grags pa 'dzin，梵文 Yaśodhara，漢文本作「耶輸陀藥叉」。[illegible]（持名號）見上卷注釋。[illegible]（力國），意譯自藏文 gyad kyi yul，梵文應該作 Malla，意譯爲「力士國、壯士國」，古印度十六國之一。漢文本作「末利國」。

〔14〕[illegible]（懼意），意譯自藏文 skrag byed pa，梵文 Vibhīṣaṇa，意爲「怖畏」，漢文本作「以鼻沙拏大藥叉」。[illegible]（持五），意譯自藏文 lnga 'dzin pa，梵文 Pāñcāla，漢文本作「缽左利國」，古印度十六國之一。以上兩句漢文本則作「耶輸陀藥叉，及以鼻沙拏，此二大藥叉，缽左利國住」。

〔15〕[illegible]（目赤馬生住），意譯自藏文 rta skye ba na mig dmar gnas。[illegible]（目赤），意譯自藏文 mig dmar，梵文 Lohitākṣa，漢文本作「眼赤大藥叉；[illegible]（馬生），意譯自藏文 rta skye ba，梵文 Aśvaja，漢文本作「阿濕縛爾國」。《佛光大辭典》中有 Aśvaka，音譯作「阿濕波」，爲古印度十六大國之一。

〔16〕[illegible]（黃契），意譯自藏文 ser skya，意爲「淡黃色、僧俗」，梵文 Kapila，漢

文作「迦卑羅藥叉」；[illegible]（護國），意譯自藏文 srung byed pa，漢文本作「吠禰勢國」，梵文可能作 Vṛji，意爲「增勝」、「避」、「聚」，音譯爲「跋耆」、「跋闍」等。《大正藏》注釋中梵文作 Vaidiśa。

〔17〕[illegible]（目黃），意譯自藏文 mig ser po，梵文 Kāmalā，漢文本無；[illegible]（思國），意譯自藏文 sems pa，梵文應該爲 Ceḍi，意譯「憶」，漢文作「支提」，古印度十六國之一，漢文本無。

〔18〕[illegible]（瓶腹），意譯自藏文 bum pa'i lto，梵文 Kumbhodara，漢文作「甕腹藥叉神」；[illegible]（俾臘），音譯自藏文 be'u la。這個很有意思，be'u 意爲「牛犢、小腿肚」，意譯自梵文 Vatsa（牛犢、小腿肚），漢文本作「末蹉國」。藏文 la 實際上在這裏應該是介詞，意爲「在……」，be'u la 應該翻譯爲「在末蹉國」。可見西夏人根本沒搞懂是什麼意思。

〔19〕[illegible]（長生），意譯自藏文 ring por skyes；[illegible]（喜國），意譯自藏文 dga' ba'i yul。這裏我們只能知道西夏文完全意譯自藏文，但具體梵文原文是什麼卻不得而知。漢文本相應的位置是「清淨大藥叉，在於瑜羅國」，但是好像跟西夏文和藏文沒什麼關係。

〔20〕[illegible]（妙壞），意譯自藏文 rab tu 'joms，梵文 Pramardana，意爲「摧壞」，漢文作「能破他藥叉」；[illegible]（執牛），意譯自藏文 ba lang 'dzin，《大正藏》中梵文 Gandhara，意爲「執持」，漢文作「彥馱羅國」，古印度十六國之一。至於爲什麼藏文本中有「牛」，還有待考察。

西夏文及對譯：

[illegible]	[illegible]	[illegible]	[illegible]
日親螺國住	戰居諸礙施	所言等十六	礙施手金剛
[illegible]	[illegible]	[illegible]	[illegible]
法護身色白	黃契和遍入	表羅舍瓶腹	水魔眞諦執
[illegible]	[illegible]	[illegible]	[illegible]
五有權牛王	礙施大自在	四手威力有	勇健族降伏
[illegible]	[illegible]	[illegible]	[illegible]
感應又力大	獄帝獄帝使	諸魔族親者	俱胝數與俱
[illegible]	[illegible]	[illegible]	[illegible]
其諸礙施中	奪母上首爲	舍叻怛類等	山女礙施母
[illegible]	[illegible]	[illegible]	[illegible]
大威畏可形	奪母之亦云	雜類及笨女	五百子圍繞
[illegible]	[illegible]	[illegible]	[illegible]
人打黑迦帝	蓮花蓮花有	花齒又薩迦	魔女毛驢耳

[illegible]
旃難遍入取　獅子黃契魔　赤黃魔鬼女　大象龍齒有
[illegible]
峰牙牙惡女　齒妙有魔女　梵取遍入取

藏文：

dga’ ba’i yul na ring por skyes/ ba lang ’dzin na rab tu ’joms/ dung yul na ni nyi ma’i grogs/ ljongs chen rnams kyi gnod sbyin ni/ brjod pa bcu drug de dag dang/ lag na rdo rje gnod sbyin che/ chos skyong rab tu dkar ba dang/ ser skya rab mdzes khyab ’jug pa/ bum lto gsus pa zlum po dang/ chu srin bden pa ’chang ba dang/ lnga ldan rgyal ba khyu mchog dang/ gnod sbyin chen po dbang phyug che/ lag pa bzhi can stobs po che/ sde pa rab tu ’dul ba ni/ mthu bo che la stobs po che/ gshin rjegshin rje’i pho nya dang/ bdud rnams sde dang bcas pa dang/ gnod sbyin bye ba’i gyog ’chang ba/ gnod sbyin de ming ’phrog po yin/ sha ri ta ni sder bcas dang/ ri yi bu mo sder bcas dang/ ri yi bu mo gnod sbyin ma/ gzi brjid chen po ’jigs pa’i gzugs/ ’phrog ma zhes kyang grags pa dang/ gdol pa mo ni gtum mo dang/ bu rnams lnga brgyas bskor ba dang/ mi rdung nag mo kar ka te/ padma dang ni padma can/ me tog so dang sa ga dang/ srin mo bong bu’i rna can dang/ candan dang ni khyab ’jug len/ seng ge ser skya dmar ser po/ glang po klu yi so can dang/ ri bshes drag po’i mche ba can/ srin mo so bzang yod pa dang/

意譯：

日親螺國住〔1〕　戰居〔2〕諸藥叉　所言等十六　藥叉執金剛
護法身白色〔3〕　黃契順遍入〔4〕　表羅舍瓶腹〔5〕　水魔執眞諦〔6〕
五有權牛王〔7〕　藥叉大自在〔8〕　四手有威力　降伏勇健族〔9〕
神通之大力〔10〕　獄帝獄帝使〔11〕　諸魔族眷屬〔12〕　攜俱胝藥叉
彼諸藥叉中　訶利帝上首　舍叻怛類等〔13〕　山女藥叉母〔14〕
大威可畏形〔15〕　訶利帝亦云〔16〕　屠戶及悍婦〔17〕　五百子圍繞
打人黑迦帝〔18〕　蓮花有蓮花〔19〕　花齒又薩迦〔20〕　驢耳羅刹女〔21〕
旃檀遍入天〔22〕　獅子黃契魔〔23〕　赤黃羅刹女〔24〕　大象有龍齒〔25〕
峰牙惡牙女〔26〕　有妙齒魔女〔27〕　梵天遍入天

注釋：

〔1〕□□（日親），意譯自藏文 nyi ma'i grogs，《大正藏》注釋中梵文爲 Sūryamitra。漢文本作「素哩弭怛囉」。sūrya 意爲「日、日曜」；mitra 意爲「朋友」。□□（螺國），意譯自藏文 dung yul，漢文本作「劍母國」，《大正藏》注釋中的梵文爲 Kambu。

〔2〕與藏文不符。藏文作 ljongs chen，意爲「大國」。

〔3〕□□（護法），意譯自藏文 chos skyong，梵文 Dharmapāla，漢文作「法護藥叉」；□□（白色），藏文作 dkar ba。

〔4〕□（和順），藏文作 rab mdzes；□□（遍入），藏文作 khyab 'jug pa，梵文 Viṣṇu，意爲「遍入天」，漢文本作「尾瑟呅（二合）藥叉」。

〔5〕□□□□□（表羅舍瓶腹），藏文作 bum lto gsus pa zlum po，意爲「圓形瓶腹」。bum 意爲「瓶」；lto 意爲「腹」或「食物」；gsus pa 意爲「腹」；zlum po 意爲「圓形」。西夏文並沒有譯出 zlum po，卻同時用「□□□」（表羅舍）和「□□」（瓶腹）音譯和意譯了 bum lto gsus pa。

〔6〕□□（水魔），意譯自藏文 chu srin，梵文 Kumbhīra，意爲「鱷魚、蛟龍」，漢文作「矩婆藥叉」；□□□（執眞諦），意譯自藏文 bden pa 'chang ba，漢文本作「眞實藥叉」，梵文 Satyaki。

〔7〕□□□□□（五有權牛王），意譯自藏文 lnga ldan rgyal ba khyu mchog，梵文 Pāñcika，漢文作「半支喻藥叉」。khyu mchog 意爲「牛王」。

〔8〕□□□□□（藥叉大自在），意譯自藏文 gnod sbyin chen po dbang phyug che，梵文 Maheśvara，漢文作「摩醯首羅藥叉」。

〔9〕□□□□□（降伏勇健族），藏文 sde pa rab tu 'dul ba ni，梵文 Pramardana，漢文作「能破壞藥叉」。同一個梵文名，上文有西夏文作□□（妙壞），藏文 rab tu 'joms，漢文作「能破他藥叉」。□□（勇健），這裏指的就是「藥叉」，梵文 Yakṣā 本就意爲「勇健」。□（族），藏文作 sde pa。

〔10〕□□（神通），藏文作 stobs po che，可能對應漢文本「輸囉娑努藥叉」，梵文 Śūrasena。也可能對應漢文本的「大威德大力軍眾」。

〔11〕□□（獄帝），藏文作 gshin rje，梵文 Yama，漢文作「焰魔藥叉」；□□□（獄帝使者），藏文作 gshin rje'i pho nya，梵文 Yama-dūta，漢文作「焰魔使者大藥叉」。

〔12〕□□（魔族），藏文作 bdud rnams sde。

〔13〕□□□（舍叻怛），音譯自藏文 sha ri ta。梵漢文不詳。

〔14〕□□（山女），藏文 ri yi bu mo；□□□（藥叉母），藏文 gnod sbyin ma。

〔15〕□□□□□（大威可畏形），藏文作 gzi brjid chen po 'jigs pa'i gzugs，漢文作「具大威德現可畏形」。

〔16〕□□□□□（奪母之亦云），藏文作 'phrog ma zhes kyang grags pa，漢文作「彼訶利帝名稱遠聞」。

〔17〕漢文本無此句。□□，字面義作「雜類」，藏文 gdol pa，意爲「屠户」，梵文 Caṇḍāla，音譯作「旃陀羅」，古印度社會中以屠宰爲生者，地位低下的種姓之一。□□，字面義作「笨女」，譯自藏文 gtum mo，意爲「悍婦」或「烏摩天

女」，梵文可能爲 Umā，意爲「破戒母」。

〔18〕[illegible]（打人），意譯自藏文 mi rdung，漢文本這裏作「阿俱吒羅刹女」，《大正藏》的注釋中梵文作 Ākoṭā，但是不知藏文 mi rdung 和梵文 Ākoṭā 有什麼聯繫；[illegible]（黑迦帝），「黑」意譯自藏文 nag mo，「迦帝」音譯自藏文 kar ka te 的後兩個音節，漢文本作「迦利迦」，《大正藏》注釋中梵文作 karkkaṭī（？），西夏人只取後兩個音節應該是爲了確保句式的整齊。

〔19〕[illegible]（蓮花），意譯自藏文 padma，梵文 Padmāvatī，漢文作「缽捺麼（二合）羅刹女」；[illegible]（有蓮花），意譯自藏文 padma can，漢文「花主羅刹女」，梵文無處可考。

〔20〕[illegible]（花齒），意譯自藏文 me tog so，梵文 Puṣpadantī，漢文作「花齒羅刹女」；[illegible]（薩迦），音譯自藏文 sa ga，意爲「氐宿」，二十八宿之一，梵文 Viśākhā。漢文本這裏作「廣目羅刹女」，不知道與「氐宿」有什麼聯繫。

〔21〕[illegible]（驢耳羅刹女），藏文作 srin mo bong bu'i rna can，梵文 Kharakarṇā，漢文作「驢耳羅刹女」。

〔22〕[illegible]（旃檀），音譯自梵文 Candanā，漢文作「贊那努羅刹女」，藏文 candan；[illegible]（遍入取），意譯自藏文 khyab 'jug len，梵文 Harī，「遍入天」的異名，漢文作「訶利羅刹女」。

〔23〕[illegible]（獅子），藏文作 seng ge，獅子的梵文是 Sīha，漢文本無；[illegible]（黃契魔），意譯自藏文 ser skya，梵文 Kapilā，漢文本作「迦閉羅羅刹女」。

〔24〕[illegible]（赤黃羅刹女），藏文作 dmar ser po，漢文本作「冰誐羅刹女」，梵文 Piṅgala，意爲「黃白色」。

〔25〕[illegible]（大象），藏文作 glang po，漢文本作「象形色羅刹女」；[illegible]（有龍齒），意譯自藏文 klu yi so can，漢文本作「龍齒羅刹女」。

〔26〕[illegible]（峰牙惡牙女），藏文作 ri bshes drag po'i mche ba can。「峰牙」漢文本作「峰牙羅刹女」；「惡牙女」漢文本作「惡牙羅刹女」。

〔27〕[illegible]（有妙齒魔女），藏文作 srin mo so bzang yod pa，漢文本作「賢牙羅刹女」。

西夏文及對譯：

[illegible]	[illegible]	[illegible]	[illegible]
礙施賀羅及	礙施種唇有	矛弩箭等執	人馬牛野獸
[illegible]	[illegible]	[illegible]	[illegible]
皆食又破裂	十方馳走行	行各地震動	園林皆枯令
[illegible]	[illegible]	[illegible]	[illegible]
諸山皆動搖	群生皆之害	異來聚集等	種咒繩以縛

[illegible]/[illegible]/ [illegible]/[illegible]/

大勇者之敬禮△/高大者之敬禮△/ 法王者之敬禮△/合掌恭敬敬禮△/

[illegible]

世尊如面前　彼等圍繞中　爾時多聞王　世尊之言曰

[illegible]

我有北方上　變幻以宮在　髮有意悅居　我今髮有主

[illegible]

王宮髮有有　諸天皆思念　外城最甚高　眾寶以美麗

[illegible]

高十六由旬　金真以所成　四方四面上　礙施手金剛

[illegible]

各自宮上居　手中兵器變　彼王宮之門　四方四門有

藏文：

tshangs pa len dang khyab 'jug len/ gnod sbyin ha la ha la dang/ gnod sbyin rnam pa'i mchu can dag/ mdung dang mda' gzhi kun thogs shing/ mi rta ba lang ri dags rnams/ za zhing 'tshe ba de dag ni/ phyags rnams kun tu rgyug cing 'dong/ sa 'di rab tu gyo bar byed/ nags tshal rnams kyang rab tu skems/ ri rnams kun nas gyo bar byed/ skye dgu 'di dag 'tshe byed cing/ phan tshun nas ni 'du ba dag/ rig sngags kyis ni drangs nas lhags/

phyag 'tshal skyes bu dpa'i khyod la/ phyag 'tshal skyes bu mchog khyod la/
thal mo sbyar nas phyag 'tshal lo/ chos rgyal khyod la phyag 'tshal lo/

'jig rten mgon po'i spyan snga ru/ de dag lhags par gyur pa dang/ de nas rgyal po rnam thos bus/ 'jig rten mgon la 'di skad gsol/ bdag gi phyogs cha byang phyogs su/ rgyal po'i gnas su sprul pa ni/ lcang lor ldan pa yid du mchi/ de bas bdag ni lcang lo'i bdag/ rgyal po'i pho brang lcang lo can/ lha rnams kun gyis bsam par gyur/ phyi ra shin tu mthon po can/ rin chen kun gyis brgyan pa lags/ 'phang du dpag tshad bcu drug ste/ gser gyi rgyu las bgyis pa lags/ phyogs bzhi lcog ni ri ri la'ang/ gnod sbyin rdo rje 'chang ba dag/ gun nas rab tu gnas par gyir/ lag na mtshon cha legs par sprul/

意譯：

藥叉賀羅者〔1〕　有口類藥叉　矛弩箭等執　人馬牛野獸

食之又傷之　十方馳走行　各地皆震動　園林皆令枯
諸山皆動搖　眾生皆爲害　彼此〔2〕來聚集　明咒繩自縛
敬禮雄健大勇者　敬禮高大至尊者
敬禮法王大牟尼　合掌尊恭之敬禮
世尊之面前　彼等圍繞之　爾時多聞王　世尊白佛言
我於北方處　以建王宮城　有髮〔1〕意悅居　我今主有髮
王宮有有髮　諸天皆思念　外城〔2〕最甚高　眾寶甚莊嚴
高十六由旬〔3〕　眞金以鑄成　四方及四面　藥叉持金剛
各自守宮城　手中兵器變　彼王宮之門　四方又四門

注釋：

〔1〕[illegible]（藥叉賀羅），藏文 gnod sbyin ha la ha la，漢文作「賀羅羅刹女」。[illegible]（賀羅），音譯自梵文 Harā，藏文作 ha la ha la，第二個 ha la 可能是爲了保持句式的整齊。藏文 ha la ha la 也作「文殊舍利」，梵文 Manjushri；或「觀世音菩薩」（Avalokiteśvara）五族中的一支。

〔2〕[illegible]（差異、參差），藏文作 phan tshun，意爲「彼此、輾轉」。

〔3〕[illegible]（有髮），是「[illegible]」（有髮宮）的簡稱，對應藏文 lcang lor ldan pa，梵文 Aṭakavat ī，漢文作「阿拏迦嚩底城」。西夏文有誤，具體解釋見前文。

〔4〕[illegible]（外城），藏文作 phyi ra，或作「外院、前院」。

〔5〕[illegible]（高），藏文作'phang，或作「高度」；[illegible]（由旬），藏文作 dpag tshad，梵文 Yojana，漢文作「由旬」，古印度長度單位名。五尺爲弓，五百弓爲一俱盧舍，八俱盧舍爲一由旬。

西夏文及對譯：

[illegible]
第一金以成　第二銀以成　第三珍珠也　第四摩尼也
[illegible]
又彼城邑中　園林花圓滿　其中勝妙殿　種種七寶成
[illegible]
種種寶樹列　鳥類以聲出　種種花散開　種種香善燒
[illegible]
礙施女壞母　舞歌遊戲在　吉祥妙樂受　生者圍繞皆
[illegible]
聚中居一切　最上信起者　法尋法藝行　諸命生不害

[illegible]	[illegible]	[illegible]	[illegible]
飲食不得因	群生諸人之	大受用尋找	四方永觀察
[illegible]	[illegible]	[illegible]	[illegible]
城邑門廣在	樹林及森林	礙施魔鬼聚	百千萬億有
[illegible]	[illegible]	[illegible]	[illegible]
彼等經力依	繩索以敗令	我彼宮殿中	眾中法王為
[illegible]	[illegible]	[illegible]	[illegible]
清涼池圍繞	旃檀林純植	長六十由旬	眾寶樓閣變
[illegible]	[illegible]	[illegible]	[illegible]
第一金以成	第二銀以成	第三琉璃成	第四玉璧成

藏文：

rgyal po'i pho brang de yi sgo/ bzhi po gtod par bgyis pa ni/ gcig ni gser las bgyis pa'i sgo/ gnyis pa dngul las bgyis pa ste/ gsum pa shel gyi sgo mo lags/ bzhi pa gser gyis rnam par spras/ grong khyer de yi nang dag na/ skyed mos tshal gyi me tog rgyas/ de yi nang na gzhal med khang/ rin chen bdun rgyu sna tshogs mchis/ rin chen sna tshogs ljon shing can/ bya bran sna tshogs skad kyang 'byin/ me tog sna tshogs legs par bkram/ sna tshogs spos kyis byugs pa lags/ gnod sbyin mo ni 'joms ma dang/ glu dang rol mos rab tu brgyan/ dpal gyi dam pa nyams su myong/ der ni 'byung po'i dkyil 'khor der/ gang dag 'khor zhing mchis pa dag/ rnam pa'i mchog kun ldan pa ste/ chos 'tshal ba dang chos spyod pa/ srog chags rnams la 'tshe mi bgyid/ zas dang skom gyis mi brel te/ skye dgu mi bzad gzhan dag ni/ longs spyod chen po tshol dgyid cing/ phyogs bzhi kun tu rnam par lta/ grong khyer sgo yi gom yo dang/ bza' shing ra ba nags tshal na/ gnod sbyin srin po 'byung po'i tshogs/ bye ba stong phrag brgya mchis pa/ de dag thams cad mdo sde yo/ zhags pas drangs te brlag par bkyi/ rgyal po'i pho brang dbus na ni/ chos kyi rgyal po'i gnas gyur pa/ bsil ba'i rdzing bus bskor ba ste/ candan nags kyis 'khor ba lags/ kun nas dpag tshad drug cu ste/ khang pa brtsegs ma sprul pa dag/ gcig nig ser las bgyis pa ste/ gnyis pa dngul las bgyis pa lags/ gsum pa bee fqurya las bgyis/ bzhi pa gtsang dang shel gyi rgyu/

意譯：

第一以金成　第二以銀成〔1〕　第三珍珠也〔2〕　第四摩尼也〔3〕
復彼城邑中　園林花滿全　其中妙勝殿〔4〕　種種七寶成
種種寶樹列　種種鳥聲出　種種花散開　種種善香燒〔5〕
藥叉女壞母〔6〕　歌舞及遊戲　受吉祥妙樂　魑魅皆圍繞
一切中間聚　最上起信者　尋法奉行法〔7〕　諸眾生不害
飲食因不得　眾生諸人等　找尋大受用〔8〕　四方永觀察
城邑門廣在　樹林及森林　藥叉惡鬼聚　數百千萬億
彼等經力故〔9〕　以繩索令敗　我彼宮殿中　眾中爲法王
圍繞清涼池〔10〕　栽植旃檀林〔11〕　長六十由旬　眾寶樓閣變
第一以金成　第二以銀成　第三琉璃成　第四玉璧〔12〕成

注釋：

〔1〕[illegible]（第二以銀成），意譯自藏文 gnyis pa dngul las bgyis pa ste，漢文本作「其第二門眾寶合成」。

〔2〕[illegible]（珍珠），與藏文不同，藏文 shel，梵文 Sphaṭika，意譯作「水玉、水晶」，漢文本作「頗胝迦」。

〔3〕[illegible]（第四摩尼也），漢文本作「其第四門摩尼之寶」，藏文作 bzhi pa gser gyis rnam par spras，直譯作「第四金嚴飾」。「摩尼寶」，梵文 Maṇi，意爲「寶珠」，藏文作 Nor bu。

〔4〕[illegible]（妙勝殿），藏文作 gzhal med khang，意爲「無量宮」。

〔5〕[illegible]（善香），藏文作 spos；[illegible]（燒），藏文作 byugs pa，意爲「塗抹」。

〔6〕[illegible]（藥叉女），意譯自藏文 gnod sbyin mo，梵文 Yakṣiṇī，意譯「勇健神」，爲女藥叉，俱吠羅之妻；[illegible]（壞母），意譯自藏文'joms ma，梵文。

〔7〕[illegible]（尋），藏文作'tshal ba；[illegible]（行行），藏文作 spyod pa，意爲「奉行」。此句漢文作「我及使者奉持正法」。

〔8〕[illegible]（大受用），藏文作 longs spyod chen po，即「大受用、榮華富貴」。

〔9〕[illegible]（彼等經力故），藏文作 de dag thams cad mdo sde yo，漢文作「悉以神咒威德力故」。

〔10〕[illegible]（清涼池），藏文作 bsil ba'i rdzing bu，即「阿耨達池」，梵文 Anavatapta，意譯「清涼池、無熱惱池」，相傳爲閻浮提四大河之發源地，周圍凡八百裏，以金、銀、琉璃、頗胝迦等四寶裝飾岸邊。

〔11〕[illegible]（植），藏文作'khor ba，意爲「圍繞」、「形成」；[illegible]（旃檀林），藏文作 candan nags，寺院的各種異稱之一。

〔12〕[illegible]（玉璧），藏文作 gtsang dang shel，直譯爲「無瑕之水晶」。漢文本作「頗胝迦」。前文有「[illegible]」二字譯藏文 spug，或作「琥珀、硨磲」。

西夏文及對譯：

[illegible]	[illegible]	[illegible]	[illegible]
第五珍珠赤	第六頗胝迦	第七瑪瑙成	第八七寶成
[illegible]	[illegible]	[illegible]	[illegible]
一一樓閣中	百千寶女住	種種衣以美	色妙美殊妙
[illegible]	[illegible]	[illegible]	[illegible]
遊戲舞歌爲	工巧德功全	最甚歡喜起	心意安樂受
[illegible]	[illegible]	[illegible]	[illegible]
露甘食甘以	迷醉人所如	醒悟應不有	我之圍繞等
[illegible]	[illegible]	[illegible]	[illegible]
我今未禁止	十方世界中	庶民皆驚恐	若男及女人
[illegible]	[illegible]	[illegible]	[illegible]
童女及童男	腹在等皆懼	牲畜舍等害	星又及日月
[illegible]	[illegible]	[illegible]	[illegible]
宿惡障礙爲	谷種又及果	花藥及飲食	諸人吉失令
[illegible]	[illegible]	[illegible]	[illegible]
尊高者最短	卑下者最高	兵起爭鬥難	語罵及殺離
[illegible]	[illegible]	[illegible]	
皆生者行爲	物隱及失令	退爲及喜起	

藏文：

lnga pa mu tig dmar po ste/ drug pa rdo yi snying po lags/ bdun pa spug las bgyis pa ste/ brgyad pa rin chen bdun las bgyis/ bud med stong phrag brgya dag kyang/ de dag re re kun na gnas/ lhab lhub sna tshogs mchog dag dang/ cha byad sna tshogs mang pos brgyan/ glu dang rol mo sna tshogs dang/ bzo yi gnas la mkhas pa mchis/ de lta'i rab tu dga' ba yis/ bde zhing tshim pa'i yid gyur cing/ de na bdag ni dgun skyems dang/ 'dod pa dag gis rab myos pas/ bdag gi 'khor rnams 'phyan bgyid cing/ phyogs bcu dag tu 'jigs pa skyed/ bud med dag dang skyes pa dang/ de bzhin khye'u dang bu mo dang/ mngal na gnas pa'ang 'jigs par bgyid/ dud gro'i skye gnas gtogs pa'ang 'tshe/ skar ma dag dang nyi zla dang/

gtum pa'i gza' rnams gnod par bgyid/ lo tog sa bon 'bras bu dang/me tog sman dang zas skom dang/ mi rnams gyi ni dpal 'phrog cing/ mthon po rnams kyang dma' bar bgyid/ 'jig rten dag na nongs pa rnams/ dmag dang 'thab mo shar gnyer dang/ tshig gam zhig gam gsad phye ba/ de kun 'byung po'i rnam par gyur/

意譯：

第五赤珍珠〔1〕　第六頗胝迦〔2〕　第七瑪瑙成〔3〕　第八七寶成〔4〕
一一樓閣中　百千寶女住　以種種美衣　殊妙莊嚴色
爲遊戲歌舞　工巧功德全　最甚歡喜起　心意受安樂
甘露及美食　皆令人沉迷　且不能醒悟　我之僕從等
我今未禁止　十方世界中　百姓皆驚恐　若男及若女
童女及童男　胎中皆恐懼　畜生一併傷　星辰及日月
惡宿爲損害　莊稼及花果　花藥及飲食　奪眾生吉祥
令尊高者短　令卑下者驕　起兵難戰勝　詆毀更殺害
皆魑魅行爲　物隱又令失　退轉又起喜

注釋：

〔1〕[illegible]（赤珍珠），藏文作 mu tig dmar po，梵文作 Lohitamuktikā，漢文本作「妙眞珠寶」。

〔2〕[illegible]（頗胝迦），音譯自梵文 Sphaṭika，這裏藏文作 rdo yi snying po，直譯爲「石之精華」，前文用「[illegible]（瑪瑙）」與之對譯，漢文本作「白玉」。

〔3〕[illegible]（瑪瑙），這裏藏文作 spug，前文用「[illegible]」（玉璧）與之對譯。

〔4〕[illegible]（第八七寶成），藏文 brgyad pa rin chen bdun las bgyis，漢文本作「第八七寶合成」。

西夏文及對譯：

[illegible]
畏懼諸種察　敵寇如見令　罪孽夢惡見　睡者之損害

[illegible]
門又在指彈　惡言又吞食　親者親似爲　歡喜語善言

[illegible]
女妙相似爲　欲心愛生令　日及星辰相　又月相如爲

[illegible]
流星風隕落　掃星聚如現　壽之害者爲　狐犬畏懼相

[illegible]
種種樹變爲　或塔廟中居　或兒童相爲　光燃車聲起
[illegible]
房舍及道途　足跡種種完　城邑及聚落　藥叉門開爲
[illegible]
身命等奪執　惡道中輪迴　種種色相現　種種聲等出
[illegible]
種種病患皆　身上皆願非　諸病性得等　顛倒相現令
[illegible]
世上一切性　一切顛倒令　明咒索以縛　彼等皆此降

藏文：

sbed cing ston par bgyid pa dang/ bzlog par bgyid cing rgod par bgyid/ 'jigs par bgyid cing lta bar bgyid/ dgrar 'gyur ba yang ston par bgyid/ sdig pa'i rmi lam mthong bar bgyid/ nyal ba dag la gnod par bgyid/ sgo nas se gol sgra phyung zhing/ mi snyan brjod de za bar bgyid/ mdza' bo gnyen bshes gzugs dag tu/ gda' 〔註6〕 zhing bka' mchid smra bar bgyid/ bu mo sdug gu'i gzugs dag tu/ 'dod la spyod pa dga' bar bgyid/ nyi ma skar ma'i gzugs dang ni/ zla ba'i gzugs su gda' bar bgyid/ rlung dang skar mda' lce gzugs su/ tshe la gnod par de dag gda'/ skar ma'i tshogs dang 'dra ba dag/ 'jigs par bgyid pa wa dang khyir/ rnam par sprul nas ljon shing dang/ mchod rten dag gi gnas na gda'/ skyes pa gzhon nu'i gzugs mdzes pa/ 'bar zhing shing rta'i sgra yang 'byin/ gnas rnams dang ni shul dag tu/ rnam pa sna tshogs rjes kyang ston/ grong khyer dag dang khyim rnams kyi/ sko yang gnod sbyin de dag 'byed/ srog dang lus kyang blangs bgyis shing/ lam ngan kun tu skor bar bgyid/ rnam pa sna tshogs gzugs dag dang/ rnam pa sna tshogs sgra rnams dang/ rnam pa sna tshogs nad kyis rnams/ lus la na ba gnas par ston/ nad rnams kun gyi mtshan nyid kyang/ phyin ci log tu ston par bgyid/ ji snyed 'jig rten rang bzhin dag/ thams cad log par de dag ston/ rig sngags zhags pas drangs pas na/ de dag kun kyang 'dir mchis so/

〔註6〕疑藏文本有誤，因爲 gda'（有、存在）作爲動詞一般不在句首出現，而且根據上下文以及西夏文[illegible]（歡喜），這裡應該改爲 dga'（歡喜）。

意譯：

畏懼諸察看　令如敵寇現　罪孽惡夢現　睡夢之損害
又臨門彈指　聲惡又呑啖　或似親戚友　歡喜語善言
爲似妙女相　令生愛欲心　日或星辰相　又爲似月相
流星〔1〕風隕落　有如彗孛聚　壽命之爲害　狐犬怖畏相
變爲種種樹　或居塔廟中　或爲兒童相　光照車聲起
捨宅及道路　種種痕跡現〔2〕　城邑及聚落　藥叉門爲開
身命等奪執　惡道中輪迴　種種色相現　種種音聲出
諸種種病苦　於身皆非願　諸病性相等　令顛倒相現
世間一切性　令一切顛倒　明咒索自縛　彼等皆前來

注釋：

〔1〕[illegible]（流星），藏文作 skar mda'。
〔2〕[illegible]（畢），藏文作 ston，意爲「顯露」。

西夏文及對譯：

[illegible]
爾時多聞大天王/起立合掌恭敬拜/　足之底於輪相有/坦坦金樹光焰如/

[illegible]
世上一切皆普照/大威力眾火焰如/　魔之秘法親可不/六十四千魔惡者/

[illegible]
居處宮殿北方在/北方居者皆之害/　世間世尊如面前/我彼等之罪法言/

[illegible]
薩引底曳奴　誐嘎　誐哩陛　毗拶佉令　拶訖囉　囉哆寧　拶捺利　波多禮　鼻摩

[illegible]
缽囉末帝　佉囉引仡哩　毗叻故底　伽囉仡哩　噎迦引耆　拶離摩物底　薩引離

[illegible]
仡跋帝引　質怛囉迦底

[illegible]
我等北方安樂願得娑訶/

藏文：

de nas rgyal po rnam thos bu/ langs te thal mo rab sbyar nas/

zhabs la 'khor lo'i mtshan mnga' ba/ gser gyi mchod sdong 'bar ba bzhin/

'jig rten snang bar mdzad pa po/ thub pa chen po me dang 'dra/

gnod sbyin gsang sngags mi bzad can/ stong phrag drug cu rtsa bzhi dag/

byang gi phyogs cha'i phyogs na gnas/ byang phyogs dag tu gnod par bgyi/

'jig rten mgon po'i spyan sngar ni/ de dag chad pa bdag gis bzhad/

syād ya the dan/khaḍge/ khaḍge/ khaḍga/ garbhe/ bi cakṣa ṇe cakra/ rā ja ne/ candre/ ca pa le/ pā tā le/ bhī ma ba da ba ti/ kha rā gre bhṛ ku ṭi mu khe ku ṭi la ka rā gre/ e kā kṣi/ pa ra ga ba ti/ sā raṃ ga ba ti/ mārga ba ti/ garga ba te/ ci tra ba ti/ ci tra kānti/

bdag byang phogs su dge bar gyur cig svāhā /

意譯：

爾時多聞大天王　　起立合掌而敬禮

於足之底有輪跏〔1〕　坦坦金樹如焰火

世間一切皆普照　　大威力眾似火焰〔2〕

魔之密咒不和順　　六十四千惡魔者

居於宮殿之北方　　居北方者皆爲害

世間世尊之面前　　我言彼等之謫罰

薩引底曳奴　誐嘎　誐哩陛　毗拶佉令　拶訖囉　囉嘐寧　拶捺利　波多禮　鼻摩缽囉末帝　佉囉引仡哩　毗叻故底　伽囉仡哩　噎迦引者　拶離摩物底　薩引離仡跋帝引　質怛囉迦底〔3〕

願我等北方得安樂娑訶！

注釋：

〔1〕[illegible]（輪相），藏文作'khor lo，漢文作「輪跏」，爲佛的座駕。

〔2〕以上四句偈言漢文本作：「如來輪跏坐，猶如眞金柱。光明照世間，福智大牟尼。」

〔3〕「毗沙門天王謫罰藥叉眾令受神咒」，梵文作：syād yathedan/ khaṭge khaṭge/ khaṭgagarbhe/ bercakṣune/ cakre/ rājane/ candre/ cabale/ batale/ bhīma parabate/ kharāgre guṭigarāgre/ ekākṣi/ baragabate/ sāraṅgabati citrakānti/ sarvasatyastu/ mama ahipaṃ/ saparivaraṃ/ sarvasatvananca/ sarvabhyo/

betrabebhyo svāhā/ brahmajabhyaḥ śagraśaja/ lokapālāṃ śvara/ yakṣasenam/ pādaya/ sarvahāriti ca/ sabudrikā imaṃ/ puṣpaṃ śijasitaṃ/ pratigrahanaṃ/ tamamāhutibiryaṃ/ tejvaste/ śamai śvaryaṃ/ malīna janihata/ sarvarogaśija svasti yastu/ mama ahipaṃ/ saparivaraṃ/ sarvasatvanan ca/ sarvabhyo/ betrabebhyo svāhā//

漢文本作：「曩莫三滿跢沒馱南（引）唵（引）佉契（引）誐哩陛（引）尾作訖灑（二合）抳（引）作訖囉（二合）囉（引）惹你（引）贊捺哩（二合引）播（引）多（引）禮節（引）鼻（引）麼跛哩嚩（二合）帝（引）佉囉仡哩（二合引）俱胝迦囉（引）仡哩（二合引）噓迦（引）乞叉（二合）末陵誐（二合）嚩底娑（引）口朗（囉江切）誐嚩帝（引）唧怛囉（二合）建底娑嚩（二合）薩怛野（三合）窣睹（二合）麼麼阿醯謗（引）薩波哩嚩（引）嚩薩嚩薩怛嚩（二合引）難（引）左薩嚩婆喻（引）波捺囉（二合）吠（引）毗藥（二合）娑嚩（二合）賀（引）沒囉（二合）憾麼（二合引）左（引）比野（二合）他爍訖囉（二合）室左（二合）路（引）迦播（引）攞（引）麼醯（引）囉（引）藥乞叉（二合）臬曩（引）缽多野薩嚩（二合）賀（引）利（引）帝（引）左娑補怛哩（二合）迦（引）伊 牟含（引）補瑟謗（二合引）室左（二合）獻鄧（引）缽囉（二合）底仡哩（二合）恨難（二合）多麼麼（引）昏頂尾（引）哩曳（二合引）拏帝（引）惹娑（引）帝（引）灑（引）每（引）濕嚩（二合）哩曳（二合）拏末禮（引）曩左你賀多（引）薩嚩嚕（引）誐（引）室左（二合）娑嚩（二合）悉底野（三合）窣睹（二合）麼麼阿醯謗（引）颯波哩嚩（引）嚩薩嚩薩怛嚩（二合引）難（引）左薩嚩婆喻（引）跛捺囉（二合）吠（引）毗藥（二合）娑嚩（二合引）賀（引）。」

西夏文及對譯：

[illegible]

淨梵王及釋帝等/世間守護富大主/

[illegible]

惡魔類主一切及/五百子之魔女等/

[illegible]

或我香花供施依/此燒施者所持△/

[illegible]

彼等皆之奉獻以/主富美麗妙力依/

[illegible]

病患一切皆消滅/我等皆之魔惡除/

[illegible]

安樂願得娑訶/

[illegible]

大勇者之敬禮△/高大者之敬禮△/

[illegible]

法王者之敬禮△/合掌恭敬敬禮△/

[illegible]

東方國持大天王/起立合掌恭敬拜/

[illegible]

花林圓滿最殊妙/迦陵頻伽頌聲如/

[illegible]

鵑孔雀如聲出合/天雷鼓聲震鳴如/

[illegible]

大威魔鬼及香食/六十四千魔惡者/

[illegible]

居處宮殿東方在/東方居者皆之害/

[illegible]

世上世尊如面前/我彼等之罪法言/

[illegible]
薩引底曳奴 馱囉抳 馱引囉抳 缽囉斷薩尼 哆跋尼 僧叻跋尼 毗怛尼 經布

[illegible]
嚕囇 爍迦黎 捨離底 戍羅怛哩尼 秫羅怛囉力 蜀怛拶囉令 軀沙嚩底薩

[illegible]
囉引仡哩

[illegible]
我等東方安樂願得娑訶/

藏文：

tshangs pa dang ni brgya byin dang/ 'jig rten skyong dang dbang phyug che/
gnod sbyin sde dpon thams cad dang/ 'phrog ma bu dang bcas pa yang/
bdag gi me tog spos dag dang/ sbyin sreg 'di ni blang bar gyis/
de dag gi ni brtson 'grus dang/ gzi brjid dbang phyug stobs kyis kyang/
nad rnams thams cad bcom par gyur/ bdag 'jigs pa dang gnod pa thams cad las dge bar gyur cig svāhā/
phyag 'tshal skyes bu dpa' khyod la/ phyag 'tshal skyes bu mchog khyod la/
thal mo sbyar nas phyag 'tshal lo/ chos rgyal khyod la phyag 'tshal lo/
rgyal chen yul 'khor srung ba yang/ langs te thal mo sbyar btud nas/
me tog tshogs ltar rgyas gyur cing/ ka la ping ka'i sgra dbyangs can/
khu byug dang ni rma bya'i skra/ rnga dang 'brug gi sgra sgrogs pa/
thub chen gnod sbyin srin po dang/ dri za stong phrag drug cu bzhi/
shar gyi phyogs cha'i phyogs na gnas/ shar phyogs pa la gnod par byed/
'jig rten mgon gyi spyan sngar ni/ de dag chad pa bdag gis bshad/

syād ya the dan/dhā ra ṇi/ dhā ra ṇi/ pra dhvana sa ni/ bhañja ni/ pra bhañja ni/ bi dha ma ni/ kim pu ru ṣe/ śa ka le/sā re the/sā ra ba ti/śū la dha re/ śū la dhā ri ṇi/śud dha ca ra ṇe/gho ṣa ba ti/ śā rā gre śānte/

bdag shar phyogs su dge bar gyur cig svāhā/

意譯：

淨梵王及帝釋等　　世間守護大自在〔1〕

一切惡魔大將領　　五百子之羅刹女
我或香花以供施　　此燒施者所執持
彼等皆以爲奉獻　　自在莊嚴有威力
一切病苦皆消除　　我等惡魔皆摧毀
願得安樂娑訶！
敬禮雄健大勇者　　敬禮高大至尊者
敬禮法王大牟尼　　合掌尊恭敬禮也
東方持國大天王　　起立合掌而敬禮
花林完滿最殊妙　　如迦陵頻伽〔2〕歌唱
杜鵑孔雀出聲和　　如天雷鼓聲震鳴
大威魑魅〔3〕及食香　六十四千惡魔者
居於宮殿之東方　　居東方者皆爲害
世間世尊之面前　　我言彼等之謫罰

薩引底曳奴　馱囉抳　馱引囉抳　缽囉斷薩尼　嘐跋尼　僧叻跋尼　毗怛尼　經布嚕囉　爍迦黎　捨離底　戍羅怛哩尼　秫羅怛囉力　蜀怛拶囉令　軀沙囀底薩囉引仡哩〔4〕

願我等東方得安樂娑訶！

注釋：

〔1〕[illegible]（大自在），字面義作「富大主」，前文作[illegible]。

〔2〕[illegible]（迦陵頻伽），音譯自梵文 Kalavinka，漢文作「迦陵頻伽」，藏文 ka la ping ka。

〔3〕[illegible]（大威魑魅），藏文作 thub chen gnod sbyin srin po。

〔4〕「持國天王謫罰彥達嚩羅刹娑眾令受神咒」，梵文作：syād yathedan/ dhāraṇi dhāraṇi/ pradhānasani/ bhanjani/ prabhanjani/ bidhamani/ kim puruṣe/ śakle sārathe/ śūladhare/ śūladharaṇi/ śuddhacaraṇe/ ghośābate/ śārāgre/ śānti/ sarvasatyestu/ purbamite svāhā/ brahmajabhya śagraśaja/ lokapālāṃ śvara/ yakṣasena/ sarvahāritica/ sabudrikā imaṃ/ puṣpaṃ śijasitaṃ/ pratigrahanaṃ/ tima māhutibiryaṃ/ tejvaste/ śamai śvaryaṃ/ malīna janihata/ sarvarogaśija svasti yastu/ mama ahipaṃ/ saparivaraṃ/ sarvasatvanan ca/ sarvabhyo/ betrabebhyo svāhā//

漢文本作：「曩莫三滿跢沒馱南（引）馱囉抳馱（引）囉抳尾特網（二合）蹉你畔惹你缽囉（二合）畔若你尾馱麼你經（經孕切）布嚕曬（引）爍迦禮節舍（引）囉底戍攞馱哩（引）秫馱左囉抳（引）軀（引）沙嚩帝（引）娑（引）囉（引）仡哩（二合引）扇（引）底娑嚩（二合）悉底野（三合）窣睹（二合）布哩罔（二合引）禰尸娑嚩（二

合引）賀（引）沒囉（二合）憾麼（二合引）左（引）比野（二合）他爍訖囉（二合）室左（二合）路（引）迦播（引）攞（引）麼醯濕嚩（二合）囉（引）藥乞叉（二合）臬曩缽多野薩吠（引）賀（引）哩（引）帝（引）左三補怛哩（二合）迦（引）伊牟含（引）補瑟波（二合）室左（二合）巘鄧（引）室左（二合）缽囉（二合）底仡哩（二合）悢拏（二合）底麼麼（引）昏帝尾（引）哩曳（二合）拏帝惹娑（引）帝（引）沙（引）每（引）濕嚩（二合引）哩曳（二合）拏末禮（引）曩左你賀多（引）薩嚩嚕（引）誐（引）室左（二合）娑嚩（二合）悉底也（三合）窣睹（二合）麼麼阿醯謗（引）颯跛哩嚩（引）嚩薩嚩薩怛嚩（二合引）難左薩嚩婆喻（引）跛捺囉（二合）吠（引）毗藥（二合）娑嚩（二合引）賀（引）。|

西夏文及對譯：

[illegible]

淨梵王及帝釋等/世上守護富大主/

[illegible]

魔惡類主一切及/五百子之魔女等/

[illegible]

或我香花供施依/此燒施者所執△/

[illegible]

彼等皆之奉獻以/主富美麗妙力依/

[illegible]

病患一切皆消滅/我等皆之魔惡除/

[illegible]

安樂願得娑訶/

[illegible]

大勇者之敬禮△/高大者之敬禮△/

[illegible]

法王者之敬禮△/合掌恭敬敬禮△/

[illegible]

南方增長大天王/起立合掌恭敬拜/

[illegible]

善逝世間皆醒悟/亂害起時皆消滅/

[illegible]

疑惑有者皆滅除/世上一切救度能/

[illegible]

髑髏朽臭囊瓶等/六十四千魔惡者/

藏文：

tshangs pa dang ni brgya byin dang/ 'jig rten skyong dang dbang phyug che/

gnod sbyin sde dpon thams cad dang/ 'phrog ma bu dang bcas pa yang/

bdag gi me tog spos dag dang/ sbyin sreg 'di ni blang bar gyis/

de dag gi ni brtson 'grus dang/ gzi brjid dbang phyug stobs kyis kyang/

nad rnams thams cad bcom par gyur/ bdag 'jigs pa dang gnod pa thams cad las

dge bar gyur cig svāhā/

phyag ’tshal skyes bu dpa’ khyod la/ phyag ’tshal skyes bu mchog khyod la/
thal mo sbyar nas phyag ’tshal lo/ chos rgyal khyod la phyag ’tshal lo/
rgyal po chen po ’phags skyes po/ thal mo sbyar te de nas langs/
thams cad mkhyen pa thams cad gzigs/ smra ba thams cad rab ’joms pa/
the tshom thams cad gcod mdzad pa/ ’jig rten thams cad rnam ’dren pa/
grul bum yi dgas srul po dag/ stong phrag drug cu rtsa bzhi rnams/

意譯：

淨梵王及帝釋等	守護世間大自在
一切惡魔大將領	五百子之羅刹女
我或香花以供施	此燒施者所執持
彼等皆以爲奉獻	自在莊嚴有威力
一切病苦皆消除	我等惡魔皆摧毀
願得安樂娑訶！	
敬禮雄健大勇者	敬禮高大至尊者
敬禮法王大牟尼	合掌尊恭敬禮也
南方增長大天王	起立合掌而敬禮
善逝〔1〕世間皆領悟	禍害起時皆消滅
有疑惑者皆滅除	世間一切能普濟
髑髏腐朽囊瓶等〔2〕	六十四千惡魔者

注釋：

〔1〕[illegible]（善逝），藏文本、漢文本均無。梵文作 Sugata，音譯「修伽陀」，意爲「如實去彼岸」，也譯作「好去」。

〔2〕[illegible]（髑髏腐朽囊瓶等），意譯自藏文 grul bum yi dgas srul po dag，漢文本作「作障難者尾那夜迦」。「尾那夜迦」，梵文 Vighnāyaka，意爲「障礙」。

西夏文及對譯：

[illegible]/[illegible]/	[illegible]/[illegible]/
居處宮殿南方在/南方居者皆之害/	世上世尊如面前/我彼等之罪法言/

[illegible]	[illegible]	[illegible]	[illegible]	[illegible]	[illegible]	[illegible]	[illegible]
薩引底曳奴	娑引底	娑離底	迦引枳迦囉枳	劍迦枲	劍囉底	劍囉哩	末哩

[illegible]
馱囉抳　末哩馱抳　普彌　馱囉你　醯摩嚩底　嵯底拶囉抳　誐羅引仡哩

[illegible]
我等南方安樂願得娑訶/

[illegible]
淨梵王及帝釋等/世上守護富大主/　魔惡類主一切及/五百子之魔女等/

[illegible]
若我香花供施依/此燒施者所執△/　彼等皆之奉獻以/主富美麗妙力依/

[illegible]
病患一切皆消滅/我等皆之魔惡除/　安樂願得娑訶/

[illegible]
大勇者之敬禮△/高大者之敬禮△/　法王者之敬禮△/合掌恭敬敬禮△/

藏文：

lho yi phyogs cha'i phyogs na gnas/ de nas byung la gnod par bgyid/

'jig rten mgon gyi spyan sngar ni/ de dag chad pa bdag gis bshad/

syād ya the dan/śānti/ śā ra ba ti/ kānti/kā ra ba ti/ kiṃ ka ra si/ kiṃ ka ra ti/ kiṃ ka si ki riṇṭi/kiṃ ra te/ kiṃ ba te/ dha ra ṇi/ dha ba ni/ bhū mi/ dhāṛ ṇi/ hi ma ba ti/ jyo tiṣca ra ṇe/ gā lā gre/

bdag lho phyogs su dge bar gyur cig svāhā/

tshangs pa dang ni brgya byin dang/ 'jig rten skyong dang dbang phyug che/

gnod sbyin sde dpon thams cad dang/ 'phrog ma bu dang bcas pa yang/

bdag gi me tog spos dag dang/ sbyin sreg 'di ni blang bar gyis/

de dag gi ni brtson 'grus dang/ gzi brjid dbang phyug stobs kyis kyang/

nad rnams thams cad bcom par gyur/ bdag 'jigs pa dang gnod pa thams cad las dge bar gyur cig svāhā/

phyag 'tshal skyes bu dpa' khyod la/ phyag 'tshal skyes bu mchog khyod la/

thal mo sbyar nas phyag 'tshal lo/ chos rgyal khyod la phyag 'tshal lo/

意譯：

居於宮殿之南方　　居南方者皆爲害

世間世尊之面前　　我言彼等之謫罰

薩引底曳奴　娑引底　娑離底　迦引枳迦囉枳　劍迦枲　劍囉底　劍囉哩　末哩馱囉抳　末哩馱抳　普彌　馱囉你　醯摩嚩底　嵯底拶囉抳　誐羅引仡哩〔1〕

願我等南方得安樂娑訶！

淨梵王及帝釋等　　守護世間大自在

一切惡魔大將領　　五百子之羅刹女

我或香花以供施　　此燒施者所執持

彼等皆以爲奉獻　　自在莊嚴有威力

一切病苦皆消除　　我等惡魔皆摧毀

願得安樂娑訶！

敬禮雄健大勇者　　敬禮高大至尊者

敬禮法王大牟尼　　合掌尊恭敬禮也

注釋：

〔1〕「增長天王謫罰矩畔拏眾等令受神咒」，梵文作：syād yathedan/ śānti/ śārabati/ kānti/ kārabati/ kiṃ kasi/ kiṃ karati/ kim bati/ dharani/ bardani/ bhumi/ dharani/ himabati/ jyotiścaraṇe/ gālagri/ sarvasatyestu/ mama ahipaṃ/ saparivarasya/ sarvasatvanan ca/ dakṣinaṃ/ inja svāhā/ brahma jābhyaḥ śagra śaja/ lokapalāṃ śvara/ yakṣasena/ pādaya/ sarvahāritica/ sabutrikā imaṃ/ puṣpaṃ śijasitaṃ/ pratigrahanaṃ/ tama māhutibiryaṃ/ tejvaste/ śamai śvaryaṃ/ malīna janihata/ sarvarogastu/ mama ahipaṃ/ saparivaraṃ/ sarvasatvanan ca/ sarvabhyo/ betrabebhyo svāhā//

漢文本作：「曩莫三滿跢沒馱（引）南（引）唵（引）娑（引）囉底劍（引）底迦（引）囉枳劍迦枲枳囉抳末抳馱囉抳末哩馱（二合）你普（引）彌馱羅你醯麼嚩底口祖（仁租切引）底左囉抳誐攞（引）仡哩（二合）娑嚩（二合）悉底也（二合）窣睹（二合）麼麼阿醯謗（引）颯跛哩嚩（引）囉寫薩嚩薩怛嚩（二合引）難（引）左諾乞史（二合）赧（引）演左娑嚩（二合引）賀（引）沒囉（二合）憾麼（二合引）左（引）比野（二合）陀爍訖囉（二合）室左（二合）路（引）迦播攞麼醯濕嚩（二合）囉（引）藥乞叉（二合引）地鉢多野薩吠（引）賀（引）哩（引）帝左娑補怛哩（二合）迦（引）伊鈴（引）補瑟謗（二合引）室左（二合）巘馱（引）室左（二合）鉢囉（二合）底仡哩（二合）恨赧（二合）睹麼麼（引）昏頂尾（引）哩曳（二合引）拏帝（引）惹娑（引）帝（引）爽（引）每（引）濕嚩（二合）哩曳（二合引）拏末禮（引）曩左你賀多（引）薩嚩嚕（引）誐窣睹（二合）麼麼阿醯謗（引）颯跛哩嚩（引）囉寫薩嚩薩怛嚩（二合）難（引）左薩嚩婆喻（引）跛捺囉（二合）吠毗藥（二合）娑嚩（二合引）賀（引）。」

西夏文及對譯：

西方廣目大天王/起立合掌恭敬拜/　　最上大雲獅子如/最勝大海廣大也/

最高言聲大勇以/鬥爭聚戰皆伏令/　　龍及金翅密之等/六十四千魔惡者/

居處宮殿西方在/西方居者皆之害/　　世上世尊如面前/我彼等之罪法言/

薩引底曳奴　馱囉彌　嚩囉仡哩　末羅嚩底　末禮抳　禰商倪　尾嚩尸　娑引誐哩

佉哩劫閉禮　薩拏隸　底哩抳　抳囉引嘐你　尾馱囉抳　嚩羅嚩底　阿左梨

我等西方安樂願得娑訶/

淨梵土及帝釋等/世上守護富大主/　　魔惡類主一切及/五百子之魔女等/

若我香花求賜依/此燒施者所執△/　　彼等皆之奉獻以/主富美麗妙力依/

病患一切皆消滅/我等皆之魔惡除/　　安樂願得娑訶/

藏文：

rgyar po mig mi bzang ba yong/ thal mo sbyar ba byas nas langs/
sprin chen seng ge chen po pa/ che ba'i che ba rgya mtsho che/
gsung ba chen pa dpa' chen po/ gyul chen rab tu 'joms mdzad pa/
klu dang 'dab bzangs gsang ba po/ stong phrag drug cu rtsa bzhi dag/
nub kyi phyogs cha'i phyogs na gnas/ de nas byung la gnod par bgyid/
'jig rten mgon gyi spyan sngar ni/ de dag chad pa bdag gis bshad/

syād ya the dan/ dharmmi ba rā gre/ba la ba te/ ba li ni/ biśāṃ ge/ bi ca śi/sā ga re/ khā rī/ ka pa li/ caṇḍā li/ ki ri ṇi/ nī rañja ne/ bidhā ra ṇi/ balla ma ti/ a barṇa ba te/ a ca le/

bdag shar phyogs su dge bar gyur cig svāhā/

tshangs pa dang ni brgya byin dang/ ’jig rten skyong dang dbang phyug che/

gnod sbyin sde dpon thams cad dang/ ’phrog ma bu dang bcas pa yang/

bdag gi me tog spos dag dang/ sbyin sreg ’di ni blang bar gyis/

de dag gi ni brtson ’grus dang/ gzi brjid dbang phyug stobs kyis kyang/

nad rnams thams cad bcom par gyur/ bdag ’jigs pa dang gnod pa thams cad las dge bar gyur cig svāhā/

意譯：

西方廣目大天王　　起立合掌而敬禮
最上大雲如獅子　　最勝大海超廣大
最高言說以大勇　　爭鬥會戰皆調伏
龍及金翅秘密等　　六十四千惡魔者
居於宮殿之西方　　居西方者皆爲害
世間世尊之面前　　我言彼等之謫罰

薩引底曳奴　馱囉彌　嚩囉仡哩　末羅嚩底　末禮抳　禰商倪　尾嚩尸娑引誐哩　佉哩劫閉禮　薩拏隸　底哩抳　抳囉引哆你　尾馱囉抳　嚩羅嚩底阿左梨〔1〕

願我等西方得安樂娑訶！

淨梵王及帝釋等　　守護世間大自在
一切惡魔大將領　　五百子之羅刹女
我或香花以供施　　此燒施者所執持
彼等皆以爲奉獻　　自在莊嚴有威力
一切病苦皆消除　　我等惡魔皆摧毀
願得安樂娑訶！

注釋：

〔1〕「廣目天王謫罰大龍王眾令受神咒」，梵文作：syād yathedan/ dharmma baragre/ balabati/ balini/ biśaṃge/ bibaśi/ sāgare/ khārī/ kābali/ caṇḍīli/ kiraṇi/ nīrajene/ bidhāraṇi/ avaraṇi bate/ acale/ sarvasatyestu/ mama ahipaṃ/ saparivarasya/ sarvasatvanan ca/ pañcimanya mamasi svāhā/ buddhajābhyaḥśagra śaja/ lokapālā mahiśvara/ yakṣadiptaya/ sarvahāriti ca/ sabutrikā imaṃ/ puṣpaṃ śija sitaṃ/ śvaprahanaṃ/ tama māhutibiryam/ tejvaste/ śamai śvaryaṃ/ malīna janihata/ sarvaroga śija svasti yastu/ mama ahipaṃ/ saparivarasya/ sarvasatvanan ca/ sarvabhyo/ baitrapābhyo svāhā//

漢文本作：「曩莫三滿跢沒馱（引）南（引）唵（引）達哩銘（二合）左囉（引）仡哩（二合引）末攞嚩底末禮你禰商倪（引）尾嚩尸娑哩（引）佉哩劫閉禮（引）贊拏（引）隸底哩抳你囉（引）惹你（引）尾馱囉抳嚩攞拏（二合）嚩底阿左梨娑嚩（二合）悉底野（三合）窣睹（二合）麼麼阿醯謗（引）颯波哩嚩（引）囉寫薩嚩薩怛嚩（二合引）難左缽室止（二合）麼（引）焰（引）禰尸娑嚩（二合引）賀（引）沒馱（引）左（引）比也（二合）他爍訖囉（二合）室左（二合）路（引）迦播攞麼呬濕嚩（二合）囉藥乞叉（二合）地缽多野薩嚩賀（引）哩（引）帝（引）左娑補怛哩（二合）迦（引）伊牟含（引）補瑟謗（二合引）室左（二合）巘馱（引）濕嚩（二合）缽囉（二合）恨赧（二合）睹麼麼（引）昏頂尾（引）哩曳（二合引）拏帝惹娑（引）帝（引）沙（引）每（引）濕嚩（二合）哩曳（二合引）拏末禮（引）曩左你賀多（引）薩嚩嚕誐（引）室左（二合）娑嚩（二合）悉底野（二合）窣睹麼麼阿醯謗（引）颯波哩嚩（引）囉寫薩嚩薩怛嚩（二合引）難左薩嚩婆喻（引）跛捺囉（二合）吠毗藥（二合）娑嚩（二合引）賀（引）。」

西夏文及對譯：

[illegible]

大勇者之敬禮△/高大者之敬禮△/ 法王者之敬禮△/合掌恭敬敬禮△/

[illegible]

時大梵王及梵王/起立合掌恭敬拜/ 梵王沐浴皆淨令/幻行皆悟彼岸至/

[illegible]

庶民皆之歡喜藥/世上一切皆修能/ 魔宅魔鬼皆可無/方及隅等何處處/

[illegible]

上方下方皆之害/空中魔居一切者/ 世上世尊如面前/我彼等之罪法言/

[illegible]

薩引底曳奴　沒囉銘　沒囉麼軀囉沒囉麼娑哩　嚩日哩　嚩日囉軀囉　嚩日囉

[illegible]

馱哩　悉體帝　悉體帝　娑哩　阿左禮阿囉抳　伊舍抳　囉拏禰　阿囉拏底　蘇

[illegible]

哩　嚩囉引仡哩　缽囉缽帝　娑哩嚩帝

[illegible]

我等方一切安樂願得娑訶/

藏文：

phyag ’tshal skyes bu dpa’ khyod la/ phyag ’tshal skyes bu mchog khyod la/
thal mo sbyar nas phyag ’tshal lo/ chos rgyal khyod la phyag ’tshal lo/
de nas tshangs pa tshangs chen yang/ thal mo sbyar ba byas nas langs/
tshangs pas bkrus pa dag pa po/ rig byed kun gyi pha rol phyin/
skye bo dga’ mdzad sman pa’i rje/ ’jig rten thams cad gso mdzad pa/
gnod sbyin srin po gang gi rnams/ phyogs dang phyogs mtshams gnas pa dang/
sa yi ’og dang bar dang steng/ nam mkha’ dag la gnas pa’i gdon/
’jig rten mgon gyi spyan sngar ni/ de dag chad pa bdag gis bshad/
syād ya the dan/ brahme/ brahma/ gho ṣe/ brahma sva re/ bajre bajra gho ṣe/ bajra dha re/ sthi te sā re/ a ca le/ a ra ṇe/ i ṣa ni/ a rā ni te/ śu re/ ba rā gra/ prāpte/ sā gar a ba te/
bdag phyogs thams cad du dge bar gyur cig svāhā/

意譯：

敬禮雄健大勇者　　敬禮高大至尊者
敬禮法王大牟尼　　合掌尊恭敬禮也
時大梵王及梵王　　起立合掌而敬禮
梵王沐浴悉令淨　　幻行皆悟至彼岸〔1〕
眾生皆得歡喜藥　　世間一切皆能治
魔宅魔鬼皆可無　　方方面面及各處
上方下方皆爲害　　居空中之一切魔
世間世尊之面前　　我言彼等之謫罰
薩引底曳奴　沒囉銘　沒囉麼軀曬沒囉麼娑哩　嚩日哩　嚩日囉軀曬　嚩日囉馱哩　悉體帝　悉體帝　娑哩　阿左禮阿囉抳　伊舍抳　囉拏禰　阿囉拏底　蘇哩　嚩囉引仡哩　缽囉缽帝　娑哩嚩帝〔2〕
願我等一切方得安樂娑訶！

注釋：

〔1〕[illegible]（至彼岸），藏文 pha rol phyin。

〔2〕「大梵天王謫罰諸藥叉及羅刹眾令受神咒」，梵文作：syād yathedan/ brahme/ brahmaghoṣe/ brahmasvare/ bajre bajraghoṣe/ bajra dhare/ sthitasvāre/ acale/ araṇe iśani/ arānite/ śūre barāgra/ prāppate/ svārabate/ sarvasatyestu/ mama ahipaṃ/ saparivarasya/ sarvasatvanan ca/ sarvabhyo/ baitrapabhyo svāhā/ vātajāḥ pittajāḥ rogaḥ aṣleṣmajāḥ sanipadajaḥ nihata/ sarvarogāśijasva stiyastu/ mama sarvasatvanan ca/ sarvabhayo baitrapabhyo svāhā//

漢文本作：「曩莫三滿跢沒馱（引）南（引）唵（引）沒囉（二合）憾銘（二合引）沒囉（二合）憾麼（二合）軀曬（引）沒囉（二合）憾麼（二合）娑嚩（二合）哩（引）嚩日哩（二合引）嚩日囉（二合引）軀曬（引）嚩日囉（二合）馱哩（引）悉體（二合）哩（引）娑哩（引）阿左禮（引）阿囉抳（引）伊舍抳（引）囉拏禰（引）戍（引）哩（引）嚩囉（引）仡囉（二合）鉢囉（二合）鉢帝（二合引）娑（引）囉嚩帝娑嚩（二合）悉底野（三合）窣睹（二合）麼麼阿醯謗（引）颯波哩嚩（引）囉寫薩嚩薩怛嚩（二合引）難左薩嚩婆喻（引）跛捺囉（二合）吠毗藥（二合）娑嚩（二合引）賀（引）嚩（引）多惹閉多惹嚕（引）誐（引）室禮（二合引）瑟麼（二合）惹散你播多惹你賀多薩嚩嚕（引）誐（引）室左（二合）娑嚩（二合）悉底野（三合）窣睹（二合）麼麼薩嚩薩怛嚩（二合引）難左薩嚩婆喻（引）跛捺囉（二合）吠（引）毗藥（二合）娑嚩（二合引）賀（引）。」

西夏文及對譯：

[illegible]
淨梵王及釋帝等/世上守護富大主/

[illegible]
魔惡類主一切及/五百子之魔女等/

[illegible]
若我香花供施依/此燒施者所執△/

[illegible]
彼等皆之奉獻以/主富美麗妙力依/

[illegible]
病患一切皆消滅/我等皆之魔惡除/

[illegible]
安樂願得娑訶/

[illegible]
若風病又及膽病/若垢病及皆聚病/

[illegible]
彼等病患皆消滅/我等皆之魔惡除/

[illegible]
安樂願得娑訶/

[illegible]
大勇者之敬禮△/高大者之敬禮△/

[illegible]
法王者之敬禮△/合掌恭敬敬禮△/

藏文：

tshangs pa dang ni brgya byin dang/ ’jig rten skyong dang dbang phyug che/

gnod sbyin sde dpon thams cad dang/ ’phrog ma bu dang bcas pa yang/

bdag gi me tog spos dag dang/ sbyin sreg 'di ni blang bar gyis/

de dag gi ni brtson 'grus dang/ gzi brjid dbang phyug stobs kyis kyang/

nad rnams thams cad bcom par gyur/ bdag 'jigs pa dang gnod pa thams cad las dge

bar gyur cig svāhā/

rlung las gyur dang mkhris las gyur/ bad kan las gyur 'dus las gyur/

nad rnams thams cad bcom par gyur/ bdag 'jigs pa dang gnod pa thams cad las dge bar gyur cig svāhā/

phyag 'tshal skyes bu dpa' khyod la/ phyag 'tshal skyes bu mchog khyod la/

thal mo sbyar nas phyag 'tshal lo/ chos rgyal khyod la phyag 'tshal lo/

意譯：

淨梵王及帝釋等　守護世間大自在
一切惡魔大將領　五百子之羅刹女
我或香花以供施　此燒施者所執持
彼等皆以爲奉獻　自在莊嚴有威力
一切病苦皆消除　我等惡魔皆摧毀
願得安樂娑訶！
又或風疾及膽疾　或痰疾及諸聚病〔1〕
彼等病苦皆消除　我等惡魔皆摧毀
願得安樂娑訶！
敬禮雄健大勇者　敬禮高大至尊者
敬禮法王大牟尼　合掌尊恭之敬禮〔2〕

注釋：

〔1〕[illegible]（痰疾），意譯自藏文 bad kan las gyur；[illegible]（聚病），意譯自藏文'dus las gyur，不知道是一種什麼病，'dus 有「聚集」及「僧眾」兩個意思。

〔2〕漢文本中無以上四句偈言。

西夏文及對音：

[illegible]/[illegible]/[illegible]

爾時壞有出此如念爲/明滿壞有出一國眾生之利益因世上出現者非/明滿

[illegible]

壞有出國土城邑聚落家一眾生之利益因世上出現者非/又諸天眾魔梵善淨

[illegible]

婆羅門及群生人天天非等之利益因明滿壞有出世上出現/譬如世間醫巧

[illegible]

好好學習/一王之利益因非/一國之利益因非/一眾生之利益因非/

[illegible]

何云也/方一切內明滿壞有出等居/彼等人及非人等不損害令因/我今

[illegible]

毗耶離大城內往/彼毗耶離大城內眾生一切之利益救護欲因佛事爲往可說/

[illegible]

此言語畢/

藏文：

de nas bcom ldan ’das ’di snyam du dgongs te/ sangs rgyas bcom ldan ’das rnams ni rgyal srid gcig gi phyir ’jig rten du byung ba ma yin/ sangs rgyas bcom ldan ’das rnams ni grong khyer dang/ grong rdal dang/ljongs dang/ grong dang/ khyim nas sems can gcig gi bar gyi don gyi phyir ’jig rten du byung pa ma yin gyi/ ’jig rten lha dang bcas pa/ bdud dang bcas pa/ tshangs pa dang bcas pa/ dge sbyong dang/ bram zer bcas pa’i skye dgu dang/ lha dang/ mi dang/ lha ma yin du bcas pa’i don du sangs rgyas bcom ldan ’das rnams ’jig rten du byung ste/ de ni dper na sman pa mkhas pa’i mchog tu phin pa/ gso ba la brtson pa/ sman pas shes par bya ba shin tu bslabs pa rgyal po gcig gi don du byung ba ma yin/ yul gcig gi don du byung ba ma yin pa nas sems can gcig gi don gyi bar du byung ba ma yin pa dang ’dra’o/ de ci’i phyir zhe na/ phyogs gang na sangs rgyas bcom ldan ’das bzhugs pa’i phyogs de dag tu mi rnams dang/ mi ma yin pa de dag kyang rnam par ’tshe bar mi bya bar sems kyis/ nga yang yangs pa can gyi grong khyer chen po ga la ba der song ba dang/ yangs pa can gyi grong khyer chen po’i skye bo’i tshogs phal po che’i don kyang byas par ’gyur/ sangs rgyas kyi mdzad pa yang byas par ’gyur ro snyam du dgongs te/

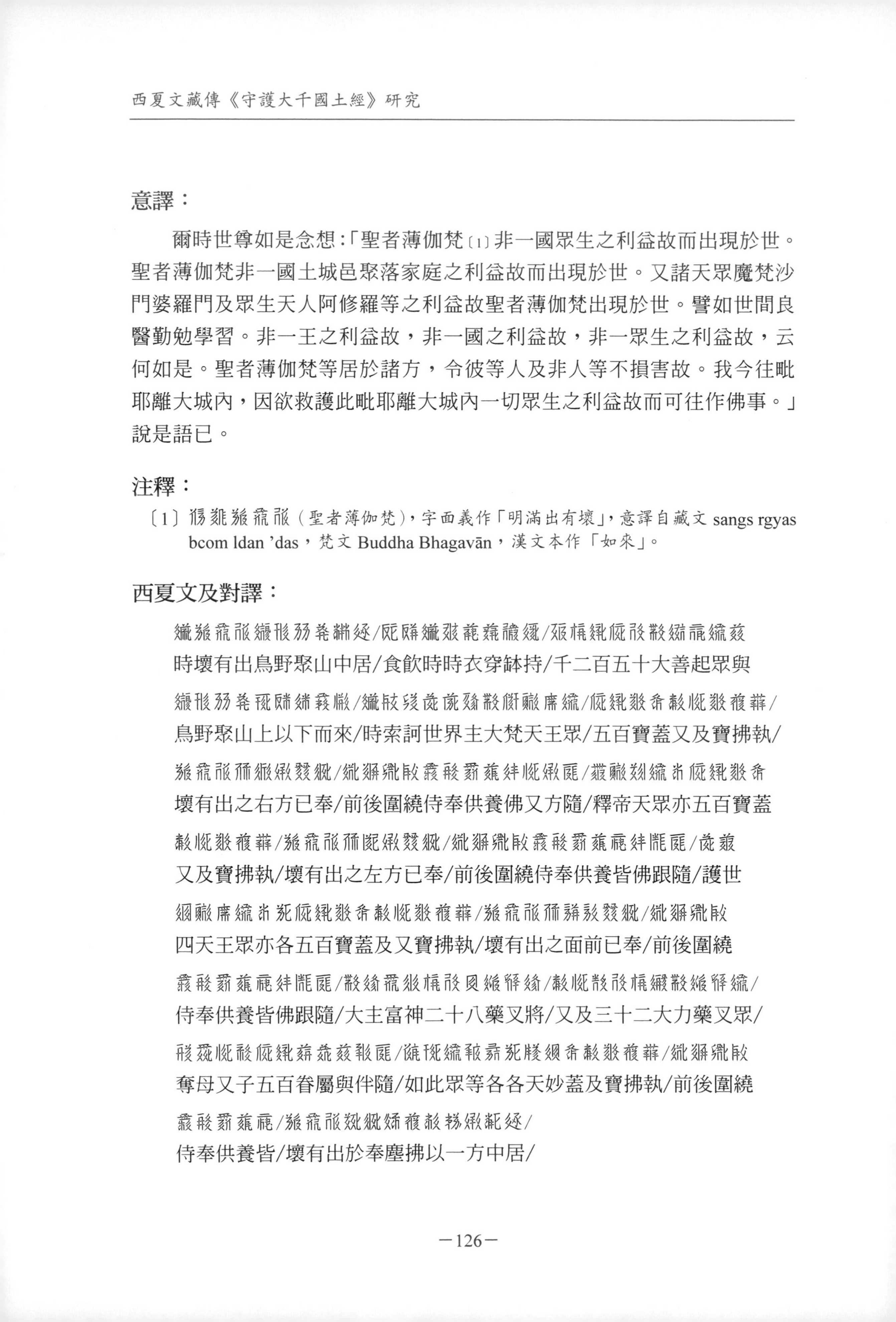

意譯：

爾時世尊如是念想：「聖者薄伽梵〔1〕非一國眾生之利益故而出現於世。聖者薄伽梵非一國土城邑聚落家庭之利益故而出現於世。又諸天眾魔梵沙門婆羅門及眾生天人阿修羅等之利益故聖者薄伽梵出現於世。譬如世間良醫勤勉學習。非一王之利益故，非一國之利益故，非一眾生之利益故，云何如是。聖者薄伽梵等居於諸方，令彼等人及非人等不損害故。我今往毗耶離大城內，因欲救護此毗耶離大城內一切眾生之利益故而可往作佛事。」說是語已。

注釋：

〔1〕[illegible]（聖者薄伽梵），字面義作「明滿出有壞」，意譯自藏文 sangs rgyas bcom ldan 'das，梵文 Buddha Bhagavān，漢文本作「如來」。

西夏文及對譯：

[illegible]

時壞有出鳥野聚山中居/食飲時時衣穿缽持/千二百五十大善起眾與

[illegible]

鳥野聚山上以下而來/時索訶世界主大梵天王眾/五百寶蓋又及寶拂執/

[illegible]

壞有出之右方已奉/前後圍繞侍奉供養佛又方隨/釋帝天眾亦五百寶蓋

[illegible]

又及寶拂執/壞有出之左方已奉/前後圍繞侍奉供養皆佛跟隨/護世

[illegible]

四天王眾亦各五百寶蓋及又寶拂執/壞有出之面前已奉/前後圍繞

[illegible]

侍奉供養皆佛跟隨/大主富神二十八藥叉將/又及三十二大力藥叉眾/

[illegible]

奪母又子五百眷屬與伴隨/如此眾等各各天妙蓋及寶拂執/前後圍繞

[illegible]

侍奉供養皆/壞有出於奉塵拂以一方中居/

藏文：

de nas bcom ldan ’das snga dro’i dus kyi tshe chos gos dang sham thabs bgos nas lhung bzed bsnams te/ dge slong stong nyis brgya lnga bcu dang/ thabs cig tu bya rgod phung po’i ri las shod du gshegs pa dang/mi mjed kyi bdag po tshangs pas lha’i gdugs lnga brgya tsam blangs te/ bcom ldan ’das la gyas rol nas phul lo/ phul nas bcom ldan ’das la rdul yab kyis gyob cing ’dug par gyur to/ lha rnams kyi dbang po brgya gyin gyis kyang gdugs lnga brgya tsam blangs te/bcom ldan ’das la gyon rol nas phul lo/ phul nas bcom ldan ’das la rdul yab kyis gyob cing ’dug par gyur to/ rgyal po chen po bzhis kyang re re zhing lha’i gdugs lnga brgya tsam blangs te/ bcom ldan ’das la snam logs nas phul nas/ bcom ldan ’das la rdul yab kyis gyob cing ’dug par gyur to/ lha’i bu dbang phyug chen po dang gnod sbyin gyi sde dpon chen po nyi shu rtsa brgyad dang/ gnod sbyin mthu bo che sum cu rtsa gnyis dang/ ’phrog ma’i bu lnga brgya ’khor dang bcas pas kyang so so nas lha’i gdugs dag blangs te/ nyan thos rnams la phul nas rdul yab kyis gyob cing ’dug par gyur to/ de lta bu’i grags pa dang bkur sti dang/brnyas par bya ba brnyes nas/

意譯：

時世尊居鷲峰山，飲食時著衣持缽，與大苾芻眾千二百五十人俱自鷲峰山而下。時索訶世界主大梵天王眾，執五百寶蓋及寶拂，於佛之右側奉上，前後圍繞侍奉供養隨佛而行。帝釋天眾亦執五百寶蓋叉及寶拂，於佛之左側奉上，前後圍繞侍奉供養隨佛而行。護世四天王眾亦各執五百寶蓋及寶拂，於佛之面前奉上，前後圍繞侍奉供養隨佛而行。摩醯首羅天子與二十八藥叉將，又及三十二大力藥叉眾，訶利帝母並其子及五百眷屬跟隨。如是等眾各各執天妙寶蓋及寶拂，皆前後圍繞侍奉供養。佛執拂塵而居一方中。

西夏文及對譯：

[illegible]

時壞有出諸善起與鳥野聚山中生起/毗耶離大城內往/彼毗耶離城內

[illegible]

離車子等壞有出威德坦坦美好殊妙/最勝平等根力具足/諸根調伏柔定/

[illegible]
最高彼岸到得/諸根寂靜禁止/大象王如柔善/大海水如澄沉濁無/心意
[illegible]
清淨寂絕不動/三十二大男子相及八十種善以/身上莊嚴見娑羅樹王如/
[illegible]
日光放如/又夜晚中大高峰上大火炬明現如/亦大火聚集如鑄金像如/
[illegible]
如來威德亦彼與一樣/長長壞有出光輝明照見/皆心喜信起憶念思懷/
[illegible]
總共毗耶離大城內出/壞有出之迎接故城內入/時毗耶離大城/道路
[illegible]
正平笤掃淨潔/種種花灑諸處皆至/種種諸妙寶幢建起眾幡蓋懸/抹香
[illegible]
末香以供養/壞有出至後王及人民等出有壞足之頂禮/

藏文：

bcom ldan ’das dge slong gi dge ’dun dang thams cig tu bya rgod phung po’i ri las shod du babs te/ yangs pa can gyi grong khyer chen po ga la ba der gshegs pa dang/ yangs pa can gyi liccha bī rnams kyis bcom ldan ’das shin tu mdzes pa/ dad par ’os pa/dbang po zhi ba/ thugs zhi ba/ dbang po dul ba/ thugs dul ba/ dul ba dang/ zhi gnas kyi dam pa’i pha rol tu phyin pa brnyes pa/ dbang po dben zhing khugs pa/ glang po chen po lta bu shin tu dul ba/ mtsho ltar dang zhing rnyog pa med la rnam par gsal ba/ skyes bu chen po’i mtshan sum cu rtsa gnyis kyis sku legs par brgyan pa/ dpe byad bzang po brgyad cus shin tu brgyan pa/ shing sq la’i rgyal po ltar de bzhin gshegs pa’i sku rnam par spras pa/ nyi ma ltar ’od zer gyi dra ba kun tu ’gyed pa/ mtsan mo mun pa’i nang na ri bo’i spo la me’i phung po rab tu ’bar ba dang ’dra zhing bcom ldan ’das gser gyi ri bo chen po dam pa ltar lham me lhan ne lhang nge rgyang ring po nas gnas der gshegs pa mthong ngo/ mthong ma thag tu yangs pa can gyi li ccha bī rnams bcom ldan ’das la sems dad par gyur nas/ sems dad par gyur pa de dag bcom ldan ’das yangs pa can gyi grong khyer chen por lam gang has gshegs pa'i lam de phyags shing chag chag 'debs/ byi dor byed/ me tog 'thor/ dar gyi lda ldi dang/ dril bu dang/ gdugs dang/ rgyal mtshan dang/ ba dan sna tshogs kyis brgyan te bdug spos sna tshogs kyis bdugs nas bcom ldan 'das ga la ba der dong ste phyin pa dang/ bcom ldan 'das kyi zhabs la mgo bos phyag 'tshal lo/

意譯：

時世尊與諸苾芻從鷲峰山起，往毗耶離大城內去。世尊威德巍巍端嚴殊特，最勝平等具足根力，調伏諸根柔定，到得最勝彼岸。諸根寂靜順止，如大象王〔1〕柔善，如大海水澄清不濁，其心清淨湛然不動。〔2〕以三十二大丈夫相及八十種好，莊嚴其身如見娑羅王。如日放光，亦如夜暗於大高峰明現大火炬，亦如大火聚如鑄金像。如來威德亦復如是。遙見世尊光輝明照，皆心喜信起憶念思懷，即共出毗耶離大城，奉迎世尊方入城中。時毗耶離大城，道路平正掃除清淨，拋灑種種花遍佈其地，建立種種諸妙寶幢懸眾幡蓋，塗香末香而爲供養。世尊到已王及人民等頂禮佛足。

注釋：

〔1〕[illegible]（大象王），意譯自藏文 glang po chen po，漢文本無。

〔2〕從「調伏諸根」到「其心清淨湛然不動」，漢文本作：「調伏諸根猶如大龍。其心清淨湛然不動。」

西夏文及對譯：

[illegible]

爾時壞有出自掌底於千輻輪相蓮花河現/勝妙花蕊已如柔軟/此者已過

[illegible]

無量邊無諸善德功聚集依/最妙色相身上美麗/身色壯美光滑/大光明放

[illegible]

其光明耀/百千日如過諸種皆明/清淨臂以離車子等之頂摩及腹心入爲/

[illegible]

爾時壞有出毗耶離大城內晚初分時門邊所立/四方觀察右肩半穿/

[illegible]

金色臂伸此如言說/未來世中若善起善起女善親善親女等如來之身

[illegible]
分舍利荣果少許之供養/又及大千國守護大明咒契經/諸魔降伏解脫
[illegible]
令用法名等/如來阿羅漢眞實究竟明滿恒河沙數明滿之此手印/
[illegible]
執持讀誦思念/時疾病畏懼嫉恨染病意亂/爭鬥纏縛公事爭訟讒舌
[illegible]
不善等諸苦皆止/破害不做曰/

藏文：

de nas bcom ldan 'das kyi phyag gi mthil 'khor lo rtsibs stong dang ldan pa'i ri mo can me tog padma'i snying po ltar 'jam pa/ sngon legs par spyad pa'i mtshan gyis brgyan pa/ gzhon sha chags shing 'jam pa/ nyi ma'i 'od zer bas lhag pa'i 'od dang ldan pa/ 'od zer brgya phrag mang po kun tu 'phro ba/ dri ma med pa'i phyag gis liccha bī dag gi mgo la byugs te rjes su bstan pa mdzad do/ de nas bcom ldan 'das yangs pa can gyi grong khyer chen po'i nang du gshegs nas nam gyi gung thun la sgo skyes kyi gzhi zhabs kyis mnan nas phyogs bzhir gzigs te phyag gser gyi mdog can brkyang nas na bza' bla gos gsol te bka' stsal pa/ phyi ma'i dum na dge slong ngam/ dge slong ma'am/ dge bsnyen nam/ dge bsnyen ma 'am gang su yang rung ba dag de bzhin gshegs pa'i sku gdung ring bsrel yungs 'bru tsam la mchod pa byed pa dang/ stong chen po rab tu 'joms pa'i rig sngags kyi rgyal mo gdon thams cad las thar bar byed pa'i chos kyi rnam grangs de bzhin gshegs pa dgra bcom pa yang dag par rdzogs pa'i sangs rgyas gang gā'i klung gi bye ma snyed kyi sangs rgyas kyi phyag rgya 'di 'dzin cing 'chang ba dang/ klog cing ston pa dang/ kun chub par byed pa de dag la yams kyi nad dang/ 'jigs pa dang/ 'tshe ba dang/ nad 'go ba dang/ 'khrugs pa dang/ 'thab pa dang/ rtsod pa dang/ 'ching ba dang/ kha mchu dang/ shags dang/ tha na phra ma dang/ sdig pa mi dge ba'i sdug bsngal ba'i las kyis mi tshugs shing/ 'tshe bar byed pa thams cad kyis mi thub par 'gyur ro/

意譯：

爾時世尊足底現千輻輪相蓮花紋〔1〕，柔軟勝妙如花蕊，以如是等過去積集無量無邊諸善功德。殊妙色相莊嚴其身，身色壯美光滑，放大光明其光晃曜，逾百千日周遍皆明，以清淨臂及離車子等摩其頂安慰其心。爾時世尊於毗耶離大城中夜初時分立於門邊，觀察四方偏袒右肩，舒金色臂而作是言：「未來世中若有苾芻苾芻尼優婆塞優婆夷等供養如來之分身舍利如芥子許〔2〕，又及守護大千國土大明咒契經，令諸魔降伏解脫用之法門等。如來應供正等覺佛恒河沙〔3〕數如來之密印，受持讀誦思懷。時疾病畏懼嫉恨染病意亂，鬥戰纏縛公事爭訟惡意誹謗等諸厄難皆止，不能侵損。」

注釋：

〔1〕這裏西夏文有誤，藏文 ldan pa'i ri mo can me tog padma 意爲「蓮花紋」，漢文本作「蓮華文」，西夏文卻譯作「[illegible]」（蓮花河），按藏文和漢文，「[illegible]」應改爲「[illegible]」（紋）。

〔2〕[illegible]（如芥子許），藏文作 yungs 'bru tsam。

〔3〕[illegible]（恒河沙），藏文作 gang gā'i klung gi bye ma，梵文 Gaṅgā nadī vāluka，意爲「恒河中所有沙粒數」，或作「殑伽沙、恒河沙數」，古印度典籍所載一大數目名，喻多至不可勝數。

西夏文及對譯：

[illegible]

爾時壞有出此言語畢/索訶世界主大梵天王壞有出之言語/大德壞有出

[illegible]

此大千國土守護大種咒契經/諸魔降伏解脫使用法名等/如來阿羅漢

[illegible]

眞實究竟明滿恒河沙數明滿之手印者云何也/壞有出我等之所言爲△/

[illegible]

爾時壞有出索訶世界主大梵天王之語/梵王汝今諦聽善善思念可/

[illegible]

我汝之言爲汝/大德聽我/爾時壞有出此如說曰/

[illegible]

薩引底曳奴　阿左禮　麼左禮　娑引囉麼左禮　缽囉訖哩底　末禮　缽囉訖哩底

[illegible]

尼哩軀使　三滿怛目契　悉弟哩娑他嚩哩　毗軀瑟致　攝勿禰　缽囉誐羅抳播

[illegible] [illegible] [illegible] [illegible] [illegible]

引㖫迦銘　娑囉嚩尼　末禮　摩賀　末禮摩賀尼哩娑細娑嚩訶

藏文：

de skad ces bka' stsal pa dang/ bcom ldan 'das la mi mjed kyi bdag po tshangs pas 'di skad ces gsol to/btsun pa bcom ldan 'das stong chen po rab tu 'joms pa zhes bya ba'i gsang sngags kyi rgyal mo gdon thams cad las thar bar bgyid pa'i chos kyi rnam grangs de bzhin gshegs pa dgra bcom pa yang dag par rdzogs pa'i sangs rgyas gang gā'i klung gi bye ma snyed rnams kyi sangs rgyas kyi phyag rgya de gang lags/ de skad ces gsol pa dang/ bcom ldan 'das kyis mi mjed kyi bdag po tshangs pas la 'di skad ces bka' stsal to/ tshangs pa de'i phyir khyod legs par rab tu nyon la yid la zung shig dang ngas khyod la bshad do/ btsun pa de bzhin no zhes gsol nas mi mjed kyi bdag po tshangs pa bcom ldan 'das kyi ltar nyan pa dang de la bcom ldan 'das kyis 'di skad ces bka' stsal to/

syād ya the dan/a ca le/ ma ca le/sā ra ma ca le/pra kṛ ti parṇe pra kṛ ti nirgho ṣe/sa manta mu khe/sthi re sthā/pa re bi ghuṣṭe/bi ghuṣṭa śabde pra ga la ni/ sā ran̄ga me sā rā su te sā ran̄ga ba te/ ba le ma hā ba le ma hā nira bhā se svāhā/

意譯：

爾時世尊說是語已。索訶世界主大梵天王白佛言：「聖者薄伽梵！此守護大千國大明咒契經，令諸魔降伏解脫用之法門等，如來應供正等覺佛恒河沙數如來之密印者云何，願世尊爲我等說之。」爾時世尊語索訶世界主大梵天王言：「梵王汝今諦聽善思念之。汝當聽我說之言。」爾時世尊即如是說曰：

「薩引底曳奴　阿左禮　麼左禮　娑引囉麼左禮　缽囉訖哩底　末禮　缽囉訖哩底尼哩軀使　三滿怛目契　悉弟哩娑他嚩哩　毗軀瑟致　攝勿禰　缽囉誐羅捉播引㖫迦銘　娑囉嚩尼　末禮 摩賀　末禮摩賀尼哩娑細娑嚩訶〔1〕！」

注釋：

〔1〕「大明王陀羅尼」，梵文作：syād yathedan/ acale/ macale/ sāra macale/ prakritebiṇa/ prakrite nirghoṣe/ samante/ mukhe/ sthire/ sthābare/ bighuṣṭe/ śabade/ pragalane/ para n̄ game/ sārasute/ sīra n̄ gapate/ bale mahābale/ mahānirabhāse svāhā//

漢文本作：「曩莫三滿跢沒馱（引）南（引）唵（引）阿左禮（引）麼左禮（引）娑（引）囉麼左禮（引）缽囉（二合）訖哩（二合）底你哩軀（二合引）使三滿目契（引）悉弟（二合）哩（引）娑他（二合引）嚩哩（引）你軀瑟致（二合引）攝勿禰（二合引）缽囉（二合）誐攞你（引）播（引）口朗誐彌娑口朗嚩抳末禮（引）摩賀（引）末禮（引）摩賀（引）你哩婆（二合引）細（引）娑嚩（二合引）賀（引）。」

西夏文及對譯：

[illegible]

爾時壞有出立即身變大明王成/覺妙定明見三三摩地/四賢足四正斷

[illegible]

四念處/四禪四諦五根五力/六思七等覺支八聖道支九次第定/如來

[illegible]

十力十一解脫/十二因緣十二行輪/氣出入十六念佛/十八不共法

[illegible]

四十二字依所生/大梵此者大千國守護明咒王魔一切降伏用契經/如來

[illegible]

阿羅漢眞實究竟明滿恒河沙等明滿之手印也/正覺求法求僧求/梵王

[illegible]

求君主求世護神求/大自主求/眞諦求道求十二因緣求/日求月求

[illegible]

九星求二十八宿求/爾時壞有出大明咒心眞所曰/

藏文：

de la ’di skad ces bya ste/ lus su gtogs pa dran pa dang/ zhi gnas dang/ lhag mthong dang/ ting nge ’dzin gsum dang/ rdzu ’phrul gyi rkang pa bzhi dang/ yang dag par spong ba bzhi dang/ dran pa nye bar gzhag pa bzhi dang/ bsam gtan bzhi dang/ ’phags pa’i bden pa bzhi dang/ dbang po lnga dang/ stobs lnga dang/ rjes su dran pa drug dang/ byang chub kyi yan lag bdun dang/ ’phags pa’i lam yan lag brgyad pa dang/ mthar gyis gnas pa’i snyoms par ’jug pa dgu dang/ de bzhin gshegs pa’i stobs bcu dang/ rnam par grol ba’i skye mched bcu gcig dang/ rten cing ’brel par ’byung ba yan lag bcu gnyis dang/ rnam pa bcu gnyis dang ldan pa’i chos kyi ’khor lo dang/ dbugs dbyung ba dang rngub pa rjes su dran pa rnam pa bcu drug dang/ sangs rgyas kyi chos ma ’dres pa bcu brgyad dang/ yi ge bzhi bcu rtsa gnyis te tshangs pa de ni stong chen po rab tu ’joms pa zhes bya ba’i rig sngags kyi rgyal mo gdon thams cad las thar byed pa’i mdo de bzhin gshegs pa dgra bcom pa yang dag par rdzogs pa’i sangs rgyas gang gā’i klung gi bye ma snyed rnams kyi sangs rgyas kyi phyag rgya ste/ sangs rgyas bsgrubs pa’o/chos bsgrubs pa’o/ dge ’dun bsgrubs pa’o/ tshangs pa bsgrubs pa’o/ dbang po bsgrubs pa’o/ ’jig rten skyong ba bsgrubs pa’o/ dbang phyug bsgrubs pa’o/ bden pa bsgrubs pa’o/ lam bsgrubs pa’o/ rten cing ’brel par ’byung ba bsgrubs pa’o/ zla ba bsgrubs pa’o/ nyi ma bsgrubs pa’o/ gza’ bsgrubs pa’o/rgyi skar bsgrubs pa’o/

意譯：

爾時世尊現其身作大明王。奢摩他〔1〕微缽舍那〔2〕三三摩地。四神足四正勤〔3〕四念處。四禪〔4〕四聖諦〔5〕五根五力。六思〔6〕七等覺支八聖道支九次第定。如來十力十一解脫〔7〕。十二因緣十二行輪。十六念佛三昧觀行〔8〕。十八佛不共法〔9〕四十二字門生〔10〕。大梵此者〔11〕守護大千國明咒降伏一切魔王用之契經。如來應正等覺佛恒河沙等佛之密印也。成〔12〕佛成法成僧。成梵王成君主成護世神。成摩醯首羅。成眞諦成道成十二緣生。成日成月成九曜成二十八宿。爾時世尊說大明王眞心陀羅尼曰：

注釋：

〔1〕[illegible]（覺妙定），藏文作 zhi gnas，意爲「寂止」，意譯自梵文 Śamatha，漢文作「奢摩他」。疑西夏文有誤。

〔2〕[illegible]（明見），意譯自藏文 lhag mthong，意爲「觀」，梵文 Vipāśyana，漢文作「微缽舍那」。

〔3〕[illegible]（正斷），意譯自藏文 yang dag par spong ba，梵文 Samyakprahānāni，漢文作「正勤」。

〔4〕[illegible]（禪），藏文作 bsam gtan，梵文 Dhyānāni，漢文作「禪」。

〔5〕[illegible]（四諦），藏文作’phags pa’i bden pa bzhi，梵文 Catvāryāryasatyāni，漢文作「四聖諦」。

〔6〕[illegible]（六思），藏文作 rjes su dran pa drug，梵文 Ṣaḍanusmṛtaya，漢文作「六念處」。

〔7〕[illegible]（十一解脫），藏文 rnam par grol ba’i skye mched bcu gcig（十一解脫處），梵文 Ekādāśa-vimukkāyatanāni，漢文「十一解脫處」。

〔8〕[illegible]（氣出入十六念佛），意譯自藏文 dbugs dbyung ba dang rngub

pa rjes su dran pa rnam pa bcu drug，梵文 Ṣodaśānkārā anāyānānusmṛti，漢文「十六念佛三昧觀行」。

〔9〕[illegible]（十八不共法），藏文 sangs rgyas kyi chos ma ’dres pa bcu brgyad（十八不共佛法），梵文 Aṣṭādaśāvenikānubuddhadharmā，漢文「十八佛不共法」。

〔10〕[illegible]（四十二字依所生），藏文 yi ge bzhi bcu rtsa gnyis，梵文 Dvācatvāriṃśad-akṣarāṇi，漢文「四十二字門生」。

〔11〕[illegible]（大梵此者），對應藏文 tshangs pa de ni，漢文作「佛告大梵如是法門者」。

〔12〕[illegible]（求），藏文作 bsgrubs pa，直譯作「成就、修行」，漢文作「出生」。

西夏文及對譯：

[illegible]
薩引底曳奴　娑引利　迦枲尼　尾怛哩尼引嚩囉引　仡囉娑引哩引　阿目引佉

[illegible]
尼引阿目佉引　嚩日尼　阿引迦哩散尼　銘佉嚩底　迦引禮　曩迦離　劍引尸

[illegible]
嚩你　跛囉令　婆囉迦娑契引　鉢囉散曩　鉢囉引鉢帝引娑誐囉　鉢囉引

[illegible]
鉢帝引　娑擔婆你　鉢囉引鉢帝　嚩日囉　馱哩引　娑嚩訶

[illegible]
爾時壞有出頌言所說/

[illegible]
此世界及彼世界/上界中有勝妙寶/

[illegible]
人中高第天中天/如來尊與等不有/

[illegible]
最中勝妙寶也說/此眞諦依願安樂/

[illegible]
絕盡欲離樂爲無/釋迦牟尼實解說/

[illegible]
寂靜醫藥爲無實/最深妙法等不有/

[illegible]
最中勝妙寶也說/此眞諦依願安樂/

藏文：

syād ya the dan/ sā le ka si ni/ bi dha ra ni/ ba rā gra/ sā re ā marṣa ṇi/ a mo gha ba ti/ sa ca na kā li/ na kā li/ kā śi ka pa ti/ bha ra ṇi/ bha ra ka śa khe/ sa manta prāpte/ sā ra prāpte/ stambha ni/ stambha na prāpte/ bajra dha re svā hā/

de nas bcom ldan 'das kyis de'i tshe tshigs su bcad pa 'di dag bka' stsal to/

'jig rten 'di 'am yang dag 'das pa dang/ mtho ris dag na rin chen mthog yod pa/

de bzhin gshegs pa lha yi lhar gyur pa/ mi yi mchog dang 'dir ni mtshungs pa med/

de bas 'di ni rin chen mchog tu gsungs/ bden pa de yis 'dir ni dge bar shog/

zad pa chags bral bdud rtsi 'dus ma byas/ shes pas shākya thub des rab tu phye/

bdud rtsi zhi ba 'dus byas ma yin pa/ chos de dang ni mtshungs pa gang yang med/

de bas 'di ni rin chen mchog tu gsungs/ bden pa de yis 'dir ni dge bar shog/

意譯：

「薩引底曳奴　娑引利　迦枲尼　尾怛哩尼引嚩囉引　仡囉娑引哩引　阿目引佉尼引阿目佉引　嚩日尼　阿引迦哩散尼　銘佉嚩底　迦引禮　曩迦離　劍引尸嚩你　跋囉令　婆囉迦娑契引　缽囉散曩　缽囉引缽帝引娑誐囉　缽囉引缽帝引　娑擔婆你　缽囉引缽帝　嚩日囉　馱哩引　娑嚩訶〔1〕！」

是時世尊說偈頌曰：

此世界及彼世界　　上界中有勝妙寶

人中最上天中天　　無有等同如來尊

最上勝妙法寶說　　斯眞諦故得安樂

窮盡離欲藥無爲　　釋迦牟尼實解說

寂靜甘露實無爲　　最深妙法無與等

最上勝妙法寶說　　斯眞諦故得安樂

注釋：

〔1〕「大明王心陀羅尼」，梵文作：syād yathedan/ sāle kisine/ bidharaṇi/ barāgrasāre/ āmarṣaṇi/ amogha bate/ sacane kāli/ nakalikā śikābati/ bharani/ bharaka śakhe/ samanta prabate/ sāra prabate/ stambhaṇe/ stambha prābate/bajradhare svāhā//

漢文本作：「曩莫三滿跢沒馱（引）南（引）唵（引）娑（引）麗（引）迦枲你尾嚩囉抳嚩囉（引）仡囉（二合）娑（引）哩（引）阿目（引）乞叉（二合）抳（引）阿目（引）洗嚩寧頁（引）迦（引）禮曩迦（引）麗（引）劍（引）尸嚩你（引）娑（引）囉抳（引）婆囉迦娑契（引）缽囉（二合）散曩缽囉（二合引）缽帝（二合引）娑（引）誐囉缽囉囉（二合引）缽帝（二合引）娑擔（二合）婆你（引）婆多（二合）曩缽囉（二合引）缽帝（二合引）嚩日囉（二合）馱哩（引）娑嚩（二合引）賀（引）。」

西夏文及對譯：

[illegible]
最上求可德依說/導師默有常修則/
[illegible]
最中勝妙寶也說/此眞諦依願安樂/
[illegible]
大仙人與等者無/施可殊妙善逝說/
[illegible]
彼依大眾寶也說/此眞諦依願安樂/
[illegible]
其事得則醫藥得/黑夜與離圓寂證/
[illegible]
此見者中入立即/身見知見禁戒取/
[illegible]
最中大眾寶也說/此眞諦依願安樂/
[illegible]
驟以願爲亦不匿/我執也心實不執/

[illegible]
不二金剛如道得/此等持與等不有/
[illegible]
八種大聖實高頌/四果四施其數者/
[illegible]
彼之施則果報大/田地善中種播如/
[illegible]
或人堅固精心以/喬達摩之法中入/
[illegible]
最中大眾寶也說/此眞諦依願安樂/
[illegible]
邪見見取疑惑等/等法捨棄聖諦得/
[illegible]
或身語及意三以/不善業者永不造/
[illegible]
最中大眾寶也說/此眞諦依願安樂/

藏文：

mchog tu gang ’dod tshul bzhin rab bstan pa/ ston pa’i rnal ’byor bla med rtag sgrub pa/

rdo rje lta bu’i mig gnyis lam mthong ba/ ting ’dzin de dang mnyam pa yod ma yin/

de bas ’di ni rin chen mchog tu gsungs/ bden pa de yis ’dir ni dge bar shog/

gang zag chen po brgyad po rab bsngags shing/ gang zag zung bzhir brjod pa de dag ni/

drang srong chen po gang zag mtshungs med pa/ bde bar gshegs pas sbyin pa’i gnas zhes gsungs/

de la byin na ’bras bu cher ’gyur te/ zhing rab gshin la sa bon btab pa bzhin/

’di ni dge ’dun rin chen mchog tu gsungs/ bden pa de yis ’dir ni dge bar shog/

gang dag brtan pa ’i yid kyis rab brtson zhing/ gau ta ma’i bstan la ’jug byed na/

de dag thob nas bdud rtsi ’jug thob ste/ mun pa bsal nas mya ngan ’das thob pa/

de bas dge ’dun rin chen mchog tu gsungs/ bden pa de yis ’dir ni dge bar shog/

lta ba ’di la sbyar ma thag tu ni/ ’jig tshogs lta dang tshul khrims brtul zhugs dang/

the tsom dang ni nyon mongs gsum po dag/ cig car spangs te ’phags pa’i bden mthong ba/

des na dge ’dun rin chen mchog tu gsungs/ bden pa de yis ’dir ni dge bar shog/

lus sam ngag gam ’on te yid kyis kyang/ sdig pa rnam gsum nam yang mi byed cing/

blo bur byas na’ang ’chab par mi byed la/ de ltar de dag lta bas ’dzin mi byed/

de bas dge ’dun rin chen mchog tu gsungs/ bden pa de yis ’dir ni dge bar shog/

意譯：

可求最上依德說　常行無上瑜伽〔1〕行
如得不二金剛道　與此等持無與等
最上勝妙法寶說　斯眞諦故得安樂
八大丈夫實稱頌　彼等四施四果者
大覺仙者無與等　可施殊妙善逝說
我之法施大果報　如彼好地植種子
以彼大眾之法寶　斯眞諦故得安樂
或以人之心堅固　喬達摩之法門入
得其事則得甘露　離絕黑夜證圓寂
演說最上大眾寶　斯眞諦故得安樂
立即進入此見中　身見知見及戒取
邪見見取疑惑等　諸法捨棄得聖諦
演說最上大眾寶　斯眞諦故得安樂
或以身語意三業　非善業者永不作
驟以願爲而不匿　我雖執此心不執
演說最上大眾寶　斯眞諦故得安樂

注釋：

〔1〕[illegible]（上師默有），藏文作 rnal ’byor，梵文 Yoga，意爲「修行」，音譯「瑜珈」。

西夏文及對譯：

[illegible]

譬如釋帝寶幢立/四方風以動不能/　最妙聖諦道則見/聖賢大眾皆彼如/

[illegible]

最中大眾寶也說/此眞諦依願安樂/　智慧最深實宣說/四種聖諦行修者/

[illegible]

自身施時意以思/彼等八種災與離/　最中大眾寶也說/此眞諦依願安樂/

[illegible]

譬如風以火吹馳/臂以取及算可不/　纏縛結離勝權子/指示可不礙無入/

[illegible]

最中大眾寶也說/此眞諦依願安樂/　情有行往不行往/彼等悉皆願安樂/

[illegible]

導師人天供養當/正覺之敬願安樂/　情有行往不行往/彼等悉皆願安樂/

[illegible]

寂絕欲離人天供/法之恭敬願安樂/　情有行往不行往/彼等悉皆願安樂/

藏文：

ji ltar dbang po’i sdong po sar btsugs pa/ phyogs bzhi’i rlung rnams kyis ni mi gyo ltar/

’phags pa’i lam gyi dam pa mthong ba yi/ gang zag ’phags pa’i dge ’dun de bzhin no/

des na dge ’dun rin chen mchog tu gsungs/ bden pa de yis ’dir ni dge bar shog/

shes rab zab mo shin tu bstan pa yi/ ’phags pa’i bden pa su dag rnam sgom zhing/

lus kyang sbyin par yid la byas pa ni/ de dag ’jigs pa brgyad dang phrad mi ’gyur/

des na dge ’dun rin chen mchog tu gsungs/ bden pa de yis ’dir ni dge bar shog/

ji ltar me ni rlung gis rab gtor ba/ lag tu blangs te bgrang du med pa nyid/

de ltar kun tu sbyor ba rab btang ba/ sangs rgyas sras rnams bstan du med par 'gro/

des na dge 'dun rin chen mchog tu gsungs/ bden pa de yis 'dir ni dge bar shog/

sems can gang dag 'gro dang mi 'gro ba/ de dag thams cad 'dir ni bde gyur cig/

ston mchog dam pa lha mis mchod 'os pa/ sangs rgyas phyg 'tshal deng 'dir dge bar shog/

sems can gang dag 'gro dang mi 'gro ba/ de dag thams cad 'dir ni bde gyur cig/

zhi ba chags bral lha mis mchod 'os pa/ chos la phyag 'tshal deng 'dir dge par shog/

sems can gang dag 'gro dang mi 'gro ba/ de dag thams cad 'dir ni bde gyur cig/

意譯：

譬如帝釋寶幢立　四方風亦吹不動
則見最妙聖諦道　聖賢大眾皆如彼
演說最上大眾寶　斯眞諦故得安樂
最深智慧實宣揚　四種聖諦修行者
身布施時勤思懷　彼等八難苦滅除
演說最上大眾寶　斯眞諦故得安樂
譬如風吹火蔓延　以臂取之無可算
捨棄纏縛諸佛子〔1〕　無所指示無礙入
演說最上大眾寶　斯眞諦故得安樂
有情往來不往來　彼等悉皆得安樂
上師天人當供養　恭敬正覺得安樂
有情往來不往來　彼等悉皆得安樂
靜息離貪供天人　恭敬法藏得安樂
有情往來不往來　彼等悉皆得安樂

注釋：

〔1〕[illegible]（勝勢子），藏文作 sangs rgyas sras，意爲「佛子」，漢文也作「佛子」。梵文 Jinaputra（？），音譯「辰那弗多羅」，即「最勝子」，爲護法之弟子，唯識十大論師之一。「勝子」爲其略稱。下文有[illegible]（勝勢）譯藏文 rgyal ba，意爲「佛、制勝」，梵文 Jina，即「勝、佛陀、大覺」。

西夏文及對譯：

[illegible]
諸會中上人天供/大眾之敬願安樂/　情有行往不行往/彼等悉皆願安樂/

[illegible]
何所生者已聚皆/若地上居及空居/　眾生皆處慈乃起/日夜善法願修行/

[illegible]
勝勢敵中最中勝/最中眞諦及虛無/　此眞諦依願安樂/最大畏懼願解脫/

[illegible]
咒頌即說/

[illegible]
薩引底曳奴　地哩　地地哩　末禮尼哩軀使　末羅娑引哩　娑囉末帝　窣覩

[illegible]
底缽囉步　多缽囉缽帝　阿引囉末　阿囉尼哩軀引使　娑囉嚩抳引阿左帝

[illegible]
末羅嚩帝戍囉缽囉缽帝　娑引囉誐銘引　素哩哆尼哩軀使　娑嚩訶

藏文：

tshogs kyi dam pa lha mis mchod ’os pa/ dge ’dun phyag ’tshal deng ’dir dge bar shog/

sems can gang dag ’gro dang mi ’gro ba/ de dag thams cad ’dir ni bde gyur cig/

’byung po gang dag ’dir ni lhags gyur te/ sa ’am ’on te bar snang ’khod pa dag/

skye dgu rnams la rtag tu byams byed shog/ nyin dang mtshan du chos kyang spyod par shog/

’di ni rgyal ba dgra rgyal bden gang gis/ shin tu bden pa gsung zhing rdzun med pa/

bden pa de yis'dir ni dge bar shog/ de kun 'jigs pa che las thar gyur cig svāhā/

syād ya the dan/ dhi re dhi dhi re/ ba li nirgho ṣe/ ba li sva re/ sā ra ba te/ stu ti pra stu ti prāpte/ ā ra be/ a ra nirgho ṣe/ ā ra ba ti/ a cyu te ba la ba te/ śū ra prāpte/ sā raṃ ga me/ surya ba le/ sūrya nirgho ṣe svā hā/

意譯：

聚集最上供天人　　敬願大眾得安樂
有情往來不往來　　彼等悉皆得安樂
一切魑魅皆聚集　　或居地上或居空
常於人世起慈心　　日夜願修微妙法
勝勢敵中最強勝　　最妙眞諦實無虛
此眞諦故得安樂　　最大怖畏得解脫

即說咒曰：

「薩引底曳奴　地哩　地地哩　末禮尼哩軀使　末羅娑引哩　娑囉末帝　窣覩底缽囉步　多缽囉缽帝　阿引囉末　阿囉尼哩軀引使　娑囉嚩抳引阿左帝　末羅嚩帝戍囉缽囉缽帝　娑引囉誐銘引　素哩𠺁尼哩軀使　娑嚩訶〔1〕！」

注釋：

〔1〕「守護大千國土大明王解脫法門咒」，梵文作：syād yathedan/ dhiri dhire/ balanirghoṣe/ balasāre/ sārapate/ stuti prastuti taprapte/ ārabe/ ārghoṣe/ sarvani/ acyute/ balabate/ śūraprapte/ sāraṃgame/ suryabale/ sūryanirghoṣe svāhā//

漢文本作：「曩莫三滿跢沒馱（引）南（引）唵（引）地（引）哩（引）地哩（引）末禮（引）你哩軀（二合）使（引）末攞娑（引）哩（引）娑（引）囉末（引）窣睹（二合）底缽囉（二合）步多缽囉（二合）缽帝（二合）阿（引）囉末（引）阿囉軀（引）使（引）娑（引）囉嚩抳（引）阿左俞（二合）帝（引）末攞嚩帝（引）戍囉缽囉（二合引）缽帝（二合引）娑（引）囉誐銘（引）素哩也（二合）你哩軀（二合）使（史曳切）娑縛（二合引）賀（引）。」

西夏文及對譯：

[illegible]

壞有出大梵天王之告/此大千國守護大明咒契經魔一切離令解脫法門者/

[illegible]

如來阿羅漢眞實究竟明滿恒河沙數明滿之手印也/明滿之舍也法之舍也

[illegible]
大眾之舍也/大梵天王之舍也百施之舍也/世護之舍也摩醯首羅之舍也/
[illegible]
大仙人之舍也生可舍也/目之舍也因之舍也方之舍也德法舍也/諸明滿
[illegible]
如前究竟明滿爲/聲聞等之觸也/梵王之攝受可爲/帝釋之頌現可爲/
[illegible]
諸護神之供養可爲/摩醯首羅之敬禮可爲/諸天皆之供養可爲/默有
[illegible]
修行者等之亦讚頌可爲/諸智者皆歡喜起/諸仙人亦殊妙讚頌/

藏文：

rig sngags kyi rgyal mo gdon thams cad las rab tu thar bar byed pa 'di ni de bzhin gshegs pa dgra bcom pa yang dag par rdzogs pa'i sangs rgyas gang gā'i klung gi bye ma snyed kyi sangs rgyas kyi phyag rgya'o/ sangs rgyas kyi gnas so/ chos kyi gnas so/ dge 'dun gyi gnas so/ tshangs pa'i gnas so/ dbang po'i gnas so/ 'jig rten skyong ba'i gnas so/ dbang phyug gi gnas so/ drang srong chen po'i gnas so/ 'byung po'i gnas so/ mig gi gnas so/ rgyu'i gnas so/ phyogs kyi gnas so/ bstan pa'i gnas so/sangs rgyas rnams kyi mngon par rdzogs par sangs rgyas pa'o/ nyan thos rnams kyi reg pa'o/ tshangs pas byin gyis brlabs pa'o/ dbang po'i rab tu bsngags pa'o/ 'jig rten skyong ba rnams kyi mchod pa'o/ dbang phyug gi phyag byas pa'o/ lha thams cad kyi kun tu mchod pa'o/ rnal 'byor spyod pa rnams kyi bsngags pa'o/ mkhas pa rnams mngon par dga' bar gyur pa'o/ drang srong rnams kyi rab tu bsngasg pa'o/

意譯：

佛告大梵天王：「此守護大千國土大明咒契經令一切魔鬼解脫法門者，如來應供正等覺佛恒河沙數諸佛之密印也。佛之界法之界〔1〕僧眾之界〔2〕，大梵天王之界帝釋之界，護世之界〔3〕摩醯首羅之界，大仙人之界魑魅界也，目之界因之界方之界德法界也〔4〕。如前諸佛成等覺佛，聲聞等之觸也。可爲梵王之攝受，可讚頌帝釋，可供養諸護神，可敬禮摩醯首羅，可供養諸天，瑜珈行者等亦可讚頌。諸智者〔5〕皆歡喜，諸仙人亦恭敬讚歎。

注釋：

〔1〕[illegible]（界），譯自藏文 gnas so，漢文本作「句」，梵文 Pada，音譯作「缽馱、缽曇」，爲俱舍宗七十五法之一，唯識宗百法之一。指詮表事物之義理者，亦即能完全詮釋一義之章句。「句義」，謂逐句闡釋其義理，或指語句所言詮之意義，梵文 Padārtha。

〔2〕[illegible]（僧眾之界），意譯自藏文 dge ’dun gyi gnas so，漢文本作「僧句」。

〔3〕[illegible]（護世之界），意譯自藏文’jig rten skyong ba’i gnas so，漢文本作「護世四天王句」。

〔4〕從「佛之界」到「德法界也」，漢文本作：「所謂佛句法句僧句。大梵天王句天帝釋句。護世四天王句摩醯首羅句。根本句意句。性句因句。住處句寂靜句。」

〔5〕[illegible]（智者），意譯自藏文 mkhas pa，漢文本作「阿闍梨」，梵文 Ācārya，藏語 slob dpon，意譯爲「軌範師、教授、智賢」。

西夏文及對譯：

[illegible]

諸淨梵美麗/諸天讚頌/諸浴洗者信起/四護神歡喜/諸明滿之境界/諸

[illegible]

獨覺之樹林/諸仙人之舍/諸聲聞之寂靜/諸默有者之舍也/菩提分法

[illegible]

之生處舍也/諸煩惱敗令/諸煩惱習氣淨令/聖入道指示解門脫/諸見網

[illegible]

斷我慢山摧/死生海枯死生海沉者情有之皆救/魔網繩索斷魔眷屬懼/

[illegible]

魔鉤捨棄煩惱盜破眾生救度寂淨城邑中入/死生海中過令/咒頌所曰/

[illegible]

薩引底曳奴　佉利擬　佉利誐　齲數　奧數馱寧　娑引囉地　缽囉鼻

[illegible]

尾布羅　缽囉鼻　僧揭哩灑尼　尾舍引仡囉嚩底　戍馱娑引馱寧　嚩

[illegible]

嚕嚩帝　嚩引娑末　尾步引沙抳　尾爽引誐銘　波蘇底　補瑟波誐哩鼻

[illegible]

娑嚩訶

藏文：

tshangs pa rnams kyi rab tu brgyan pa'o/ lha rnams kyi mngon par bstod pa'o/ khrus byed pa rnams kyi bsang ba'o/ rigs bzhi'i 'jig rten gyi dga' bar byas pa'o/ sangs rgyas thams cad kyi spyod yul lo/ rang sangs rgyas rnams kyi skyed mos tshal lo/ drang srong rnams kyi gnas so/ nyan thos rnams kyi mya ngan las 'das pa'o/ rnal 'byor spyod pa rnams kyi gnas so/byang chub kyi phyogs kyi chos rnams kyi 'byung gnas so/ nyon mongs pa rnams 'joms pa'i/ bag la nyal gyi zug rngu rnams 'byin pa'o / 'phags pa'i lam kun tu ston pa'o/ thar pa'i sgo rnams 'byed pa'o/ 'jig tshogs la lta ba rnams 'jig par byed pa'o/ nga rgyal gyi ri rab tu bsnyil bar byed pa'o/ 'khor ba'i rgya mtsho skems pa'o/ 'khor ba'i rgya mtshor lhung ba'i sems can thams cad sgrol ba'o/ bdud kyi zhags pa gcod pa'o/ bdud kyi 'khor skrag par byed pa'o/ bdud kyi mchil ma 'dor ba'o/ nyon mongs pa'i gyul las sgrol ba'o/ mya ngan las 'das pa'i grong khyer du 'jug par byed pa'o/ 'khor ba'i khyim nas 'byung bar byed pa'o/

syād ya the dan/ khaḍge khaḍge khaḍge gho ṣe/ u śo dha ne/ sā ra thi/ pra bhe de/ bi pu la pra bhe/ saṃ kartha ṇi/ bi kartha ṇi/ bi sha gra ba te/ śud dha sā dha ni/ ba ru ṇa ba te/ bā sa/ pe bhu ṣe ne/ be saṃ ga me/ pa śu pa ti/ puspa garbhe/

bdag dang sems can thams cad 'jigs pa dang nye bar 'tshe ba dang ngal ba thams cad las bde legs su gyur cig svāhā/

意譯：

諸淨梵莊嚴，諸天讚頌，諸沐浴者起信。四護神歡喜。諸佛之境界，諸獨覺之林苑，諸仙人之所，諸聲聞之涅槃〔1〕，諸瑜珈行者之所也，菩提分法之可生處也。破除諸困惑，摧毀諸煩惱習氣，指入聖道開解脫門〔2〕。斷諸見網摧我慢山，令輪迴海〔3〕枯，救度墜入輪迴海之有情。斷截魔網繩索怖魔眷屬，棄絕魔鉤〔4〕戒除煩惱，普濟眾生入涅槃城，過輪迴海。」即說咒曰：

「薩引底曳奴　佉利擬　佉利誐　齲數　奧數馱寧　娑引囉地　缽囉鼻　尾布羅　缽囉鼻　僧揭哩灑尼　尾舍引仡囉嚩底　戍馱娑引馱寧　嚩嚕嚩帝　嚩引娑末　尾步引沙抳　尾爽引誐銘　波蘇底　補瑟波誐哩鼻　娑嚩訶〔5〕！」

注釋：

〔1〕[illegible]（寂靜），藏文作 mya ngan las 'das pa，即「涅槃、死」。

〔2〕[illegible]（解脫門），原文作[illegible]，誤。

〔3〕[illegible]（死生海），藏文作'khor ba'i rgya mtsho，即「輪迴海」。

〔4〕[illegible]（捨棄魔鉤），意譯自藏文 bdud kyi mchil ma 'dor ba'o，漢文本作「破壞魔王入魔境界」。mchil ma 意爲「唾液、鉤」。根據上文「斷截魔網繩索怖魔眷屬」，這裏應譯爲「棄絕魔唾液」。「魔唾液」估計對其眷屬來講就像密宗弟子受佛灌頂時頭上所灑之「甘露水」，西夏人把其譯成「魔鉤」，不具有任何意義。

〔5〕「守護大千國土大明王解脫法門咒」，梵文作：syād yathedan/ khaḍge khaḍge/ khaḍge ghoṣe/ uśodhane/ sārathi/ prabhede/ pipula prabhe/ saṃkarṣaṇi/ bikarṣaṇi/ biśāgrabati/ śuddha sādhani/ baruṇabate/ bāsabi/ bibhuṣane/ biśvagame/ baśubati/ puṣpagarbe/ sarvasatyestu svāhā//

漢文本作：「曩莫三滿跢沒馱南（引）唵（引）康擬（引）康擬（引）齲數（引）奧數（引）馱寧頁（引）娑（引）囉地鉢囉（二合）鼻（引）尾布攞鉢囉（二合）鼻（引）禰（引）僧揭哩灑（二合）抳尾揭哩灑（二合）抳尾舍（引）仡囉（二合）嚩底戍馱娑（引）馱寧頁（引）嚩嚕拏嚩帝（引）嚩（引）娑你（引）尾步沙抳尾爽誐銘（引）尾戍麼底補瑟波（二合）誐哩鼻（二合引）娑嚩悉底也（三合）野窣睹（二合）娑嚩（二合）賀（引）。」

西夏文及對譯：

[illegible]

此大千國守護大種咒王大千國守護契經魔一切行中解脫法門者/如來

[illegible]

阿羅漢眞實究竟明滿恒河沙等明滿皆之手印也/此密印以所印依諸

[illegible]

人天天非一切之依靠可爲/又恒河沙數諸壞有出如來獨覺聲聞眾之

[illegible]

涅槃如也/又此契經者所過諸壞有出獨覺諸聲聞眾之父母爲/舍處

[illegible]

爲上師爲/諸圍繞之恭敬敬禮供養處爲/大梵王我昔時此契經依

[illegible]

梵行所修/布施戒持/慈悲彼岸至圓已滿/菩提證得魔兵所降伏令

[illegible]

聖大乘大千國守護契經中卷

藏文：

stong chen po rab tu ’joms pa zhes bya ba’i rig sngags kyi rgyal mo gdon thams cad las thar bar byed pa’i mdo sde ’di ni de bzhin gshegs pa dgra bcom pa yang dag par rdzogs pa’i sangs rgyas gang gā’i klung gi bye ma snyed kyi sangs rgyas kyi phyag rgya ste/ ’dis ni lha dang/ mi dang/ lha ma yin du bcas pa’i ’jig rten phyag rgyas btab pa ste/ mya ngan las ’das pa’i grong khyer bla na med par zhugs so/ de’i don gyi phyir sngon mngon par rdzogs par sangs rgyas pa’i yang dag par rdzogs pa’i sangs rgyas dang/ rang sangs rgyas rnams dang/ nyan thos rnams dang/ pha ma dang/ sbyin gnas dang/ bla ma lta bu rnams la bsnyen bkur to/ tshangs par spyod pa spyad do/ tshul khrims bsrungs so/ sbyin pa byin no/snying rje’i pha rol tu phyin pa yongs su bskangs so/ byang chub thob par bsgrubs so/ bdud pham par byas so/

意譯：

〔1〕「此守護大千國土大明王咒守護大千國契經一切魔行中解脫法門者，如來應供正等覺佛恒河沙數諸佛之密印也，以此密印印之故可成一切諸天人阿修羅所歸依處。又如恒河沙數諸佛如來辟支佛聲聞眾之涅槃也，乃至過去諸佛及辟支佛諸聲聞眾以是經典而爲父母，爲施處，爲上師，爲諸僕從恭敬敬禮之供養處。大梵王我昔時以此經典修梵行，布施持戒，乃至圓滿慈悲彼岸，今得菩提降伏魔軍。」

聖大乘大千國守護經中卷

注釋：

〔1〕此處漢文本有「佛告大梵天王」。

漢文本佛說守護大千國土經　卷中

西天北印度烏塡曩國帝釋宮寺傳法大師三藏沙門賜紫臣施護奉詔譯

是時復有諸大藥叉步多鬼神。皆具威德有大神力。以是因緣奔來集會。所謂四臂藥叉大毒害藥叉。多足藥叉四足藥叉。二足藥叉一足藥叉。一頭多足藥叉。仰足藥叉懸頭藥叉。四頭多眼藥叉半身一目藥叉。一十二腹藥叉驢唇藥叉。象頭藥叉半手藥叉。倒面藥叉鐵牙藥叉。鐵臂藥叉。鐵足藥叉。復有諸羅刹娑衆。所謂銅髮羅刹娑銅牙羅刹娑。銅眼羅刹娑銅手羅刹娑。身如銅棒羅刹娑銅鼻羅刹娑。懸頭背面羅刹娑手足炎熾羅刹娑。諸根不具羅刹娑傴僂羅刹娑。金翅鳥形羅刹娑惡眼惡視羅刹娑。惡面羅刹娑摩竭魚形羅刹娑。獸形羅刹娑醜陋羅刹娑。鏵嘴羅刹娑長唇羅刹娑。偏牙羅刹娑毒害羅刹娑。常嚬眉面羅刹娑大腹羅刹娑。象耳羅刹娑耽耳羅刹娑。無耳羅刹娑長臂羅刹娑。長鼻羅刹娑長手羅刹娑。體乾枯羅刹娑身長羅刹娑。髮長羅刹娑長莊嚴羅刹娑。大足羅刹娑細頸羅刹娑。嗅氣羅刹娑甕腹羅刹娑。猴形羅刹娑鵝形羅刹娑。持杵羅刹娑腹如棒羅刹娑。竪眼羅刹娑大耳羅刹娑。髮竪羅刹娑赤色羅刹娑。大頭羅刹娑弓項羅刹娑。腹曲羅刹娑肌瘦羅刹娑。雨火羅刹娑須彌頂羅刹娑。如是等大羅刹娑皆具威德有大神力。以是因緣皆悉奔馳來集佛會。復有諸大矩畔拏衆。所謂樹形矩畔拏。山石矩畔拏。雲霧形矩畔拏梵螺聲矩畔拏。鼓音矩畔拏天音聲矩畔拏。惡聲震吼矩畔拏大項矩畔拏。驢聲矩畔拏黑色矩畔拏。青色矩畔拏黃色矩畔拏。綠色矩畔拏碧色矩畔拏。針毛劍髮矩畔拏。血污身矩畔拏。如是等諸矩畔拏。以是因緣皆悉奔馳來集佛會。是諸藥叉羅刹及矩畔拏等。皆以血穢污染其身。齒如鋒芒手執死屍走而食之。血污唇口身手俱赤。自擘其腹心腸皆出。現是惡狀令人恐怖。或摘人足渾呑食之。手足黑色殺命無數。有大筋力其身骨鎖。猶如鐵索毒害熾盛。常懷噁心甚可怖畏。活剝人皮滿中盛血。十方國土城邑聚落。處處門戶而棄擲之。毒氣流行作諸災禍。種種疾疫傷害衆生。毒風寒熱一切災變。處處流行周遍四方。是諸國土所有仁王。見是災禍流行世間心生怖畏。以是神咒大陀羅尼而加持之如是魔王及其眷屬。藥叉羅刹步多鬼神。皆悉降伏自縛而來。即於佛前合掌讚歎作如是言。

稽首丈夫無所畏　稽首調御天人師

不可思議大法王　是故我今歸命禮

復有藥叉羅刹矩畔拏。及彥達嚩步多鬼神。遊行世間國土城邑。王宮聚落村巷四衢。飲啖血肉吸人精氣。或有大身具大威德富貴自在。十頭千眼四臂多臂。猛惡毒害無能敵者甚可怖畏。百千眷屬而爲侍從。執蛇秉炬。或弓箭劍戟諸鬥戰具或執金剛。現如是形令他恐怖。周遊十方一切國土與諸藥叉及羅刹眾更相鬥戰。常隨眾生所在之處。吞啖於人新熱血肉以充其食。亦以神通作諸變現。或作師子或現虎狼象馬駝驢牛羊豬犬。或爲野干熊羆獐鹿。或作異獸名囉驅迦閉。或變其形名鉢囉（二合）契佉陵誐（二合）或現水族黿鼉龜鱉。鰕蜆螺蚌龍魚之類。復現孔雀鸚鵡白鶴。或復現爲俱枳羅鳥。或復現爲靈鷲鳥。或爲鳩鴿鵝鴨鴛鴦。或爲雞雁或現飛鳥身如金色。是諸藥叉現種種形令人恐怖。於其中間互相憎嫉互相食啖。如是等眾其心差別恒常裸形黑瘦憔瘁耽著欲樂殺諸眾生。出彼腸胃纏縛其身。或以鐵叉撞刺令彼苦惱。出大惡聲以適其意。隨諸眾生現種種相。或自執持刀輪劍戟。或有羅刹口牙鋒利。或自出眼睛或無耳鼻。或無手足口如牛口。知諸眾生生處住處及所行處或變其身令極微細於口鼻中及毛孔肢節一切身份吸人精氣如是藥叉羅刹步多鬼神百千萬眾。於諸世間無能制者。以是神咒威德力故自縛而來。即於佛前合掌恭敬以偈贊曰。

稽首丈夫無所畏　稽首調御天人師
不可思議大法王　是故我今歸命禮

復有妙高山王輪圍山王。鷲峰山王伊沙馱囉山王。雪山王香醉山王。半拏囉山王尾唧怛囉（二合）山王。寶峰山王曩囉那山王。持雙山王吉祥山王高頂山王。如是等諸大山王。皆悉來集彼諸山處。一切諸天而來遊戲。五通神仙之所依止修行苦行。

復有百千萬億天子。與百千萬億天女眷屬俱。毗摩質多羅阿修羅王。羅睺阿修羅王。鉢囉（二合）賀囉（二合）那阿修羅王。如是等百千萬億阿修羅王。與若干阿修羅女眷屬俱。復有諸大龍王。摩那斯龍王無熱惱池龍王。難陀跋難陀龍王善眼龍王。金剛慧龍王殑伽龍王。信度龍王娑竭羅龍王。如是等百千萬億諸大龍王。與若干龍女眷屬俱。復有百千萬億迦樓羅王。亦與百千萬億迦樓羅女眷屬俱。復有諸藥叉將名字所謂。

金花藥叉神　住於巘馱國

鼻色迦藥叉　摩竭陀國住
迦卑梨藥叉　婆嚕迦砌神
此二大藥叉　俱舍羅國住
缽囉奔拏迦　娑醯城中住
針毛藥叉神　住於末利國
耶輸陀藥叉　及以鼻沙拏
此二大藥叉　缽左利國住
眼赤大藥叉　阿濕縛爾國
冰誐羅藥叉　住阿缽底國
迦卑羅藥叉　吠禰勢國住
甕腹藥叉神　住在末蹉國
清淨大藥叉　在於瑜羅國
能破他藥叉　彥馱羅國住
素哩弭怛囉　住於劍母國

復有一十六大藥叉將。有大威德皆具光明。所謂執金剛藥叉而為上首。謂法護藥叉奔拏羅藥叉。迦卑羅藥叉妙見藥叉。尾瑟口女（二合）藥叉賓努藥叉。迦羅輸那藥叉矩婆藥叉。眞實藥叉半支喻藥叉。魔醯首羅藥叉能破壞藥叉。輸囉娑努藥叉焰魔藥叉。及焰魔使者大藥叉等。大威德大力軍眾。與俱胝大藥叉俱共圍繞。復有諸藥叉女及大羅刹女。訶利帝母而為上首。彼訶利帝名稱遠聞。具大威德現可畏形。與五百子而自圍繞。所謂阿俱吒羅刹女迦利迦囉羅刹女。胝迦利羅刹女缽捺麼（二合）羅刹女。花主羅刹女花齒羅刹女。廣目羅刹女驢耳羅刹女。贊那努羅刹女尾瑟口女（二合）羅刹女。訶利羅刹女迦閉羅羅刹女。冰誐羅羅刹女象形色羅刹女。龍齒羅刹女峰牙羅刹女。惡牙羅刹女賀羅羅刹女。阿賀羅羅刹女賢牙羅刹女。如是等諸羅刹女皆具威德。有大光明現可畏形。各持戰具十方馳走。食啖於人及諸生命。其所行處地皆搖動。園林枯死草木乾燋。一切山嶽悉皆摧毀。以是神咒威德力故自縛而來。即於佛前以偈贊曰。

稽首丈夫無所畏　稽首調御天人師
不可思議大法王　是故我今歸命禮

是時毗沙門天王前白佛言。世尊我於北方建立一城名阿拏迦嚩底。彼阿拏迦嚩底城。一切天眾於彼而住。其城高廣面百由旬。眾寶間錯以爲莊嚴。有大藥叉手持金剛。住於四方而爲守護。我彼大城如是建立。其城四門第一純以黃金所成。其第二門眾寶合成。其第三門純頗胝迦。其第四門摩尼之寶。復以眾寶而嚴飾之。於其城中處處。皆有園林花果種種宮殿。種種妙寶以爲莊嚴。復有種種寶樹行列。亦有種種雜色之鳥。飛翔其上。或坐寶樹以爲莊嚴。有種種香種種塗香。諸藥叉女周匝圍繞作倡妓樂。我彼國界。莊嚴如是富貴自在。彼步多眾受勝妙樂。我及使者奉持正法。信受愛樂不殺生命。以不殺故藥叉羅刹諸步多眾不得飲食。無飲食故心生熱惱。以熱惱故捨離正法。殺諸生命惱亂眾生。以是因緣我於十方周遍巡行。所到國城四方門戶觀彼住處或住園林或居道路一切住處。藥叉羅刹步多鬼神百千萬億。悉以神咒威德力故。令彼自縛皆來至此。我於彼城有旃檀林及清涼池。我及眷屬於彼遊戲。我處其中名爲法王以法治世。於其中間復有種種眾寶樓閣。第一黃金第二白銀。第三吠琉璃第四頗胝迦。第五妙眞珠寶第六白玉。第七馬瑙第八七寶合成。一一樓閣有百千萬寶女而住其中。彼諸寶女妙色端正。工巧技藝歌唱鼓吹無能及者。有如是等種種功德。復以天諸妙寶及無價衣。莊嚴其身作眾妓樂。是故我常耽著欲樂及以飲食。如彼醉人不能惺悟。是故諸藥叉及羅刹眾步多鬼神。走趣十方作諸怖畏。若男若女在母胎中令胎傷損。並及畜生亦復如是。爲求飲食殺諸生命。乃至苗稼及以花果。一切種子諸藥草木。爲彼藥叉奪其滋味令其減少。復有執曜及諸星宿。起毒害心照臨一切。使諸眾生不恒禍福。爲煩惱因更相鬥諍。更相欺誷更相殺害。水火盜賊枷鎖繫閉。作諸執魅惱亂眾生。如是種種諸惡不祥。皆爲執曜及諸星宿之所變怪。或復令人多諸疾病。羸瘦纏痾呻吟終日。身體乾枯喘息微細。或復令人受諸驚怖。或作惡夢夢中恐懼。或於夢中造眾惡業。或在夢中受諸苦惱逼迫之事。或居門戶作彈指聲。如是等比皆爲一切步多鬼神所作之事。爲欲吞啖諸眾生故。或爲朋友骨肉親戚。或現居家僕從士女。工巧技藝端正殊妙。欲使其人心生愛樂。或復現作彗孛妖星。或爲旋風夜變鬼火。或作虎狼或爲豺狗。常懷毒害恐怖於人。或依樹林或居塔廟。或在平地或處高原。或爲天童以魅於人。或於暑月化清涼車出種種聲。或爲畫像或現捨宅。或在道路現作城邑令人愛樂。皆爲執曜藥叉羅刹步多鬼神作諸魅事。執人身命常令驚怖。種種色相種種音聲。種種病苦種種痛惱。乃至夢想種種顚倒。如是等比隨意自在。能變世間一切色相彼諸藥叉羅刹步多鬼神及諸執曜。皆以神咒威德力故自縛而來。是時毗沙門天王起立合掌。即於佛前以偈贊曰。

如來輪跏坐　猶如眞金柱
光明照世間　福智大牟尼

說是偈已北方有六萬四千藥叉眾。皆爲毗沙門天王之所謫罰。令於佛前受持神咒。即說咒曰。

曩莫三滿跢沒馱南（引）唵（引）佉契（引）誐哩陛（引）尾作訖灑（二合）抳（引）作訖囉（二合）囉（引）惹你（引）贊捺哩（二合引）播（引）多（引）禮（引）鼻（引）麼跛哩嚩（二合）帝（引）佉囉仡哩（二合引）俱胝迦囉（引）仡哩（二合引）噎迦（引）乞叉（二合）末陵誐（二合）嚩底娑（引）口朗（囉江切）誐嚩帝（引）唧怛囉（二合）建底娑嚩（二合）薩怛野（三合）窣睹（二合）麼麼阿醯謗（引）薩波哩嚩（引）嚩薩嚩薩怛嚩（二合引）難（引）左薩嚩婆喻（引）波捺囉（二合）吠（引）毗藥（二合）娑嚩（二合）賀（引）沒囉（二合）憾麼（二合引）左（引）比野（二合）他爍訖囉（二合）室左（二合）路（引）迦播（引）擺（引）麼醯（引）囉（引）藥乞叉（二合）枭曩（引）缽多野薩嚩（二合）賀（引）利（引）帝（引）左娑補怛哩（二合）迦（引）伊牟含（引）補瑟謗（二合引）室左（二合）獻鄧（引）缽囉（二合）底仡哩（二合）恨難（二合）多麼麼（引）昏頂尾（引）哩曳（二合引）拏帝（引）惹娑（引）帝（引）灑（引）每（引）濕嚩（二合）哩曳（二合）拏末禮（引）曩左你賀多（引）薩嚩嚕（引）誐（引）室左（二合）娑嚩（二合）悉底野（三合）窣睹（二合）麼麼阿醯謗（引）颯波哩嚩（引）嚩薩嚩薩怛嚩（二合引）難（引）左薩嚩婆喻（引）跛捺囉（二合）吠（引）毗藥（二合）娑嚩（二合引）賀（引）

稽首丈夫無所畏　稽首調御天人師
不可思議大法王　是故我今歸命禮

時持國天王起立合掌。面貌熙怡如花開敷。恭敬尊重出妙音聲。如孔雀音迦陵頻伽俱枳羅等。妙雲天鼓微妙之聲。白佛言世尊。我於東方有六萬四千彥達嚩羅刹娑眾。惱亂世間一切眾生。我今謫罰令於佛前受持神咒。即說咒曰。

曩莫三滿跢沒馱南（引）馱囉抳馱（引）囉抳尾特網（二合）蹉你畔惹你缽囉（二合）畔若你尾馱麼你經（經孕切）布嚕曬（引）爍迦禮舍（引）

囉底戍攞馱哩（引）秫馱左囉抳（引）軀（引）沙嚩帝（引）娑（引）囉（引）仡哩（二合引）扇（引）底娑嚩（二合）悉底野（三合）窣睹（二合）布哩罔（二合引）禰尸娑嚩（二合引）賀（引）沒囉（二合）憾麼（二合引）左（引）比野（二合）他爍訖囉（二合）室左（二合）路（引）迦播（引）攞（引）麼醯濕嚩（二合）囉（引）藥乞叉（二合）枲曩鉢多野薩吠（引）賀（引）哩（引）帝（引）左三補怛哩（二合）迦（引）伊牟含（引）補瑟波（二合）室左（二合）巘鄧（引）室左（二合）鉢囉（二合）底仡哩（二合）恨拏（二合）底麼麼（引）昏帝尾（引）哩曳（二合）拏帝惹娑（引）帝（引）沙（引）每（引）濕嚩（二合引）哩曳（二合）拏末禮（引）曩左你賀多（引）薩嚩嚕（引）誐（引）室左（二合）娑嚩（二合）悉底也（三合）窣睹（二合）麼麼阿醯謗（引）颯跛哩嚩（引）嚫薩嚩薩怛嚩（二合引）難左薩嚩婆喻（引）跛捺囉（二合）吠（引）毗藥（二合）娑嚩（二合引）賀（引）

稽首丈夫無所畏　稽首調御天人師
不可思議大法王　是故我今歸命禮

時增長天王即從坐起合掌恭敬白佛言世尊。我今爲欲利益一切有情故。破一切見一切異論。斷一切疑一切世間。作障難者尾那夜迦。及我南方六萬四千矩畔拏眾。及鉢哩（二合）多布單那等。常於世間起毒害心惱亂眾生。我今謫罰令於佛前。受持神咒即說咒曰。

曩莫三滿跢沒馱（引）南（引）唵（引）娑（引）囉底劍（引）底迦（引）囉枳劍迦枲枳囉抳末抳馱囉抳末哩馱（二合）你普（引）彌馱羅你醯麼嚩底口祖（仁祖切引）底左囉抳誐攞（引）仡哩（二合）娑嚩（二合）悉底也（三合）窣睹（二合）麼麼阿醯謗（引）颯跛哩嚩（引）囉寫薩嚩薩怛嚩（二合引）難（引）左諾乞史（二合）赧（引）演左娑嚩（二合引）賀（引）沒囉（二合）憾麼（二合引）左（引）比野（二合）陀爍訖囉（二合）室左（二合）路（引）迦播攞麼醯濕嚩（二合）囉（引）藥乞叉（二合引）地鉢多野薩吠（引）賀（引）哩（引）帝左娑補怛哩（二合）迦（引）伊牟含（引）補瑟謗（二合引）室左（二合）巘馱（引）室左（二合）鉢囉（二合）底仡哩（二合）恨赧（二合）睹麼麼（引）昏頂尾（引）哩曳（二合引）拏帝（引）惹娑（引）帝（引）爽（引）每（引）濕嚩（二合）哩曳（二合引）拏末禮（引）曩左你賀多（引）薩嚩嚕（引）誐窣睹（二合）麼麼阿醯謗（引）颯

跛哩嚩（引）囉寫薩嚩薩怛嚩（二合）難（引）左薩嚩婆喻（引）跛捺囉（二合）吠毗藥（二合）娑嚩（二合引）賀（引）

稽首丈夫無所畏　稽首調御天人師
不可思議大法王　是故我今歸命禮

時廣目天王從坐而起。合掌恭敬白佛言。世尊我於西方有六萬四千大龍王眾。常起大雲與大海眾持於大水。現大勇猛作大斗戰。常於世間惱亂眾生。我今謫罰令於佛前。受持神咒即說咒曰。

曩莫三滿跢沒馱（引）南（引）唵（引）達哩銘（二合）左囉（引）仡哩（二合引）末攞嚩底末禮你禰商倪（引）尾嚩尸娑哩（引）佉哩劫閉禮（引）贊拏（引）隸底哩抳你囉（引）惹你（引）尾馱囉抳嚩攞拏（二合）嚩底阿左梨娑嚩（二合）悉底野（三合）窣睹（二合）麼麼阿醯謗（引）颯波哩嚩（引）囉寫薩嚩薩怛嚩（二合引）難左缽室止（二合）麼（引）焰（引）禰尸娑嚩（二合引）賀（引）沒馱（引）左（引）比也（二合）他爍訖囉（二合）室左（二合）路（引）迦播攞麼呬濕嚩（二合）囉藥乞叉（二合）地缽多野薩嚩賀（引）哩（引）帝（引）左娑補怛哩（二合）迦（引）伊牟含（引）補瑟謗（二合引）室左（二合）巘馱（引）濕嚩（二合）缽囉（二合）恨赧（二合）睹麼麼（引）昏頂尾（引）哩曳（二合引）拏帝惹娑（引）帝（引）沙（引）每（引）濕嚩（二合）哩曳（二合引）拏末禮（引）曩左你賀多（引）薩嚩嚕誐（引）室左（二合）娑嚩（二合）悉底野（三合）窣睹麼麼阿醯謗（引）颯波哩嚩（引）囉寫薩嚩薩怛嚩（二合引）難左薩嚩婆喻（引）跛捺囉（二合）吠毗藥（二合）娑嚩（二合引）賀（引）

稽首丈夫無所畏　稽首調御天人師
不可思議大法王　是故我今歸命禮

時大梵天王諸梵天王等。即從坐起合掌恭敬。白佛言世尊。我諸梵種淨行婆羅門等。能知清淨婆羅門。種種法要工巧咒術。醫方世論占相吉凶。善閑世間一切行法。灰身寂默修諸苦行。常於人世利益眾生。爲諸藥叉及羅刹眾。住於世間空行地居及住地下。惱亂眾生作諸執魅。我有神咒而謫罰之。令於佛前受持神咒。即說咒曰。

曩莫三滿跢沒馱（引）南（引）唵（引）沒囉（二合）憾銘（二合引）沒囉（二合）憾麼（二合）軀囉（引）沒囉（二合）憾麼（二合）娑嚩（二

合）哩（引）嚩日哩（二合引）嚩日囉（二合引）軀囇（引）嚩日囉（二合）馱哩（引）悉體（二合）哩（引）娑哩（引）阿左禮（引）阿囉抳（引）伊舍抳（引）囉拏禰（引）戍（引）哩（引）嚩囉（引）仡囉（二合）鉢囉（二合）鉢帝（二合引）娑（引）囉嚩帝娑嚩（二合）悉底野（三合）窣睹（二合）麼麼阿醯謗（引）颯波哩嚩（引）囉寫薩嚩薩怛嚩（二合引）難左薩嚩婆喻（引）跛捺囉（二合）吠毗藥（二合）娑嚩（二合引）賀（引）嚩（引）多惹閉多惹嚕（引）誐（引）室禮（二合引）瑟麼（二合）惹散你播多惹你賀多薩嚩嚕（引）誐（引）室左（二合）娑嚩（二合）悉底野（三合）窣睹（二合）麼麼薩嚩薩怛嚩（二合引）難左薩嚩婆喻（引）跛捺囉（二合）吠（引）毗藥（二合）娑嚩（二合引）賀（引）

是時世尊告諸大眾而作是言。如來爲欲利益安樂無量無數無邊眾生故出現於世。及爲救護一切國土城邑聚落無量眾生故出現於世。亦爲愍念一切諸天魔梵沙門婆羅門及天人阿修羅等。是故如來出現於世。譬如世間良醫。善治眾生種種病惱。亦如世間有阿闍梨。智慧方便無不具足。悉能化導利益安樂王及人民。如來今者出現於世亦復如是。我住世間云何爲彼藥叉羅刹步多鬼神。惱害惑亂一切眾生故。我今往詣毗耶離大城。爲欲利益救護此毗耶離大城一切眾生故而作佛事。說是語已。是時世尊食時著衣持鉢。與大苾芻眾千二百五十人俱下鷲峰山。時索訶世界主大梵天王眾。以五百寶蓋及以寶拂。執持圍繞侍奉供養隨佛而行。天帝釋眾亦以五百寶蓋及以寶拂。執持圍繞侍奉供養隨佛而行。護世四王眾各以五百寶蓋及以寶拂。執持圍繞侍奉供養隨佛而行。魔醯首羅天子與二十八大藥叉將。並三十二大力藥叉眾。訶利帝母並其子及眷屬。如是等眾各各以百天妙寶蓋。執持圍繞侍奉供養隨佛而行。舍利弗等諸聲聞眾。各各亦以天妙寶蓋。執持圍繞侍奉供養隨佛而行。於時世尊具足如是勝妙色相福德之利。與諸苾芻從鷲峰山。詣離車尾國毗耶離大城遙望彼城。於其城中王及人民。同見世尊威德巍巍端嚴殊特。最勝平等具足根力。調伏諸根猶如大龍。其心清淨湛然不動。以三十二大丈夫相八十種好。莊嚴其身如娑羅王。譬如杲日放光明網。亦如夜暗於大高峰現大明炬。如大火聚如鑄金像。如來威德亦復如是。彼諸人等遙見世尊。心皆歡喜憶念思惟。即共發心出毗耶離大城。奉迎世尊入彼城中。時毗耶離大城。道路平正掃除清淨。出種種花遍佈其地建立種種諸妙寶幢懸眾幡蓋。塗香秣香而爲供養。世尊到已王及人民頂禮佛足世尊爲欲利益一切眾生故。即現足下勝妙柔軟。千輻輪相及蓮華文。而復現於毗首劫摩藏文。以如是等過去積集。無量無邊諸善功德。殊妙色相莊嚴其身。放大光明其光晃曜。逾百千日周遍普照。以清淨臂與彼離車尾國毗耶離大城王。而摩其頂安慰其心。是時世尊於毗耶離大城之中。如帝釋幢安詳而立。觀察四方偏袒右肩。舒金色臂而作是言。未來世中若復有人。供養如來分身舍利如芥子許。所獲功德無量無邊。不可思議不可窮盡。未來世中若復有人。供養如是守護大千國土大明王甚深經典者。即同供養一切如來全身舍利等無有異。是諸人等即能遠離一切執魅。此守護大千國土大明王神咒經典。即是恒河沙等如來應正等覺佛之密印。若苾芻苾芻尼優婆塞優婆夷。受持讀誦恭敬供養爲人解說。彼諸怖畏一切災難。鬥戰諍訟更相誹謗。杻械枷鎖種種惡法。不善之業諸惡不祥。永不復受亦不値遇。

是時世尊說是語已。索訶世界主大梵天王。白佛言世尊此守護大千國土大明王神咒經典。爲恒河沙數如來應正等覺佛之密印。能令解脫一切衆生諸惡不祥。惟願世尊爲我說之。

是時世尊語索訶世界主大梵天王言。梵王汝今諦聽善思念之。即說大明王陀羅尼曰。

曩莫三滿跢沒馱（引）南（引）唵（引）阿左禮（引）麼左禮（引）娑（引）囉麼左禮（引）鉢囉（二合）訖哩（二合）底你哩軀（二合引）使三滿目契（引）悉弟（二合）哩（引）娑他（二合引）嚩哩（引）你軀瑟致（二合引）攝勿禰（二合引）鉢囉（二合）誐攞你（引）播（引） 口朗誐彌娑口朗嚩抳末禮（引）摩賀（引）末禮（引）摩賀（引）你哩婆（二合引）細（引）娑嚩（二合引）賀（引）

是時世尊即現其身作大明王。說此大明王陀羅尼已而作是言。大梵此大明王身者。從如來方便功德智慧生。從奢摩他微鉢舍那三三摩地。四禪四聖諦及四念處。四正勤四神足五根五力。七等覺支八聖道支及九次第定。如來十力十一解脫處。十二因緣十二行輪。六念處十六念佛三昧觀行。十八佛不共法四十二字門生。佛告大梵如是法門者。皆爲如來功德守護大千國土大明王解脫法門也。如是法門者即爲恒河沙等諸佛如來佛之密印。能出生一切諸佛一切法藏。出生眞實道出生十二緣生。出生梵天王天帝釋護世四天王。出生摩醯首羅。出生日月天子九執十二宮辰一切星宿。

是時世尊復說大明王心陀羅尼曰。

曩莫三滿跢沒馱（引）南（引）唵（引）娑（引）麗（引）迦枲你尾嚩囉抳嚩囉（引）仡囉（二合）娑（引）哩（引）阿目（引）乞叉（二合）抳（引）阿目（引）洗嚩寧頁（引）迦（引）禮曩迦（引）麗（引）劍（引）尸嚩你（引）娑（引）囉抳（引）婆囉迦娑契（引）鉢囉（二合）散曩鉢囉（二合引）鉢帝（二合引）娑（引）誐囉鉢囉（二合引）鉢帝（二合引）娑擔（二合）婆你（引）婆多（二合）曩鉢囉（二合引）鉢帝（二合引）嚩日囉（二合）馱哩（引）娑嚩（二合引）賀（引）

是時世尊爲梵天王及諸大眾。說此大明王心陀羅尼已。於時復說此伽他曰。

我今爲此天人眾　演說如是深妙法
猶如帝釋髻中寶　於一切處當得勝
十方如來悉證知　超過一切天中天
是故法寶無有上　斯眞實故得安樂
忍辱消除諸煩惱　如人飲服甘露味
能仁演斯微妙法　利益一切諸眾生
此法甚深無與等　行甘露行殄災厄
如是法寶最殊勝　是眞實故得安樂
利益一切諸眾生　爲說種種甘露法
如彼三世薄伽梵　最勝平等三摩地
常行無上瑜伽行　現於金剛等二道
如是法寶最第一　斯眞實故得安樂
補持伽羅相應行　八大丈夫常修行
或時演說四意趣　及諸如來解脫門
我說法施大果報　如彼好地植種子
是故僧田最無上　斯眞實故得安樂
爲求無上菩提故　其心堅固不退轉
出家奉持沙門行　闡揚如來微妙法
令眾獲得甘露味　自他速登涅槃道
是故僧寶最第一　斯眞實故得安樂
貪瞋癡等皆已盡　猶如劫燒無有餘
身見邊見及邪見　見取戒取悉消亡

或以種種諸方便　　彼同凡類化眾生
僧寶最上最第一　　是眞實故得安樂
貪欲瞋恚不復生　　乃至癡慢皆同等
身語意業悉清淨　　能除群生諸有苦
了彼罪性如虛空　　湛然清淨非取捨
是故僧寶最第一　　斯眞實故得安樂
其心堅固無動轉　　如彼因陀羅寶幢
四方種種大風吹　　終不能令彼搖動
補特伽羅亦如是　　現諸神通化群品
僧寶最上第一最　　斯眞實故得安樂
或有能於四聖諦　　觀察甚深微妙理
開諸眾生智慧門　　及以檀戒利群品
堅持諸法無散亂　　滅除眾生八難苦
僧寶最上最第一　　斯眞實故得安樂
煩惱及漏皆已盡　　如彼風燭無有異
滅已畢竟不復生　　如是無生亦無滅
亦不可見及聞知　　我今語汝諸佛子
僧寶最上第一最　　斯眞實故得安樂
利益一切諸眾生　　乃至人與非人等
供養十方一切佛　　禮事諸佛得安樂
利益一切諸眾生　　乃至人與非人等
供養十方一切佛　　奉持法藏得安樂
利益一切諸眾生　　乃至人與非人等
供養十方一切佛　　恭敬僧伽得安樂
十方所有來集會　　或在地上或居空
常於人世起慈心　　日夜奉持微妙法
如來實語度眾生　　彼誠實言離怨結
能令眾生皆解脫　　是故眞實得安樂
我等並眷屬　及餘諸有情
遠離生死怖　速獲勝悉地
陀羅尼曰。

曩莫三滿跢沒馱（引）南（引）唵（引）地（引）哩（引）地哩（引）末禮（引）你哩軀（二合）使（引）末攞娑（引）哩（引）娑（引）囉末（引）窣睹（二合）底鉢囉（二合）步多鉢囉（二合）鉢帝（二合）阿（引）囉末（引）阿囉軀（引）使（引）娑（引）囉嚩抳（引）阿左俞（二合）帝（引）末攞嚩帝（引）戍囉鉢囉（二合引）鉢帝（二合引）娑（引）囉誐銘（引）素哩也（二合）你哩軀（二合）使（史曳切）娑縛（二合引）賀（引）

佛告大梵天王。此守護大千國土大明王解脫法門者。爲恒河沙等諸佛如來應正等覺佛之密印。於其中間出生無量差別句義。所謂佛句法句僧句。大梵天王句天帝釋句。護世四天王句魔醯首羅句。根本句意句。性句因句。住處句寂靜句。一切如來觸緣覺觀聲聞觀。如是等種種法句。常爲一切大梵天王並諸梵眾。及天帝釋護世四大王。恭敬供養尊重讚歎。魔醯首羅及餘諸天。恭敬供養尊重讚歎。瑜伽阿闍梨及餘法師恒常稱讚。由是密印即爲增益梵天王等諸天諸仙。神通變現種種智慧。乃至一切世間外道梵志。發歡喜心棄捨邪業。此即諸佛智慧根本。諸辟支佛涅槃之道。一切聲聞相應之行。爲諸眾生示菩提相演一乘法。指入聖路開解脫門。斷諸見網摧我慢山清淨業道。息輪迴苦竭愛欲海。破壞眾生生死骨山。斷截魔王魔羅買索。怖彼魔王及魔眷屬。破壞魔王入魔境界。破煩惱賊拔出眾生令歸聖道。於諸惡道救度有情。出煩惱室安住眾生至涅槃城。即說陀羅尼曰。

曩莫三滿跢沒馱南（引）唵（引）康擬（引）康擬（引）齲數（引）奧數（引）馱寧頁（引）娑（引）囉地鉢囉（二合）鼻（引）尾布攞鉢囉（二合）鼻（引）禰（引）僧揭哩灑（二合）抳尾揭哩灑（二合）抳尾舍（引）仡囉（二合）嚩底戍馱娑（引）馱寧頁（引）嚩嚕拏嚩帝（引）嚩（引）娑你（引）尾步沙抳尾爽誐銘（引）尾戍麼底補瑟波（二合）誐哩鼻（二合引）娑嚩悉底也（三合）野窣睹（二合）娑嚩（二合）賀（引）

佛告大梵天王。此經名守護大千國土大明王解脫法門。爲恒河沙等諸佛如來應正等覺佛之密印。此印印之一切諸天人阿修羅所歸依處。亦爲恒河沙等諸佛如來。及辟支佛諸聲聞眾涅槃之城。乃至過去諸佛及辟支佛諸聲聞眾。以是經典而爲父母。旋繞禮拜恭敬供養。大梵天王我於往昔。以此大明王解脫法門。布施持戒忍辱精進。乃至圓滿諸波羅密。今得菩提降伏魔軍。

佛說守護大千國土經　卷下

西夏文及對譯：

[illegible]
聖大乘大千國守護契經下卷

[illegible]
天奉道顯武耀文宣神謀睿智義制邪去惇睦懿恭皇帝嵬名　御校

[illegible]
爾時娑訶世界主大梵天王/及百施釋帝世護四天王等坐處△起/出有壞之敬

[illegible]
禮聲等曰

[illegible]
稀有大種咒　大千守護經　明滿手印以　四方有情護

[illegible]
手印以印時　生者皆畏懼　大千守護經　我等手印之

[illegible]
若人誹謗起　此法不信者　其數淨梵變　種咒罪法言

[illegible]
釋帝頂戴抱　世護印以印

[illegible]
薩引底曳奴 吃乾迎 訶羅定 族嵥茄利 嵺野丁 西訶摩定 薩囉引仡羅 缽囉引

[illegible]
缽帝 訶薩嘎引彌尼 麻亂尼 浮利銘 浮利銘引訶 訶亞訶亞訶亞訶亞 蘇擔

[illegible]
嵥尼嚩囉引仡羅嚩底 訶蘇底你引 曩拶囉底 拶那隸 嚩囉悉尼 拶囉引 嚩利

[illegible]
娑嚩訶

藏文：

de nas mi mjed kyi bdag po tshangs pa dang lha rnams kyi dbang po brgya byin dang/ rgyal po tshen po bzhi dag gis skad gcig dang blo gros gcig dang dbyangs gcig gis bcom ldan ’dangs la phyag ’tshal nas gsol pa/

kye ma rig sngags rig sngags che/stong chen rab tu ’joms byed pa/

sangs rgyas phyag rgya de yis ni/phyogs bzhi’i sems can thams cad bsrungs/

phyag rgya gang gis btab gyur na/’byung po thams cad skrag bgyid pa/

stong chen rab tu ’joms pa’i mdo/ phyag rgya bdag cag stsal bar bgyi/

mi gang rab tu sdang ba dang/ bstan pa ’di la ma dad pa/

de dag tshang pas sprul pa yi/rig sngags chad:pas gcad par bgyi/

brgya byin gyis ni spyi bos blangs/’jig rden skyong bas rgyas btab bo/

syād ya the dan/ka liṃ ge ba ra de/ jau tā gre/jā ma ni/ siṃ ha ba de/ sā rā gra prāpte/haṃ sa gā mi ni/ma li ni/hu le si hu le si hu li si hu le me/ha ham/ ha ham/su da ni/ba rā gra ba ti/ hasti ni/ ne ba ra mi ta/caṇṭa le/ca ra me/ca rā me ca rā ca rā re svā hā/

意譯：

爾時娑訶世界主大梵天王，及天帝釋護世四天王等即從坐起，敬禮世尊同聲白言。

稀有大明咒　大千守護經　以明滿手印　護四方有情

印此手印時　生者皆畏懼　大千守護經　我等手印之

若人起怨怒　不信此法者　彼等變淨梵　明咒來謫罰

帝釋持頭頂　印護世之印

薩引底曳奴　吃乾迎　訶羅定 族嗏茄利　嘐野丁　西訶摩定　薩囉引仡羅　缽囉引缽帝　訶薩嘎引彌尼　痳亂尼　浮利銘　浮利銘引訶　訶亞訶亞訶亞訶亞　蘇擔　嗏尼　嚩囉引仡羅嚩底　訶蘇底你引 曩拶囉底　拶那隸嚩囉悉尼　拶囉引 嚩利　娑嚩訶〔1〕

注釋：

〔1〕漢文本作：「曩莫三滿路沒馱（引）南（引）唵（引）迦陵擬（引）婆囉禰（引）惹那仡哩（二合）惹麼帝（引）星賀麼禰（引）娑譏嚕（引）仡囉（二合）缽囉（二合）缽帝（二合引）卑娑譏（引）彌顊（引）麼梨顊虎嚕氷譏梨銘賀恒賀恒賀恒賀恒賀恒素那顊嚩囉（引）仡囉（二合）嚩底賀悉底（二合）顊（引）嚩囉嚩底贊拏（引）梨嚩囉顋（引）儞曳（二合）左左囉（引）左哩（引）娑嚩（二合引）賀（引）。」

西夏文及對譯：

[illegible]

爾時出有壞又此大千國守護種咒王說時/三千大千世界六種震動/震皆震動

[illegible]

皆動〔註 7〕/四方藥叉鬼神生者肉呑等大聲惡生/此如說曰/

[illegible]

嗚呼災今日　　此如災難有　　我等生者皆　　破壞亡△臨

[illegible]

自無主以領　　諸生者等皆　　今日自無主　　地上皆聚集

[illegible]

驚恐又啼哭　　地上長往返

[illegible]

爾時出有壞大地變化石王地爲令/彼藥叉等四方驚跑/其又四天王四方大火

[illegible]

變爲/彼藥叉等過處無/空中跑行/爾時娑訶世界主大梵天王虛空變化大鐵

[illegible]

變爲/藥叉等空中七多羅樹底高許跑行/爾時釋帝天主空中劍弓箭槍矛短

[illegible]

箭大大樹山等雨令/爾時娑訶世界中五千藥叉所聚數皆/此種咒咒語以監督

[illegible]

依病著昏迷/出有壞足之敬禮/此如言曰/

藏文：

stong chen po rab tu ’joms pa zhes bya ba rig sngags kyi rgyal mo ’di bshad pa’i/stong gsum gyi stong chen po’i ’jig rten gyi khams ’di rnam pa drug tu gyos/rab tu gyos/ kun tu gyos/ kun tu rab tu gyos/phyogs bzhi’i gnod sbyin dang srin po sha za ba rnams kyis sgra skad drag po phyung ba/

kye ma’o sdug bsngal kye ma’o brlag /bdag cag ’byung po’i tshogs phung ngo /

〔註 7〕此句直譯自藏文 rab tu gyos/ kun tu gyos/ kun tu rab tu gyos/

'byung po'i tshogs ni rab tu phung/bdag cag rtag tu dbang gis khrid /
srog chags 'byung po thams cad ni/ de ring dgrar bcas dbang med do/
de dag sa la 'khod nas ni/zhum zhing rnam par zhum gyur nas/
'gre zhing ldog par rab tu byed/

de nas bcom ldan 'das kyis sa gzhi rdo rjer mngon par sprul pa dang/ de dag kyang phoygs bzhir byer ro/de nas rgyal po chen po bzhis phyogs bzhir me lce'i phung po chen po mngon par sprul pa dang/ de dag nam mkha' la kun tu rgyug go/de nas mi mjed kyi bdag po tshangs pas nam mkha' lcags su mngon par sprul pa dang/de dag shing ta la bdun tsam nas nam mkha' la kun tu rgyug go /de nas lha rnams kyi dbang po brgy byin gyis ral gri dang/mda' dang/mdung thung dang/mdung dang/mda' bo che dang/shing ljon pa dang/ri'i char mngon par phab bo/de'i tshe gnong sbyin lnga stong mi mjed kyi 'jig rten gyi khams su kun nas 'dus pa rnams rig sngags kyi dmod pas bcom ste/rims nad kyis btab nas myos te rmya zhing bcom ldan 'das kyi zhabs gnyis la gtugs te gsol pa/

意譯：

爾時世尊復說此守護大千國明咒王時，四方藥叉羅刹呑肉等出大惡聲。而作是言。

嗚呼今日苦	有如是災難	我等眾生者	破壞又亡失
自無主爲首	諸一切生者	今日無自主	皆聚集地上
驚恐而啼哭	打滾往回返		

爾時世尊變化大地爲金剛地，彼藥叉等四方驚逃，其又四天王變四方大火，彼藥叉等無去路，虛空中逃跑。爾時娑訶世界主大梵天王變化虛空爲大鐵蓋。藥叉等空中高許七多羅樹逃跑。爾時帝釋天主虛空中劍、弓箭、矛槍、短箭、大樹木、山石等如雨。爾時娑訶世界中五千藥叉聚集，以是明咒陀羅尼自縛而瘧病頹迷。頂禮佛足，而作是言。

注釋：

〔1〕[illegible]（多羅樹），音譯自梵文 tāla，爲高大之植物，極高者可達二十五公尺。故譬物體之高大，常謂七多羅樹，言其較多羅樹高出七倍。如法華經藥王品（大九・五三下）：「坐七寶之臺，上升虛空，高七多羅樹。」藏文作 ta la，漢文本作「多羅樹」。

西夏文及對譯：

[illegible]
善淨喬達摩悲以有情一切之利益爲/善淨喬達摩我等之所敬△/爾時出有壞

[illegible]
密主其數之慈心皆至止戒法令/

[illegible]
我等手印失　父殺又母殺　阿羅漢之殺　和睦僧分離

[illegible]
最終明滿謗　佛身血放爲　其罪與一法　阿拶葛瘡如

[illegible]
頭裂七分爲　藥叉病當遇　身斑點能生　如來所言咒

[illegible]
大千國護經　種咒曰過則　我等安不得

[illegible]
爾時毘耶離大城內病患畏懼危害染病謀亂等皆△絕/藥叉魔鬼人非人等

[illegible]
自之行上入/彼城內鸚鵡鵝鵝孔雀鴛鴦賒丁杜鵑青居紀羅鳥禽等聲善出/

[illegible]
諸非人等天女所如/身上病無/諸寶樂器不擊自鳴/大鼓螺琴鼓鼓小琵琶漢語

[illegible]
笛等放處聲出/又諸樹有石榴樹佛波樹阿摩羅樹尼具怛樹菩提樹獼猴桃樹

[illegible]
老麝樹烏底跋羅樹娑羅樹怛摩羅樹等殊妙香善出/

藏文：

dge sbyong gau ta ma ni sems can thams cad la phan pa dang/thugs brtse ba can lags kyis/ dge: sbyong gau da mas bdag cag bskyab tu gsol/de nas bcom ldan 'das kyis gsang ba pa'i bdag po de dag la byams pas khyab par mdzad nas bslab:pa'i gzhi 'dzin du btsud do/

bdag cag phyag rgya spong gyur na/ma bsad: pa yi 'gro gang dang/
pha bsad pa yi 'gro gang dang/dgra bcom pa yang gsod gang dang/
dge 'dun dbyen bgyid 'gro gang dang/rdzogs sangs rgyas la sdang sems gyis/
sku mtshal phyung ba bgyid pa yi/'gro ba gang lags der mchi'o /
ardza:ka yi dog pa ltar /mgo ni tshal pa bdun 'gas shing/
gnod sbyin nad gyis btab pa dang/bdag lus sha bkra 'byung bar shog /
gang 'di rgyal bas gsungs pa'i mdo/stong chen rab tu: 'joms pa yi/
rig sngags rgyal las 'gal bgyis na/bdag cag 'dod bdzin mi 'gyur ro/

de'i tshe grong khyer chen po yangs pa can na yams kyi nad dang/'jigs pa dang/gnod pa dang/nad 'go ba dang/'khrugs pa thams cad rgyun chad par gyur to/gnod sbyin dang/ srin po dang/mi dang/mi ma yin pa rnams kyang rang rang gi spyod yul las 'das so/ngang pa dang/ne tso dang/ri skegs dang/khu byug dang/rma bya dang/ngur pa dang/shang shang te'u dang/bya'i tshogs rnams kyang sgra snyan pa 'byin to/mi 'am ci rnams ni lha'i bu mo bzhin du lus la gnod pa med do /rin po che'i cha byad rnams kyang ma dkrol bar 'khrol lo/rnga bo che dang/dung dang/rdza rnga dang/rnga bran dang/pi bang dang/gling bu rnams kyang ji ltar gnas su bkod pa bdzin du sgra byung ngo/bal po se'u dang/bil ba dang/skyu ru ra dang/nya gro dha dang/ byang chub kyi shing dang/spre'u gnas dang/blakṣa dang/u dum bā ra dang/sā la dang/ ta ma la'i shing ljon pa rnams kyang dri rab tu 'byin to/

意譯：

大沙門憍答摩以大悲饒益一切有情。大沙門憍答摩，我等之所敬也。爾時世尊〔1〕慈悲心令我等免斯苦。

吾等棄手印	殺父又殺母	又殺阿羅漢	和合僧出離
瞋怪圓滿佛	佛身亦出血	其罪與法一	阿拶葛瘡如
頭裂爲七分	藥叉當得病	病身生斑黑	如來所說咒
大千國護經	明咒所過處	我等不得安	

爾時毘耶離大城內疾病、恐慌、災難、傳染病錯亂。彼諸藥叉、羅刹、人及非人等各自入所行處。彼城內鸚鵡、鵝、孔雀、鴛鴦、共命鳥〔2〕、黑杜鵑倶紀羅鳥〔3〕等出妙音，諸非人等如天女，身上病無，諸寶樂器不奏而鳴。

大鼓、號角、琴鼓、腰鼓、琵琶、笛等不鼓自鳴。又有諸樹石榴樹〔4〕佛波樹〔5〕阿摩羅樹〔6〕尼構盧樹〔7〕菩提樹、獼猴桃樹〔8〕、老麝樹〔9〕、烏底跋羅樹〔10〕娑羅樹〔11〕怛摩羅樹〔12〕等出妙香。〔註 8〕

注釋：

〔1〕[illegible]（出有壞密主），直譯自藏文 bcom ldan ’das kyis gsang ba pa’i bdag po。

〔2〕[illegible]（賒丁），藏文作 shang shang te’u，梵文 Jīvajīva，或 Jīvaṃ-jīvaka，漢文本無。Jīvajīva 音譯者婆者婆迦，又譯生生鳥或共命鳥。屬於雉的一種，產於北印度，因鳴叫聲而得名。此鳥之鳴聲憂美，人面禽形，一身二首，生死相依，故稱共命。藏文作 shang shang te’u，shang shang 是象聲詞，指流水聲、鈴聲，這裏應該是以其叫聲爲共命鳥命名，好像漢語的「布谷鳥」。te’u 有「小」的意思。西夏人應該是不懂其藏文義而簡單進行了音譯，同時又自作主張簡寫成了「賒丁」，這個例子同時進一步驗證了西夏人沒有鼻韻尾的說法。

〔3〕[illegible]（黑杜鵑俱紀羅鳥），藏文作 khu byug，梵文 Kokila，漢文本作「俱枳羅」。Kokila，或音譯作俱翅羅，產於印度之黑色杜鵑鳥，又做拘翅羅鳥等。

〔4〕[illegible]（石榴樹），音譯自漢語，藏文作 bal po se’u，漢文本作「吉祥果樹」。石榴樹爲鬼子母神右掌中所持之果物，以此果可破除魔障，故稱吉祥果。亦有謂吉祥果爲俱緣羅果者。俱緣羅，梵文 kusūlaka，又作瞿修羅等，意譯作裙、下裙。

〔5〕[illegible]（佛波樹），藏文作 bil ba，意爲「雌葫蘆」，漢文本無。西夏文疑爲藏文音譯，不過對音情況比較復雜，其中的[illegible]（佛），西夏音 tha 1.17，這裏估計是借用了漢語「佛」的發音，用以描述藏文音節 bil；[illegible]（波），西夏音 pa 1.17，對應藏文音節 ba。

〔6〕[illegible]（阿沬羅樹），藏文作 skyu ru ra，梵文 Āmala，漢文本作「阿摩羅果樹」。梵文 āmala，又音譯作阿末羅，一般譯爲「餘甘子」。

〔7〕[illegible]（尼具怛樹），藏文作 nya gro dha，梵文 Nyagrodha，漢文本作「尼俱律陀樹」，又尼拘陀樹。梵文 nyagrodha，意譯爲無節、縱廣、多根。

〔8〕[illegible]，西夏文直譯作「獼猴在樹」，直譯自藏文 spre’u gnas。這個詞硬譯可以理解爲「獼猴之地」，有時候辭藻中將其引申也是可能的，因爲獼猴常居樹上，以獼猴所居之地指代獼猴桃樹。因爲沒有相關的工具書，不敢肯定。獼猴桃樹在藏語中似乎沒有固定的詞彙，或可譯爲 ri-spyes kham-bu，意爲山野杏之類。〔註 9〕漢文本無。

〔註 8〕此處出現了十種樹名，而漢文本中只出現了四種，即「吉祥果樹」、「阿摩羅果樹」、「尼俱律陀樹」以及「波羅利樹」，前三個都能在西夏文中找到對應，而「波羅利樹」目前無法找到與其對應的西夏文和藏文。

〔註 9〕此條注釋主要參考了中國社會科學院民族學與人類學研究所扎洛研究員的意見。

〔9〕[illegible]（老麝樹），音譯自藏文 blakṣa，梵文、漢文待考。

〔10〕[illegible]（烏底跋羅樹），音譯自藏文 u dum bā ra，即「優魔樹、優曇缽羅」，梵文作 Uḍumbrara, 或 Udumbara。其花略稱曇花，意譯作靈瑞花、空起花，產於喜馬拉雅山麓、德干高原及斯里蘭卡等地。漢文本無。

〔11〕[illegible]（娑羅樹），藏文作 sā la，梵文作 Śāla。屬龍腦香科之喬木，產於印度等熱帶地方，傳爲過去七佛中第三毗舍婆佛之道場樹。漢文本無。

〔12〕[illegible]（怛摩羅樹），藏文作 ta ma la'i shing，梵文作 Tamālapatra、Tamālapattra 或 Tamāla，漢文本無。Tamālapatra，漢文譯作「多摩羅跋樹、多摩羅樹」，即我國所稱之藿香，產於我國、南印度、錫蘭等。

西夏文及對譯：

[illegible]

及百千天眾有/阿羅羅曰聲出/空中花雨/香善等世中出現/爾時四大天王合掌

[illegible]

恭敬/出有壞之此如言說/大德出有壞或禁戒持法衣穿/大千國守護契經者

[illegible]

諸魔畏懼中解脫得令/此明滿之手印法名等攝受讀誦解說書寫線索結

[illegible]

身上持時/彼之染病畏懼危害熱病混亂爭鬥捆綁爭鬥敵者讒舌等/不善法

[illegible]

一切以破裂不能/最中勝爲/若國內圍繞界記清淨/沐浴衣穿三食白飲五

[illegible]

辛不食禁戒受持/諸眾生上平等心起/最勝穿衣美麗/國土壁壘家舍舍聚三

[illegible]

交道中及家等中掃除清淨令/王宮中花撒/種種香燒/四方童女清淨沐浴/

[illegible]

新淨衣穿種種美麗/四鳴鍾四寶碗持供養食滿/黎明久昔此契經書寫

[illegible]

讀誦/六十兩線白加持/其所咒線寶塔上在/或杆上在/或大樹上在/種種香

[illegible]

種種花以一日上起十五上所至供養爲/

藏文：

lha brgya stong dag gis kyang a la la zhes by ba'i sgra phyung ste/bar snang las me tog gi char mngon par phab bo/mi ma yin pa'i dri dag kyang 'jig rten du byung ngo/de nas rgyal po chen po bzhis thal mo sbyar te/bcom ldan 'das la 'di skad ces gsol to/btsun pa bcom ldan 'das gang la la zhig gis bslab pa'i gzhi yongs su bzung ste/gos ngur smrig bgos nas stong chen po rab tu 'joms pa'i mdo sde'i rgyal po gdon thams cad las thar bar byed pa /sangs rgyas kyi phyag rgya'i chos kyi rnam grangs 'de blangs shing bzung ste/bklags shing bshad la kun chub par bgyis shing yi ger bris nas mdud pa bor te 'chang na/de la yams kyi nad dang/'jigs pa dang/gnod pa dang/nad 'go ba dang/'khrugs pa dang/khrag khrug dang/'thab mo dang/bcing ba dang/rtsod pa dang/'gyed pa nas phra ma'i bar gyi sdig pa mi dge ba'i chos rnams kyis mi tshugs par 'gyur lags so /rnam par 'tshe ba thams cad las rgyal bar 'gyur lags so/yul 'khor mtshams gcad par 'tshal ba/khrus bgyis pa/zas dkar gsum 'tshal ba /zas ngan pa rnam lnga spangs pa /mi'i bslab pa'i gzhi thams cad yongs su bzung ba/ sems can thams cad la sems snyoms pa /shin tu brgyan pa /gos dang/rgyan dang ldan pa des grong dang/grong khyer dang/grong rdal dang/yul 'khor dang/sum mdo dang/khyim rnams nyal nyil gyi phung po ma mchis par bgyis te/rgyal po'i pho brang 'khor gyi dmus kyi dog sa rnams su me tog sil ma bkram la /spos sna tshogs kyis rab tu bdug par bgyi'o/phyogs bzhir bu mo shin tu khrus bgyis :pas brgyan pa /lag na mtshon thogs pa bzhi dang/dril bu bzhi dang/rin po che'i snod bzhi bzhag go/snga dro'i dus kyi tshe gdugs shar ba dang/rig sngags bklag par bgyi ste/mdo sde bzlas shing bklag par bgyi'o/yi ger bris te mchod rten chen po dang/shing ljon pa chen po dang/rgyal mtshan chen po'i rtse mo la bstod de btags la/me tog sna tshogs dang/spos sna tshogs dag gis dgung zla phyed kyi bar du mchod par bgyi'o/

意譯：

又有百千天眾，出阿羅羅聲。空中花雨，妙香等出現於世間。爾時四大天王恭敬合掌。而白佛言世尊。聖者薄伽梵或持禁戒穿法衣。守護大千國土經者令諸魔畏懼中得解脫，此佛之手印，依法受持讀誦解說書寫用繩索繫於

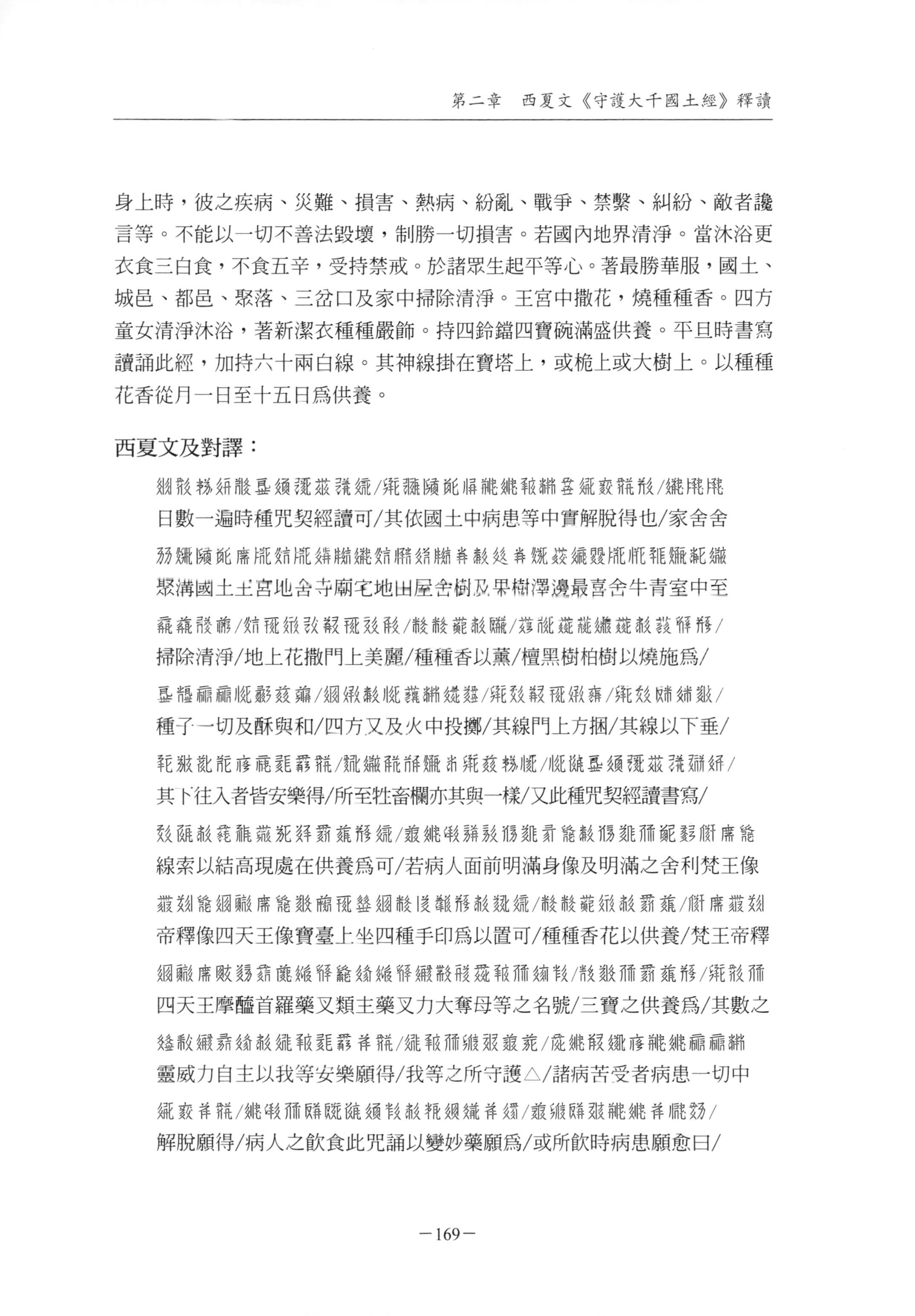

身上時，彼之疾病、災難、損害、熱病、紛亂、戰爭、禁繫、糾紛、敵者讒言等。不能以一切不善法毀壞，制勝一切損害。若國內地界清淨。當沐浴更衣食三白食，不食五辛，受持禁戒。於諸眾生起平等心。著最勝華服，國土、城邑、都邑、聚落、三岔口及家中掃除清淨。王宮中撒花，燒種種香。四方童女清淨沐浴，著新潔衣種種嚴飾。持四鈴鐺四寶碗滿盛供養。平旦時書寫讀誦此經，加持六十兩白線。其神線掛在寶塔上，或桅上或大樹上。以種種花香從月一日至十五日爲供養。

西夏文及對譯：

[illegible]
日數一遍時種咒契經讀可/其依國土中病患等中實解脫得也/家舍舍

[illegible]
聚溝國土土宮地舍寺廟宅地田屋舍樹及果樹澤邊最喜舍牛青室中至

[illegible]
掃除清淨/地上花撒門上美麗/種種香以薰/檀黑樹柏樹以燒施爲/

[illegible]
種子一切及酥與和/四方又及火中投擲/其線門上方捆/其線以下垂/

[illegible]
其下往入者皆安樂得/所至牲畜欄亦其與一樣/又此種咒契經讀書寫/

[illegible]
線索以結高現處在供養爲可/若病人面前明滿身像及明滿之舍利梵王像

[illegible]
帝釋像四天王像寶臺上坐四種手印爲以置可/種種香花以供養/梵王帝釋

[illegible]
四天王摩醯首羅藥叉類主藥叉力大奪母等之名號/三寶之供養爲/其數之

[illegible]
靈威力自主以我等安樂願得/我等之所守護△/諸病苦受者病患一切中

[illegible]
解脫願得/病人之飲食此咒誦以變妙藥願爲/或所飲時病患願愈曰/

藏文：

gdugs re re zhing rig sngags lan re bklag par bgyi'o/de ltar na yul 'khor yongs su thar bar 'gyur ro/de ltar grong dang/grong khyer dang/grong rdal dang/ljongs dang/yul 'khor dang/pho brang 'khor dang/gnas dang/gtsug lag khang dang/khyim dang/zhing dang/las khang dang/shing ljon pa dang/'bras bu dang/ne'u gsing dang/kun dga' ra ba dang/gnag lhas dang/phyugs lhas rnams nyal nyil ma mchis par bgyis te/seng ldeng dang/rgya shug gi zhugs bltams la/dog sa la me tog sil ma bkram ste/sko gang gyas gyon nas dri sna tshogs gyis bdugs la/sa bon thams cad mar gyis bskus te phyogs bzhir gtor bar bgyi/chab sgor tshon skud sna tshogs bre bar bgyi'o/dud 'gro'i skye gnas su gyur pa dag ni bton la slar yang gzud par bkyi'o/rig sngags kyang bklag par bgyi'o/yi ger bris sam mdud pa mdud de mthon po'i khar btags la mchod par bgyi'o/nad pa'i mdun du sangs rgyas kyi sku gzugs sam/sangs rgyas kyi ring bsrel lam/tshangs pa'i gzugs sam/brgya byin gyi gzugs sam/rgyal po chen po bzhi'i gzugs: khri'u 'ma /za ma tog gi steng du bzhag ste/phyag rgya bzhi bgyis: la bzhag par bgyi'o/me tog sna tshogs dang/spos sna tshogs dang/tshangs pa dang/brgya byin dang/rgyal po chen po bzhi dang/dbang phyug chen po dang/gnod sbyin gyi sde dpon dang/gnod sbyin stobs po che dang/'phrog ma la sogs pa'i ming gis dkon mchog gsum la mchod par bgyi'o/de rnams kyi stobs dang/dbang phyug dang/byin gyis bdag dge bar gyur cig/bdag la srung ba gyis shig/nad thams cad las thar bar gyur cig/nad pa'i zas dang/skom dang/sman rnams kyang rig sngags 'dis btab ste stsal bar bgyi'o/

意譯：

每日讀誦一遍此大明咒經，如是則國土中疾病等得完全解脫也。城邑、聚落、國土王宮聖地寺廟家宅田地房舍樹及果樹草坪〔1〕果園〔2〕至青牛欄〔3〕中掃除清淨。地上撒花門上嚴飾。以種種香薰。以黑檀樹柏樹〔4〕燒施，一切種子和於酥油，擲散四方及火中，其線門上繫，令其向下垂，其下往返者皆得安樂。乃至畜生欄亦復如是。又書寫讀誦此明咒經書。以繩索縛高顯出而供養之，或於病人面前置佛像及佛之舍利、梵王像、帝釋像、四天王像結跏趺坐，以四種密印安置其中，以種種香花供養。梵王帝釋四天王摩醯首羅藥叉將大力藥叉訶利羝母等之名號，敬奉三寶，願以彼等之威力令我等得安樂。守護我等，願諸病苦者諸病解脫，誦此明咒，願病者之飲食變妙藥，願飲藥時病患即除。

注釋：

〔1〕[illegible]，直譯爲「澤邊」，這裏對應藏文 ne'u gsing（草坪）。

〔2〕[illegible]（最喜舍），直譯自藏文 kun dga' ra ba（經堂、果園），不知是不是誤譯。

〔3〕[illegible]（青牛欄），藏文爲 gnag lhas。

〔4〕[illegible]，西夏文直譯作「柏臥樹」，下文同，藏文作 rgya shug，意爲「柏樹、棗樹」。

西夏文及對譯：

[illegible]	[illegible]	[illegible]	[illegible]
聚終大明滿	四方守護神	四淨器持以	如來處供奉
[illegible]	[illegible]	[illegible]	[illegible]
聖力一味爲	天最高寶具	露甘醫藥等	世尊手中持
[illegible]	[illegible]	[illegible]	[illegible]
此眞諦句以	諸露醫藥爲	訶利羝魔母	天食阿安嚕
[illegible]	[illegible]	[illegible]	[illegible]
取時師處奉	諸露醫藥爲	此眞諦句以	病人之病除
[illegible]	[illegible]	[illegible]	[illegible]
諸瘡皆無令	諸露醫藥爲	本觀威德及	頂冠威力以
[illegible]	[illegible]	[illegible]	[illegible]
皆護諦句依	顛倒等持以	金靜默智及	光止威聖依
[illegible]	[illegible]	[illegible]	[illegible]
人能聖靈以	諸露醫藥爲	病人面東施	諸毒藥願無
[illegible]	[illegible]		
爾時此契經	掌中置讀可		

[illegible]

薩引底曳奴　佉帝尾佉帝佉帝　尾拶黎　尾臘別　嚩黎　嚩羅嚩底　拶捺哩　拶囉

[illegible]

令　阿跋哩怛　尼囉軀使　娑嚩訶

藏文：

rdzogs sangs rnam par sangs rgyas tshe /’jig rten skyong bas phyogs bzhi nas/ snod bzhi dag ni blangs nas su/bde bar gshegs la phul ba dang/ mthu yis gcig tu sprul mdzad pa /lha: yi snod mchog de dang ni/ bdud rtsi ’dra ba’i sman gyi rnams/ston pa’i phyag na bsnams gyur pa/ bden pa’i tshig ni de dag gis/sman rnams bdud rtsir gyir par shog / de bzhin lha mo ’phrog ma yis/lha rdzas dge ba a ru ra / blangs nas ston la rab phul ba /bdud rtsi ’dra ba’i sman gyi rnams/ bden pa’i tshig ni ’di dag gis/nad pa rnams kyi nad sel cing/ nyes pa thams cad ’phrog byed pa/sman rnams bdud rtsir gyir par shog / sangs rgyas rnam gzigs gzi brjid dang/gtsug tor can gyi stobs rnams dang/ thams cad skyob kyi bden tshig dang/log dad sel gyi ting ’dzin dang/ gser zhes bya ba’i ye shes dang/’od srung gi ni rdzu ’phrul dang/ śākya seng ge’i mthu rnams kyis/sman rnams bdud rtsir gyur par shog/ nad pa shar phyogs kha bstan la/sman rnams nye bar stsal bar bgyi/ de yi tshe na rig sngags ’di/lag mthil bzhag ste bklag par bgyi/

syād ya the dan/ kha ṭe/ kha ṭe/kha ṭe/kha ṭe bi kha ṭi/bi ma le/ bi lam be/ba le/ ba la ba ti/candre/ ca ra ṇe/a mṛ ta nirgho ṣe svā hā/

意譯：

最終大明滿	四方守護神	持以四淨器	供奉如來處
聖力乃一味	天最上寶器	醫藥甘露等	世尊手中持
以此眞諦句	諸藥變甘露	訶利羝魔母	天食訶黎勒〔1〕
取來奉師處	以此眞諦句	諸藥變甘露	病人之病除
令諸瘡皆無	諸藥變甘露	觀佛之榮光	以尸棄〔2〕威力
以守護〔3〕眞諦	以顛倒等持〔4〕	及金寂如來〔5〕	依飲光〔6〕威力
以能仁聖力	諸藥變甘露	病者面東坐	願諸毒藥無
爾時此經典	置於掌中讀		

薩引底曳奴　佉帝尾佉帝佉帝　尾拶黎　尾臘別　嚩黎　嚩羅嚩底　拶捺哩　拶囉令　阿跋哩怛　尼囉驅使　娑嚩訶〔7〕

注釋：

〔1〕[illegible]，音爲「阿安嚕」，譯自藏文 a ru ra，即「訶子、藏青果、訶黎勒」，疑西夏譯文有誤。

〔2〕[illegible]（頂冠），藏文作 gtsug tor can，梵文 Ratna-śikhī，即「寶髻佛、尸棄佛」，漢文本作「尸棄如來」。藏文全稱作 rin chen gtsug tor can。尸棄佛，梵文 Śikhi-buddha，譯作「作式佛、式詰佛、式棄佛、式棄那佛」等，意譯爲「頂髻、有髻、火首、最上。」

〔3〕[illegible]（護），這裏指的是「毗舍浮」，亦譯作[illegible]（一切護），藏文作 thams cad skyob 或 kun skyob，意爲「一切護」，梵文 Viśvabhū，漢文本作「毗舍浮佛」，或作「毗濕婆部佛、鬪叔婆附佛、隨葉佛、毗舍婆佛」，即「一切勝、一切自在、廣生」之意。

〔4〕[illegible]（顛倒等持），譯自藏文 log dad sel，也作 sangs rgyas log par dad sel，梵文 Krakucchandha-buddha，漢文本作「拘留孫佛」。krakucchandha-buddha，又作「迦羅鳩孫陀佛、羯洛迦孫馱佛、俱留孫佛」等，意譯「領持、滅累、所應斷已斷、成就美妙」。西夏文只是意譯了部份藏文。漢文本又作「羯句村那如來」。

〔5〕[illegible]（金靜默智），應指的是「金寂如來」，此處藏文作 gser zhos bya ba'i ye shes，後文又作 gser thub，即「金寂佛，拘那含牟尼，迦那伽牟尼佛」，梵文 Kanakamuni，漢文本作「揭諾迦牟尼如來」，又作「拘那含佛」等，意譯作「金色仙、金儒、金寂」。

〔6〕漢文本作「迦葉波如來」。

〔7〕漢文本作：「曩莫三滿跢沒馱（引）南（引）唵（引）佉吒尾佉吒佉胝尾左麗（引）尾覽銘（引）左麗（引）左羅嚩帝（引）賛捺哩（二合引）左囉抳（引）阿沒哩（二合）多𩕳哩醯（二合引）曬娑嚩（二合引）賀（引）。」

西夏文及對譯：

[illegible]

或風疾又及膽疾　或痰疾及皆聚疾　其數病患皆消除　我等皆之長樂得

[illegible]

蠱以屍起做事爲者/若男若女若日齋戒持身體沐浴美麗/地上花撒/

[illegible]

種種香燒/檀黑樹柏臥樹以燒施爲/諸種子以四方投擲及火中撒/

[illegible]

花等雜線以穿若劍三枝有/槍矛箭等中有爲/種種香水和合/大淨瓶中盛/

[illegible]

其蠱毒害者之其線索以縛/淨水以沐浴/劍以其線砍爲段段爲/火中投擲/

[illegible]/

此大千國守護契經讀誦應/

藏文：

rlung las gyur dang mkhris las gyur/bad kan las gyur 'dus las gyur/

nad rnams thams cad rab bcom sta/bdag la rtag tu dge bar shog/

byad stems dang ro langs dang ldan pa'i las rnams la skyes pa 'ma/bud med gdugs zhag gcig: smyung ba bgyis pa/rab tu bkrus pa / shin tu brgyan pa des dog sa la me tog sil ma bkram ste/spos sna tshogs kyis bdugs la seng ldeng dang/rgya shug rigs gnyis kyi zhugs bus te/sa bon thams cad phyogs bzhir gtor bar bgyi'o/zhugs kyi nang du'ang gtor bar bgyi'o/rtsa ba thams cad dang/me tog thams cad tshon skud sna tshogs la brgus te ral gri'am mdung rtse gsum pa'am/mdung ngam /mda' la gdags par bgyi'o/spos chab sna tshogs sbyar te/bum pa chen po'i nang du blugs la/gang byad stems kyis phog pa de skud pa des bcings te/bum pa'i chab kyis bkru bar bgyi'o/skud: pa yang ral gris bcad de zhugs kyi nang du dor ro/stong chen po rab tu 'joms pa'i mdo sde: 'di yang brjod par bgyi'o/

意譯：

或有風疾及膽疾〔1〕　或有痰疾〔2〕及諸疾

彼等疾病皆消除　　我等眾生長安樂

因蠱起屍者，若男若女日齋戒沐浴清淨，地上撒花，薰香種種，黑檀樹燒施黑檀樹及柏樹，以諸種子散擲四方及火中。以花色雜線穿於三把劍上，繫於矛槍箭等上。和以香水種種，盛於大淨瓶中，彼惡鬼以神線縛之，以淨水沐浴，以劍砍碎彼線，投擲火中。當讀誦此守護大千國土經。

注釋：

〔1〕[illegible]（風疾），藏文作 rlung las gyur；[illegible]（膽疾），藏文作 mkhris las gyur。mkhris 意爲「熱、燥氣」。

〔2〕[illegible]（痰疾），藏文作 bad kan las gyur。bad kan 意爲「涎分」。

西夏文及對譯：

[illegible]

明滿及勇智　獨慧及聲聞　梵釋世護神　諸藥叉類主

[illegible]

力大及藥叉　奪母及子等　其數威力依　屍起害當無

[illegible]

石王杵寶穿　火以樹燒如　風以雲散如　日以樹枯如

[illegible]

其數眞言以　蠱毒行敬燒　種種香花供　諸罪皆能滅

[illegible]

多達他 浮名浮名 迦囉嚩底 迦渴隸 佉囉隸 佉囉禮 族醯尼 哆嚩禮 嘎

[illegible]

領嘎哩尼 舍嚩哩 舍底 缽囉舍底 娑嚩訶 馱嚩尼 娑嚩訶 嘎馱哩名

[illegible]

娑嚩訶 三末迦離軀嗦 倩嗦尼 娑嚩訶 三末迦離軀嗦 名怛嚕舍地 曼的囉

[illegible]

毗沙右嘎 三末禰嚩得倩帝韃陛帝韃自韃 禰囉自韃 娑嚩訶

藏文：

gang dag sang rgyas rang sangs rgyas/sangs rgyas rnams kyi nyan thos dang/

tshangs dbang dang ni 'jig rten skyong /gnod sbyin sdc dpon dbang phyug dang/

de bzhin gnod sbyin stobs chen dang/'phrog ma bu dang bcas pa dang/

de dag mthu dang gzi brjid kyis/ro langs las rnams chad gyur cig/

rdo rjes rin chen phug pa dang/me yis bud shing sreg pa dang/

rlung gis sprin ni 'thor ba dang/nyi mas nags tshal skems byed pa/

bden pa'i tshig ni de dag gis/byad stems las rnams tshig par shog/

spos dang me tog sna tshogs kyis/

tangya thā/ hu me hu me ka kha li/ka kha li/ :kha ra le/ ja ba le/ ha rā gre/ha ri ṇi śā ba ri/śānti/bra śānti svā hā/dhā ba ni svā hā/ bra dhā ba ni svā hā/ :khandarpe svā hā/ bra laṃgi ni svā hā/ sarba kā:khorda kṛ ta be tāḍa cche da ni svā hā/

sdig pa thams cad nges par bsal /

意譯：

明滿及勇識　獨慧及聲聞　梵釋〔1〕世護神　諸多藥叉將

又大力藥叉　訶利羝母子　彼等之威力　當無起屍害
金剛杵寶穿　如以火燒薪　如以風散雲　如以日乾林
以彼等眞言　焚焦行詛咒　香花種種供　諸惡業滅除

多達他　浮名浮名　迦囉嚩底　迦渴隸　佉囉隸　佉囉禮　族醯尼　嵺嚩禮　嘎領嘎哩尼　舍嚩哩　舍底　缽囉舍底　娑嚩訶　馱嚩尼　娑嚩訶　嘎馱哩名　娑嚩訶　三末迦離軀嵘　倩嵘尼　娑嚩訶　三末迦離軀嵘　名怛嚕舍地　曼的囉　毗沙右嘎　三末禰嚩得倩帝韃陛帝韃自韃　禰囉自韃　娑嚩訶〔2〕

注釋：

〔1〕[illegible]（梵釋），直譯自藏文 tshangs dbang，即梵天和帝釋。

〔2〕漢文本作：「曩莫三滿跢沒馱（引）南（引）唵（引）迦佉黎佉囉黎祖（仁祖切）賀尾（二合）顊惹嚩麗（引）誐囉誐賀哩抳設（引）嚩哩扇（引）底缽囉（二合）扇（引）底娑嚩（二合引）賀（引）馱（引）嚩底娑嚩（二合引）賀（引）那誐（引）左哩隳（二合引）娑嚩（二合引）賀（引）頗楞誐帝（引）娑嚩（二合引）賀（引）薩嚩迦（引）齲（引）哩那（二合）妻（引）那顊娑嚩（二合引）賀（引）薩嚩迦（引）齲（引）哩那（二合）地多（引）鬧（引）沙地滿怛囉（二合）尾灑喻誐薩嚩禰（引）嚩帶砌（引）禰多（引）末哩禰（二合）多（引）嚩（仁際切）多（引）阿波囉（引）嚩多（引）娑嚩（二合引）賀（引）」。

西夏文及對譯：

[illegible]
諸天此密咒以我之蠱毒/屍起藥咒毒草和等皆願無/破壞及彼之破壞令

[illegible]
娑訶/瘤疥癩狂癰疽痘疤癩疤毒飲等中皆解脫當得/其病人清淨沐浴/

[illegible]
新淨衣穿/身上美麗/其種咒誦者座善上坐/此種咒誦/

[illegible]
明滿勇識力　獨慧之威力　阿羅漢威力　密咒持者數

[illegible]
舍利子智慧　慕乾連聖力　阿拉律天眼　大光止梵藝

[illegible]
一切子初得　慶喜多聞力　梵王慈悲力　帝釋自主力

[illegible]

四王國護力　魔醯首羅力　藥叉類主力

[illegible]

奪母之幻力　其數威力依　我等毒能除　毒苦難當破

[illegible]

薩引底曳奴　訶哩京西尼　基利領　醯哩阿難哩　波難哩　京余哩　訶斜訶斜

[illegible]

訶斜　佉囉斜　摩嚕嘎訶令　娑嚩訶　蘇目訖帝　娑嚩訶　醯禮　娑嚩訶　名利

[illegible]

娑嚩訶

藏文：

lha thams cad kyi gsang sngags 'di dag gis bdag gi byad stems dang/ro langs dang/sman dang/ sngags dang/dug dang/dug sbyar ma rnams bcad do/bshig go/pham par byas so/pha rol pham par byas so svā hā/lba ba dang/shi ba dang /smyo ba dang/'bras dang/'brum bu dang/rkom bo dang/dug 'thungs pa las thar bar 'tshal ba shin tu khrus bgyis pa/shin tu brgyan pa /stan bzang po'i steng du mchis te/rig sngags 'di brjod par bgyi'o/

sangs rgyas kun gyi gzi brjid dang/rang rgyal dag gi gzi brjid dang/

dgra bcom dag gi mthu dag dang/gsang sngags 'dzin pa thams cad dang/

śā ri'i bu yi shes rab dang/:maud gal bu yi rdzu 'phrul dang/

ma 'gags: pa yi mig dang ni/'od srung sbyangs pa 'i yon tan dang/

kau ṇḍi nya'i sngar thob dang/kun dga' bo yi thos pa dang/

tshangs pa yi ni byams pa dang/brgya byin gyi ni dbang rnams dang/

'jig rten skyong ba'i yul rnams dang/dbang phyug chen po'i stobs dag dang/

sde dpon rnams kyi mthu dag dang/'phrog ma'i gzi brjid rdzu 'phrul dang/

de dag rnams kyi mthu dang gzis/bdag gi dug ni dug med shog/

dug med dug rnams 'jig byed pa /gsang sngags tshig rnams de lags so/

syād ya the dan/ ha ri gi śa na: ki li/ e he re/a ma re/aṇḍa re/paṇḍa re/ ka ṭa ke/ ke yū re/ ha se ha se ha se/kha se kha se kha se/ kha raṃ ge/ ma rug a ha ṇe svā hā/ mu mu kṣa svā hā/ hi le svā hā/ mi le svā hā/

意譯：

以諸天此密咒我之詛咒，願起屍、藥、咒、毒草等皆無。破壞並令其破壞娑訶，願瘤〔1〕疥〔2〕、癲狂〔3〕、癰疽〔4〕、痘疤〔5〕、癩疤〔6〕、飲毒等惡重病中皆得解脫。其病人清淨沐浴，著新潔衣，嚴飾其身，念誦者處於高坐，誦此陀羅尼。

明滿勇識力	獨慧威德力	阿羅漢威力	持密咒者等
舍利弗智慧	慕乾連神通	阿那律天眼	大迦葉梵藝
一切子〔7〕初得	阿難多聞力	梵王慈悲力	帝釋自在力
四王護國力	魔醯首羅力	藥叉將主力	訶利羝母力
依彼等威力	我等毒能除	毒害自當破	

薩引底曳奴　訶哩京西尼　基利領　醯哩阿難哩　波難哩　京餘哩　訶斜訶斜　訶斜　佉囉斜　摩嚕嗄訶令　娑嚩訶　蘇目訖帝　娑嚩訶　醯禮　娑嚩訶　名利　娑嚩訶〔8〕

注釋：

〔1〕[illegible]（瘤），藏文作 lba ba，即「瘿疣」。

〔2〕[illegible]（疥），藏文作 shi ba，即「膿癤、瘡痂」。

〔3〕[illegible][illegible]（癲狂），藏文作 smyo ba，即「狂亂、瘋癲」。

〔4〕[illegible][illegible]（癰疽），藏文作’bras，即「瘰鬁、腫核」。

〔5〕[illegible][illegible]（痘疤），藏文作’brum bu，即「天花、痘瘡」。

〔6〕[illegible][illegible]（癩疤），藏文作 rkom bo。

〔7〕[illegible][illegible][illegible]（一切子），對應藏文 kau ṇḍi nya，即阿若・憍陳如。

〔8〕漢文本作：「曩莫三滿跢（引）沒馱（引）南（引）唵（引）〔5〕賀哩計（引）尸顊枳禮噎醯哩（引）阿哩（引）半拏哩（引）揭吒計計（引）瑜哩（引）賀細賀細賀細佉囕細麼嚕誐賀顊（引）娑嚩（二合引）賀（引）娑目契（引）娑嚩（二合引）賀（引）醯禮（引）娑嚩（二合引）賀（引）弭禮娑嚩（二合引）賀（引）」。

西夏文及對譯：

[illegible]	[illegible]	[illegible]	[illegible]
癰疽又生疤	水泉又疥瘡	痘疤又瘡疤	疥疤等七種
[illegible]	[illegible]	[illegible]	[illegible]
其數皆當無	貪欲嗔怒癡	世上三毒者	德慧皆遠離

[illegible]
德慧力毒除　貪欲嗔怒癡　世上三毒者　法力依遠離
[illegible]
法威力毒除　貪欲嗔怒癡　世上三毒者　僧眾所永離
[illegible]
眾威力毒消　地者諸毒父　地者諸毒母　此眞諦言依
[illegible]
我毒解消除種種毒一切　皆地中敬入　娑訶
[illegible]
摩摩　三滿韃　跋捺囉三　三末普名　僧迦哩沒堵　毗士　娑嚩訶　布哩曩　波擔
[illegible]
領蘇訖囉沒堵毗士　娑嚩訶
[illegible]
其又雜亂爭鬥敵者他偷兵等中當勝/初始寶塔之供養時/此大千國守護
[illegible]
大種咒讀誦應/

藏文：

’bras dang rma dang shu ba dang/gyan pa dang ni ’brum bu dang/
lhog pa dang ni gya’ ba ni/bdun pa lags te rab tu bcom /
’dod chags zhe sdang gti mug rnams/de dag ’jig rten dug gsum ste/
bcom ldan sangs rgyas dug mi mang’ /sangs rgyas gzi yis dug bcom mo/
’dod chags zhe sdang gti mug rnams/ de dag ’jig rten dug gsum ste/
bcom ldan chos ni dug mi mang’ /chos kyi gzi yis dug bcom mo/
’dod chags zhe sdang gti mug rnams/ de dag ’jig rten dug gsum ste/
bcom ldan dge ’dun dug mi mang’ /dge ’dun gzi yis dug bcom mo/
sa ni dug gi ma yin te/ sa ni dug gi pha yang yin /
bden pa’i bden tshig de dag gis/bdag gi dug ni dug med shog/
dug ni sa yi nang du song/gang ba’i snod du dug: song shig svā hā/
de nas khrag khrug dang/’thab pa dang/rtsod pa dang/’gyed pa dang/pha rol

gyi dmag tshogs dang/dgra rnams las rgyal bar 'tshal bas thog mar mchod rten chen po la mchod par bgyi'o/

stong chen pa rab tu 'joms pa'i rig sngags kyi rgyal mo:'do yang brjod par bgyi'o/

意譯：

癰疽和瘡傷〔1〕　膿癤〔2〕並疥瘡〔3〕　痘疤和疔瘡〔4〕　疥疤〔5〕等七種
彼等皆願無　貪欲嗔怒癡　是世間三毒　德慧皆遠離
佛力毒消除　貪欲嗔怒癡　是世間三毒　達摩皆遠離
法威力除毒　貪欲嗔怒癡　是世間三毒　僧伽皆遠離
眾威力除毒　地爲諸毒父　地爲諸毒母　是以誠實言
令毒悉消滅　所有種種毒　咸令卻歸地　娑訶

摩摩　三滿韃　跋捺囉三　三末普名　僧迦哩沒堵　毗士　娑嚩訶　布哩曩　波擔　領蘇訖囉沒堵毗士　娑嚩訶〔6〕

復次若願紛亂戰爭中能勝怨敵他兵，供養初始佛塔時〔7〕，念誦此守護大千國大明咒。

注釋：

〔1〕[illegible]（生疤），譯自藏文 rma，即「瘡傷」。

〔2〕[illegible]（膿癤），譯自藏文 shu ba，即「膿癤、瘡痂」。[illegible]還有「水泉」之意，這裏對應的漢文應該是「水腫」。

〔3〕[illegible]（疥瘡），譯自藏文 gyan pa，意爲「皮癬、疥瘡」。

〔4〕[illegible]（疔瘡），譯自藏文 lhog pa，即「疔瘡、疔毒」。

〔5〕[illegible]（疥疤），譯自藏文 ni gya' ba，意爲「發癢、顫抖」。

〔6〕漢文本作：「曩莫三滿跢沒馱（引）南（引）唵（引）布攞拏（二合）播（引）怛哩（二合引）尾灑焰爍訖囉（二合）魔覩娑嚩（二合引）賀（引）。」藏文本無此咒。

〔7〕此句漢文本作：「若復有人於古塔像處聖人得道處諸天諸仙住處。」

西夏文及對譯：

[illegible]
德慧威神力　諸魔怨降伏　德法威神力　非法之息壞

[illegible]
大眾威神力　諸道又降伏　又釋天帝如　天非之壞能

[illegible]
又彼天非等　滿月之障如　又譬日明輪　海水枯令能

[illegible]
火眾木燒如　水諸火息如　風以雲割如　石王杵寶穿

[illegible]
諸天實依在　地舍亦其如　德慧法眞諦　勝眞諦虛非

[illegible]
薩引底曳奴　阿跋哩帝　阿揭囉布蘇缽　毗普怛婆羅　尼嚩囉尼　三末引哩怛

[illegible]
散怛尼　阿缽囉自帝　怛囉怛囉利　巨蘇嘐　嚩哩帝　牛怛銘　巨巨摩帝　嘐婆尼

[illegible]
娑嚩訶　末羅缽囉跋嘐尼　娑嚩訶　嘐盈　娑嚩訶　嘐野　毗嘐盈　娑嚩訶

藏文：

sangs rgyas kyis ni bdud pham mdzad/thos ma yin ni chos kyis so/
dge ’dun gyis ni mu stegs pham /dbang pos lha min pham par gyur/
lha min rnams kyis zla ba pham/nam mkha’i lding gis rgya mtsho’o /
me yis shing rnams pham par gyur/chus ni me yang pham par ’gyur/
rlung gis sprin rnams rab tu pham/:rdo rje yis ni rin chen phug /
lha rnams bden par rab tu gsungs /sa yang bden par gnas pa lags/
sangs rgyas dang ni chos kyang bden/bden pa rgyal gyur brdzun ma lags/

syād ya the dan/a mṛ te a gra puṣpe/ ba hu pha le/ ni brā ra ṇi/ sarba artha sā dha ni/ a pa rā ji te/ :ba ra ṭe dha ra: ṇi/ gu hyā bar te/ gau ta me/ :gu gu ma ti/ jambha ni svā hā/ pra jmbha ni svā hā/ ba la pra bhany(ñ)ja ni svā hā/ ja ye svā hā/ bi ja ye svā hā/ ja ya bi ja ye svā hā/

意譯：

諸佛威神力　降伏諸魔怨　正法威神力　破滅於非法
僧伽威神力　降伏諸外道　亦如天帝釋　破壞阿修羅
如彼阿修羅　能障於滿月　亦如杲日輪　能竭於海水

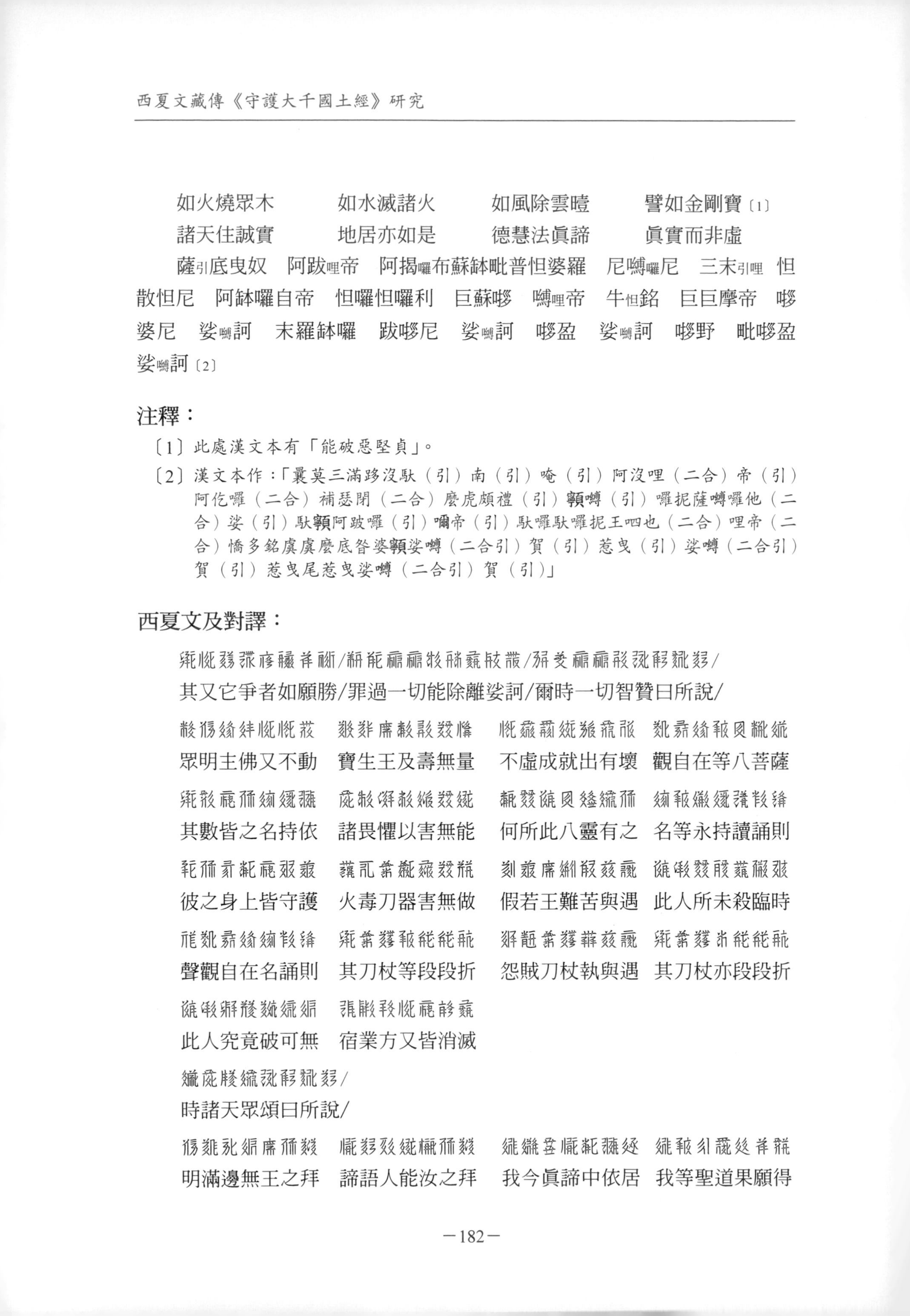

如火燒眾木　　如水滅諸火　　如風除雲曀　　譬如金剛寶〔1〕
諸天住誠實　　地居亦如是　　德慧法眞諦　　眞實而非虛

薩引底曳奴　阿跋哩帝　阿揭囉布蘇缽毗普怛婆羅　尼嚩囉尼　三末引哩　怛散怛尼　阿缽囉自帝　怛囉怛囉利　巨蘇嘐　嚩哩帝　牛怛銘　巨巨摩帝　嘐婆尼　娑嚩訶　末羅缽囉　跋嘐尼　娑嚩訶　嘐盈　娑嚩訶　嘐野　毗嘐盈　娑嚩訶〔2〕

注釋：

〔1〕此處漢文本有「能破惡堅貞」。

〔2〕漢文本作：「曩莫三滿跢沒馱（引）南（引）唵（引）阿沒哩（二合）帝（引）阿仡囉（二合）補瑟閉（二合）麼虎頗禮（引）嚩嚩（引）囉抳薩嚩囉他（二合）娑（引）馱嚩阿跛囉（引）嚩帝（引）馱囉馱囉抳王呬也（二合）哩帝（二合）憍多銘虞虞麼底呇婆嚩娑嚩（二合引）賀（引）惹曳（引）娑嚩（二合引）賀（引）惹曳尾惹曳娑嚩（二合引）賀（引）」

西夏文及對譯：

[illegible]
其又它爭者如願勝/罪過一切能除離娑訶/爾時一切智贊曰所說/

[illegible]
眾明主佛又不動　寶生王及壽無量　不虛成就出有壞　觀自在等八菩薩

[illegible]
其數皆之名持依　諸畏懼以害無能　何所此八靈有之　名等永持讀誦則

[illegible]
彼之身上皆守護　火毒刀器害無做　假若王難苦與遇　此人所未殺臨時

[illegible]
聲觀自在名誦則　其刀杖等段段折　怨賊刀杖執與遇　其刀杖亦段段折

[illegible]
此人究竟破可無　宿業方又皆消滅

[illegible]
時諸天眾頌曰所說/

[illegible]
明滿邊無王之拜　諦語人能汝之拜　我今眞諦中依居　我等聖道果願得

[illegible]

淨梵王及帝釋等　△起合掌恭敬拜　大千國守護契經　今此種咒最妙法

[illegible]

諸童男童女等之　護具種咒今說我　假若現樹兵園內　最勝殊妙咒讀可

藏文：

phyir rgol ba ni kun las rgyal/sdig pa thams cad rab tu pham svā hā/de nas ston pa kun mkhyen gyis/tshigs su bcad pa ’di dag gsungs/

mi ’khrugs pa dang snang mdzad spyan ras gzigs kyi dbang /
rin chen ’od ’phro ri rab mu khyud ’od dpag med /
rdo rje rnams kyi mtshan rnams rtag tu bzing na ni/
’jigs par ’gyur ba ma yin non par mi ’gyur ro/
gang gis mthu stobs chen po brgyad po ’di dag gi/
mtshan rnams rjes su gzing ba’i phyir ni rab brjod cing/
kun tu bskyab pa byas na de yi lus la ni/
me dang dug dang mtshon gyis tshugs par mi ’gyur ro/
gal te de la gnod pa byed pa nye bar gnas/
gshed mas mtshon rnams kyis ni gdab par gzis pa las/
spyan ras gzigs kyi dbang po rjes su dran na ni/
mtshon cha de dag dum bu dum bur chag cing ’brul /
gal te mtshon cha rnams ni thogs par gyur na yang/
lag pa chag nas sa la rab tu ltung bar ’gyur/
de yi lus la cung zad ’bab par mi ’gyur te/
sngan chad byas pa gang yin pa ni ma gtogs so/
lha rnams kyis mthun par tshigs su bcad pa ’di dag gsol to/
sangs rgyas spyod yul mtha’ yas khyod la phyag ’tshal lo/
bden pa rab ston thub pa khyod la phyag ’tshal lo/
deng ni bden pa rnams la gnas nas mchi bar bgyi/
bdag: gi las rnams thams cad ’bras bur bcas gyur cig/
de nas tshangs pa tshangs chen gyis/langs te thal mo sbyar btud nas/
stong chen rab tu ’joms byed pa/legs par gsungs pa’i rig sngags ’di/

byis pa rnams la phan bgyid pa/rig sngags bdag gis brjod par bgyi/

gang gis dang por 'dzam gling du/rig sngags rab tu ston mdzad pa/

意譯：

復次願勝反詰者，能除一切業障娑訶。爾時世尊說伽他曰。

毗盧遮那阿閦佛〔1〕　寶生王及無量壽
不虛成就出有壞　　觀自在等八菩薩
彼等名號作依護　　諸畏懼等悉無害
擁有如是八威力　　永持讀誦其名號
彼恭敬者皆守護　　解脫水火及刀杖
若王有忽遭難苦　　是人臨欲損其形
憶念觀音自在名　　彼刀杖尋段段壞
若逢怨賊執刀杖　　刀杖段壞墜於地
是人究竟無所傷　　一切宿業皆消滅

時諸天眾說此伽他曰。

敬禮明滿行無邊　　敬禮汝能說眞諦
我今一心皈眞諦　　願我等得聖道果
淨梵王及帝釋等　　起立合掌恭敬拜
守護大千國土經　　當今經典最妙法
諸皆童男童女等　　如今說此大明咒
假若老虜樹園內　　可讀最勝殊妙咒

注釋：

〔1〕[illegible][illegible]（不動），意譯自藏文 mi 'khrugs pa，梵文作 Akṣobhya，漢文本作「阿閦如來」。即「不動如來」，因菩提心堅定不動如山，故名爲「不動」，有無嗔恚的意思。

西夏文及對譯：

[illegible][illegible][illegible][illegible][illegible]	[illegible][illegible][illegible][illegible][illegible]	[illegible][illegible][illegible][illegible][illegible]	[illegible][illegible][illegible][illegible][illegible]
法王眾明主	明滿勇之拜	勝妙諸聖法	眾僧伽敬禮
[illegible][illegible][illegible][illegible][illegible]	[illegible][illegible][illegible][illegible][illegible]	[illegible][illegible][illegible][illegible][illegible]	[illegible][illegible][illegible][illegible][illegible]
明滿足拜時	梵王此如說	明滿及勇識	獨慧及聲聞

仙人及護神	諸天一切聚	其數人界內	悉皆此中生
世尊諸魔有	常腹子之食	天王等不見	降伏能者無
腹子不墜令	腹中不在令	男女和睦時	生精皆喉爲
子腹不墜令	羯羅閼樹依	子種籽破裂	腹中足出生
幼者不失令	世尊如面前	其數名說我	柔者又鹿王
枯令又忘令	捶女惹彌迦	欲多又瓶魔	身臭又不喜
鳥又及項手	相美又目垂	其數地上行	

藏文：

sangs rgyas zhabs la phyag ’tshal nas/tshangs pas ’di skad tshig gsol to/
gang dag sangs rgyas rang sangs rgyas /sangs rgyas kyi ni nyan thos dang/
drang srong dang ni ’jig rten skyong /lha rnams ji snyed mchis pa dang/
de kun mi yi ’jig rten na/’di las skyes pa sha stag go/
thub chen mngal la ’tshal ba yi/ gnod sbyin srin po ’di na mchis /
rgyal po rnams kyis mthong mi nus/bstan par yang ni mi nus so/
gang la bu ni mi ’chags dang/gang gi mngal ni mi gnas dang/
skyes pa bud med ’du ba na/dbang po rnams ni myos par bgyid/
mer mer po dang nur nur po /bu yi sa bon ma rung bgyid/
gang yang mngal ni thur du gyur/sha ma mi ’byung gnod bgyid pa/
de rnams kyi ni ming brjod kyis/’jig rten mgon po bdag la gson /
’jam pa po dang ri dags rgyal/skem byed brjed byed khu tshur can /
ma mi dang ni dza mi ka/’dod pa can dang nam gru dang/
srul po dang ni ma dga’ byed/bya dang gnya’ ba’i lag can dang/
bzhin rgyan dang ni mig ’phyang ba/ de dag thams cad sa la rgyu/

意譯：

法王眾明主　明滿勇識拜　諸勝妙聖法　眾僧伽敬禮
佛足膜拜時　梵王如是說　明滿及勇識　獨慧及聲聞
神仙護世神　一切諸天集　彼等人世間　皆悉此中生
世尊有諸魔　常食人腹子　天王等不見　能降伏者無
令腹子不墜　令其不受胎　男女和睦時　精氣皆爲吸
令腹子不墜　依羯羅藍樹　其種子破裂　腹中生出足
令幼子不失　惟世尊面前　我說彼等名　曼祖〔1〕及鹿王〔2〕
塞健那〔3〕妄念〔4〕　鬼女〔5〕〔6〕惹彌迦〔7〕　多欲〔8〕又瓶魔〔9〕
身臭〔10〕又不喜〔11〕　鳥〔12〕又及項手〔13〕　相美〔14〕又目垂〔15〕
彼等地上行

注釋：

〔1〕[illegible]（柔者），藏文'jam pa po，漢文本作「曼祖」，梵文 mañjuśrī，即「文殊師利」，凡西夏文翻譯成「柔吉祥」都是譯自藏文，翻譯成「妙吉祥」的都是譯自漢文。（參看克恰諾夫目錄和林英津的《勝妙吉祥眞實名經》）。這裏藏文應該是意譯了 Mañjuka，即「彌酬迦」，爲惱亂童子的十五鬼神之一。曼殊沙華，梵語 manñjūṣaka，意譯作「柔軟華、如意花」等，爲四種天華之一，乃天界之花名，其花鮮白柔軟，諸天可以隨意降落此花，以莊嚴說法道場，見之者可斷離惡業。

〔2〕[illegible]（鹿王），藏文作 ri dags rgyal，漢文本「鹿王」。梵文 mṛga，即「鹿」，哺乳類之獸。《翻譯名義大集》中有梵文 Mṛiga，藏文作 ri dbags 或 ri dags，日本文作「鹿、野獸」，漢文作「野獸」。《佛光大辭典》中有彌迦王（mṛgarāja），爲十五鬼神之一。

〔3〕[illegible]（枯令），藏文作 skem byed，梵文作 Skanda，漢文本作「塞健（二合）那」，漢文或作「塞犍陀」或「騫陀」，意譯作「作歎、作」，藏文 skem byed 意爲「使枯瘦、使乾」。

〔4〕[illegible]（令忘），藏文作 brjed byed（癔病、妄念鬼），梵文 Apasmāra，漢文本作「阿缽娑麼（二合）囉」，或作「阿波悉魔羅」，意譯作「作忘者」。

〔5〕[illegible]（捶女），譯自藏文 khu tshur can，對照漢文本內容，應對應漢文本的「母瑟致（二合）迦」，梵文 Muṣṭikā，亦音譯作「牟致迦」。

〔6〕據上下文，這裏缺[illegible]（陰女），藏文作 ma mi，「天女、天母、鬼女」。根據漢文本上下文，對應的是「麼底哩（二合）迦魅者」。

〔7〕[illegible]（惹彌迦），音譯自藏文 dza mi ka，漢文本作「惹彌迦」，梵文不可考。

〔8〕[illegible]（欲多），藏文'dod pa can（貪戀者），梵文 Kāminī，漢文本作「迦弭顆魅」。

〔9〕[illegible]（瓶魔），藏文 nam gru（奎宿），梵文 Revatī，漢文本作「黎嚩帝」。

〔10〕（身臭），藏文 srul po，梵文 Pūtana，漢文本作「布單那」。Pūtana，意譯作臭鬼、臭餓鬼。又稱熱病鬼、災恠鬼。此鬼與乾達婆皆爲持國天之眷屬，守護東方，外形如豬，能使孩童在睡眠中驚怖啼哭。

〔11〕（不喜），意譯自藏文「ma dga' byed」，梵文 Mātṛnāndā，漢文本作「麼底哩（二合）難那魅者」。

〔12〕（鳥），意譯自藏文 bya，梵文 Śakunī（舍究尼），漢文本作「爍俱𩓐魅者」。

〔13〕（項手），意譯自藏文 gnya' ba'i lag can，梵文 Kaṇṭhapaṇinī（乾吒婆尼），漢文本作「建姹播底𩓐」。藏文 gnya' ba 意爲「後頸」，lag pa 意爲「手」。

〔14〕（相美），意譯自藏文 bzhin rgyan，梵文 Mukhamaṇḍitikā（目佉曼荼）漢文本作「目佉滿捉」。

〔15〕（目垂），意譯自藏文 mig 'phyang ba，梵文 Ālambā，漢文本作「阿監麼」。

西夏文及對譯：

[illegible]
其十五魔神　諸兒童之懼　又兒童傷害　名及相說我

[illegible]
柔者所害時　目果逼變令　鹿王所害時　心煩又吐令

[illegible]
枯令所害時　嬰兒喉害爲　忘令所害時　仰喊又沫吐

[illegible]〔註10〕[illegible]
捶女　所害時　拳頭時時解　陰女所害時　氣逼又笑令

[illegible]
惹彌迦害時　乳酪以啼哭　欲多所害時　睡驚覺及喊

[illegible]
瓶魔所害時　自舌自嚼令　身臭所害時　氣阻又咳重

[illegible]
不喜所害時　種種色相現　鳥魔所害時　臭髒香味出

[illegible]
項手所害時　咽喉皆堵爲　相美所害時　病遇又痢爲

[illegible]
目垂所害時　口抽時時驚　諸兒童之懼

〔註10〕原誤作[illegible]（結），據改。

藏文：

gdon rnams bcva lnga de dag ni/byis pa rnams la ’jigs par bgyid/
ji ltar byis pa ’dzin: pa yi/mtshan dang gzigs kyang brjod par bgyi/
’jam pa pos ni zin gyur na/mig ni rab tu ’gyur bar bgyid/
ri dags rgyal gyis zin gyur na/skyugs pa mi bzad skyug par ’gyid/
skem byed kyis ni zin gyur na/ skem byed pas ni byis pa gul/
brjed byed kyis ni zin gyur na/’gre zhing de ltar sgra yang ’byin/
dbu ba dang ni kha chu ’dzag/khu tshur can gyis rab zin na/
khu tshur ’chang zhing ’gyed par bgyid/ma mo yis ni zin gyur na/
rgod cing de bzhin sgra yang ’byin/dza mi kas ni rab zin na/
nu zho nu bar mngon mi dga’ /’dod pa can gyis rab zin na/
mal na gnyid log ngu bar ’gyur/nam grus rab tu zin gyur na/
lce la sos ni ’cha’ bar bgyid/srul pos rab tu zin gyur na/
ku co ’don cing sgra yang ’byin/ma dga’ byed par zin gyur na/
rnam pa sna tshogs gzugs su ’gyur/bya yis rab tu zin gyur na/
mnam pa’i dri ni ’byung bar ’gyur/gnya’ lag can gyis zin gyur na/
mgul pa rab tu ’gag par ’gyur/bzhin rgyan gyis ni zin gyur na/
rims kyis btab cing ’khru bar ’gyur/mig ’phyang bas ni zin gyur na/
skyigs bu dang ni sdam pa ’byung/

意譯：

彼十五魔神	令諸兒童懼	且傷及兒童	使現種種相
曼祖所害時	令目珠急變	鹿王所害時	令心煩嘔吐
塞健那害時	令小兒搖擺	妄念所害時	聲喊又吐涎
鬼女所害時	拳頭不時解	鬼女所害時	令其喘又笑
惹彌迦害時	不飲乳而哭	欲多所害時	睡驚覺而哭
瓶魔所害時	常自咬其舌	身臭所害時	噎氣又咳嗽
不喜所害時	種種色相現	鳥魔所害時	臭香諸嗅出
項手所害時	咽喉皆閉塞	相美所害時	瘟疫又痢疾
目垂所害時	口抽時驚厥	諸兒童之懼	

西夏文及對譯：

[illegible]	[illegible]	[illegible]	[illegible]
其數相述我	柔者牛與似	鹿王相鹿如	枯令兒童相
[illegible]	[illegible]	[illegible]	[illegible]
忘令狐與類	拳頭烏鴉如	陰女女與類	惹彌迦馬如
[illegible]	[illegible]	[illegible]	[illegible]
欲多石王相	瓶相犬與類	身臭豬與類	不喜貓與類
[illegible]	[illegible]	[illegible]	[illegible]
鳥魔鳥與類	項手鴉與類	相美鵂鶹類	目垂蝙蝠如
[illegible]	[illegible]	[illegible]	[illegible]
此數兒童懼	賊以常食吞	諸兒童懼者	契經索以搏
[illegible]	[illegible]	[illegible]	[illegible]
其數皆之攝	藥叉大類主	名者旃檀香	種咒手割以
[illegible]	[illegible]	[illegible]	[illegible]
立即其之使	其十五種魔	五繩索以縛	指彈取汝時
[illegible]			
悉皆此願驅			

藏文：

byis pa ji rtar skrag bgyid pa/de yi gzugs ni brjod par bgyid/
’jam pa po ni ba lang gzugs/ri dags rgyal po ri dags ’dra/
skem byed pa ni gzhin nu’i gzugs/brjed byed pa ni wa ’dra’o/
khu tshur can ni bya rog gzugs/ma mo de ni mi yi gzugs/
ja mi ka ni rta yi gzugs/’dod pa can ni rdo rje’i gzugs/
nam gru: khyi yi gzugs kyis te/srul po phag gi gzugs kyis so/
ma dga’ byed pa byi la’i gzugs/bya ni ’dab chags gzugs gyis so/
gnya’ lag can ni bya gag gzugs/bzhin: rgyan ’ug pa’i gzugs su ste/
mig ’phyang ba ni pha bang gzugs/’di dag byis pa skrag par bgyid/
’di dag bu ’phrog ma rungs pa/byis pa rnams la ’jigs bgyid pa/
mdo sde’i zhags pas drangs nas ni/’di dag shin tu dgug par bgyid/

gnod sbyin sde dpon chen po ni/dri za candan zhes bgyi ba/
yi ge phyag rgya de stsal te/song la gdon ni drag po pa/
bcva lnga de dag khug shig ces/pho nyar yang ni btang bar bgyi/
de dag rnams ni skad cig gis/bcing ba lnga yis bcing bzhin bkug/

意譯：

我述種種相	曼祖形如牛	鹿王形如鹿	枯令童子相
妄念形如狐〔1〕	拳頭如烏鴉〔2〕	鬼女形如女〔3〕	惹彌迦如馬
欲多金剛相〔4〕	瓶魔形如狗	身臭形如豬〔5〕	不喜形如貓〔6〕
鳥魔形如鳥	項手形如鴉〔7〕	相美如鵂鶹〔8〕	目垂如蝙蝠〔9〕
此等驚小兒	常盜而吞食	諸害小兒者	以此經繫縛
彼等悉攝縛	大藥叉將領	名者旃檀香	以明咒手印
使之即刻來	彼十五魔神	五繩索縛之	如彈指之間
悉皆願疾往			

注釋：

〔1〕[illegible]（狐），藏文作 wa，漢文本作「阿鉢娑麼（二合）囉形如柴狗」。

〔2〕[illegible]（烏鴉），對應藏文 bya rog，即「烏鴉」。

〔3〕漢文本作「麼底哩（二合）迦其形如羖羊」。

〔4〕[illegible]（金剛相），藏文作 rdo rje'i gzugs，漢文本作「迦弭䫜者其狀如驢」。

〔5〕漢文本作「布單那者形如鸜鵒」。

〔6〕[illegible]（貓），藏文作 byi，意爲「鼠」，西夏文疑誤。漢文本作「麼底哩（二合）難那形如貓兒」。

〔7〕[illegible]（鴉），藏文作 bya gag，意爲「雞」，漢文本作「建蛇播抳其形如鷄」。

〔8〕[illegible]（鵂鶹），藏文作'ug pa，漢文本作「目佉滿抳形如獯狐」。

〔9〕[illegible]（蝙蝠），藏文作 pha bang，漢文本作「阿監麼者其形如雉」。

西夏文及對譯：

[illegible]/
爾時大梵天王合掌恭敬出有壞之此如說曰/

[illegible]	[illegible]	[illegible]	[illegible]
人種皆破壞	生者聚一切	明滿如前前	其數罪法言

[illegible]
若女子不生　若女子所生　八日又十四　禁戒執法及

[illegible]
三寶處依歸　寶塔之供養　身沐浴美麗　地上菜果撒

[illegible]
香花以供養　五色線之咒　舍處之圍繞　夜中〔註11〕道場入

[illegible]
頂上菜果置　大梵王所爲　梵王之變也　十二歲中至

[illegible]
女男等之得　梵王變幻經　此種咒曰越　阿翔葛聚如

[illegible]
頭裂七分爲

[illegible]
薩引底曳奴　阿艾　南艾　婆宜尼　噎南帝　毗南帝　蘇臘尼　宜哩宜哩　囉引誐

[illegible]
嚩底　誐嚩哩　誐嚕利　誐嚕利　誐哩伎羅尼　臘三寧　阿臘哈　阿迦尼

[illegible]
缽囉迦哩舍利　娑嚩訶

藏文：

de nas ’jig rten mgon po la/ tshangs chen thal sbyar ’di skad gsol/
srog chags sa bon ’jig bgyid pa/’byung po ’di dag rnams lhags te/
mgon po yi ni spyan snga ru/’di dag chad pas bshad par bgyi/
bud med gang dag bu mi ’tshal/gang zhig btsas pa ’dzin ’tshal bas/
tshes brgyad dang ni bcu bzhi la/bslab bzing dam chos skyabs mchis la/
mchod rten legs par mchod par bgyi/khrus bgyis shin tu brgyan nas ni/
sa gzhir yungs kar gtor nas su/me tog spos kyis brgyan par bgyi/
sna snga’i tshon gyi skud pas ni/khor yug tu ni bskor bar bgyi/

〔註11〕[illegible]（午夜），藏文爲 nam phyed bar，即「子時」。[illegible]（夜），原作[illegible]（巡），疑誤。

nam phyed bar du mchis nas ni/spyi bor yungs kar bzhag nas su/
tshangs pas rab tu byas pa ste/tshangs par sprul ces brjod par bgyi/
lo grangs bcu gnyis bar du ni/gzhon nu rnams la phan bgyid pa/
tshangs pas sprul pa'i mdo sde yi/rig sngags 'di: la gang 'da'a ba/
a rdza ka yi dog pa bzhin/mgo bo tshal pa bdun du 'gas/
syād ya the dan/ aṃ ge/ baṃ ge/:baṃ gi ni/ bha ba ne/ i nande/ :bi nande/ :sa ra li/ gi ri gi ri/ śa ba ri/ ga ru ṇi/ śa:ru ṇi/ gi ri/ ga ba re/ lo ca ni/:ro ṣa ṇi/la sa ni/ ro ca ne/ a la bhe/a ga ne/ a la bhe/ta la bhe/pra : karṣi ṇe svā hā/

意譯：

爾時大梵天王合掌恭敬而作是言。

人種皆破壞	一切生者聚	我今佛面前	說懲治彼等
若女子不生	若女子已生	八日或十四	受持禁戒法
皈依於三寶	佛塔嚴供養	沐浴而嚴飾	地上撒白芥
以香花供養	五色線一咒	房舍外圍繞	午夜入道場
頂置白芥子	大梵王所爲	梵王之變也	至十二歲中
女男等能得	梵王變幻經	若違越此經	狹如阿翔葛〔1〕

頭裂爲七分。

薩引底曳奴　阿艾　南艾　婆宜尼　噎南帝　毗南帝　蘇臘尼　宜哩宜哩　囉引誐　嚩底　誐嚩哩　誐嚕利　誐嚕利　誐哩伎羅尼　臘三寧　阿臘哈　阿迦尼　缽囉迦哩舍利　娑嚩訶〔2〕

注釋：

〔1〕[illegible]，音阿翔葛，音譯自藏文 a rdza ka。梵文不可考。

〔2〕漢文本作：「曩謨（引）沒馱野曩謨（引）達麼野曩謨（引）僧伽野怛儞也（二合）他唵（引）阿擬（引）曩擬婆嚩頸（引）伊難禰尾難禰戍攞頸擬哩誐嚩哩誐嚩哩誐嚕抳誐嚕抳誐哩（引）路（引）左頸（引）母攞醯（引）阿虎哩（引）缽囉（二合）揭哩沙（二合）抳娑嚩（二合引）賀（引）」。

西夏文及對譯：

[illegible]	[illegible]	[illegible]	[illegible]
腹處願安樂	諸根願滿足	腹處願安樂	生時懼當無
[illegible]	[illegible]	[illegible]	[illegible]
生時當安樂	時依善生產	雜色種線及	俱全榮果以

[illegible]

咒誦以線結　兒童身上有　永常守護爲　爾時一切智

[illegible]

此種咒所曰　腹處之守護　童男又童女　悉皆當安樂

[illegible]

薩引底曳奴 抱體 抱馱 耨麼帝 婆羅尼 三浮婆禮 西佉西佉 薩囉嚩帝

[illegible]

薩誐黎 獨囉娑禰 獨囉引誐摩寧 素囉鉢囉鉢帝 素囉嚩帝 婆艾 婆引誐

[illegible]

婆艾婆宜尼 寧嚩囉利 娑嚩訶

藏文：

mngal na bde bar gnas gyur cig/dbang po yang dag ’phel bar shog/

mngal na ’dug: pa bde gyur cig/btsas pa ’jig par ma gyur cig/

mngal na bde bar gnas gyur cig/dus bzhin du ni ’byung bar shog/

tshon skud sna tshogs rnams dang ni/yungs kar ’bru ni ma grugs pa/

de dag bsrung bar gsungs pa ste/byis pa ring du ’tsho bar shog/

de nas ston pa kun mkhyen gyis/rig pa’i sngags ni ’di dag gsungs/

mngal na ’dug pa bsrung bar shog/byis pa rnams ni bde gyur cig/

syād ya the dan/ bo dhi bo dhi/ ma hā bo dhi/ :bo dha a nu ma te/ pha li ni/ ba hu pha le/śi kṣa śi kṣa/ sā ra ba te/ sā ga li/ du rā sa de/ du rā ga me/:śū ra prāpte /śūra ba te/ bha ge/ bha: ga ba te/ bhā gi ni ni bā ra ṇi svā hā/

意譯：

願胎髒安樂　諸願得滿足　願胎髒安樂　願生時無懼

願生時安樂　依時善生產　雜色種種線　白芥子俱全

誦咒以繫線　繫於小兒身　永常得守護　爾時正遍知

即說陀羅尼　胎髒之守護　童男及童女　悉皆得安樂

薩引底曳奴　抱體　抱馱　耨麼帝　婆羅尼　三浮婆禮　西佉西佉　薩囉嚩帝　薩誐黎　獨囉娑禰　獨囉引誐摩寧　素囉鉢囉鉢帝　素囉嚩帝　婆艾　婆引誐　婆艾　婆宜尼　寧嚩囉利　娑嚩訶〔1〕

注釋：

〔1〕漢文本作：「曩莫三滿路沒馱南（引）唵（引）冒（引）地冒（引）馱（引）努麼帝（引）頗攞禮嚩虎頗賴（引）識乞叉（二合引）識乞叉（二合）娑（引）囉嚩帝（引）娑（引）誐禮（引）努囉娑禰（引）娑（引）囉缽囉（二合引）缽帝（二合）素囉麼帝（引）婆擬婆誐（引）婆擬（引）婆擬顊（引）顊嚩（引）囉抳（引）娑嚩（二合引）賀（引）。」

西夏文及對譯：

[illegible]

其又十五魔　永常血飲者　世尊之敬禮　合掌此言曰

[illegible]

壁壘又家舍　野舍一切中　此契經置處　諸兒童不亡

[illegible]

人能何詔依　其依然行△

[illegible]

南無 婆誐嚩帝 部他野 南無 婆誐嚩帝 末囉門抳 西迦堵麼怛囉 波達

[illegible]

怛引哩堵　毗難等　末羅麼　南無僧堵　娑嚩訶

[illegible]

明滿出有壞之敬禮/梵王之敬禮/密語舍當成/實依當成就/此種咒以願

[illegible]

救濟/梵王思依當成娑訶/

藏文：

de nas gdon ni bcva lnga po/rtag tu khrag la ’thung rnams kyis/

’jig rten mgon la phyag ’tshal te/thal mo sbyar nas ’di skad gsal/

grong ngam khyim mam grong khyer ram/gang na legs par gsungs pa yi/

mdo sde ’di ni bzhugs pa der/byis pa rnams ni ’chi mi ’gyur/

thub chen khyod ni ji bzhin du/rjes su mthun par ’jug par bgyi/

sangs rgyas bcom ldan ’das la phyag ’tshal lo/tshangs pa la phyag ’tshal lo/gsang sngags kyi tshig rnams grub par gyur cig/grub par gyur cig/ rig sngags kyis sgrol bar gyur cig/tshangs pas bsam par gyur cig svā hā/

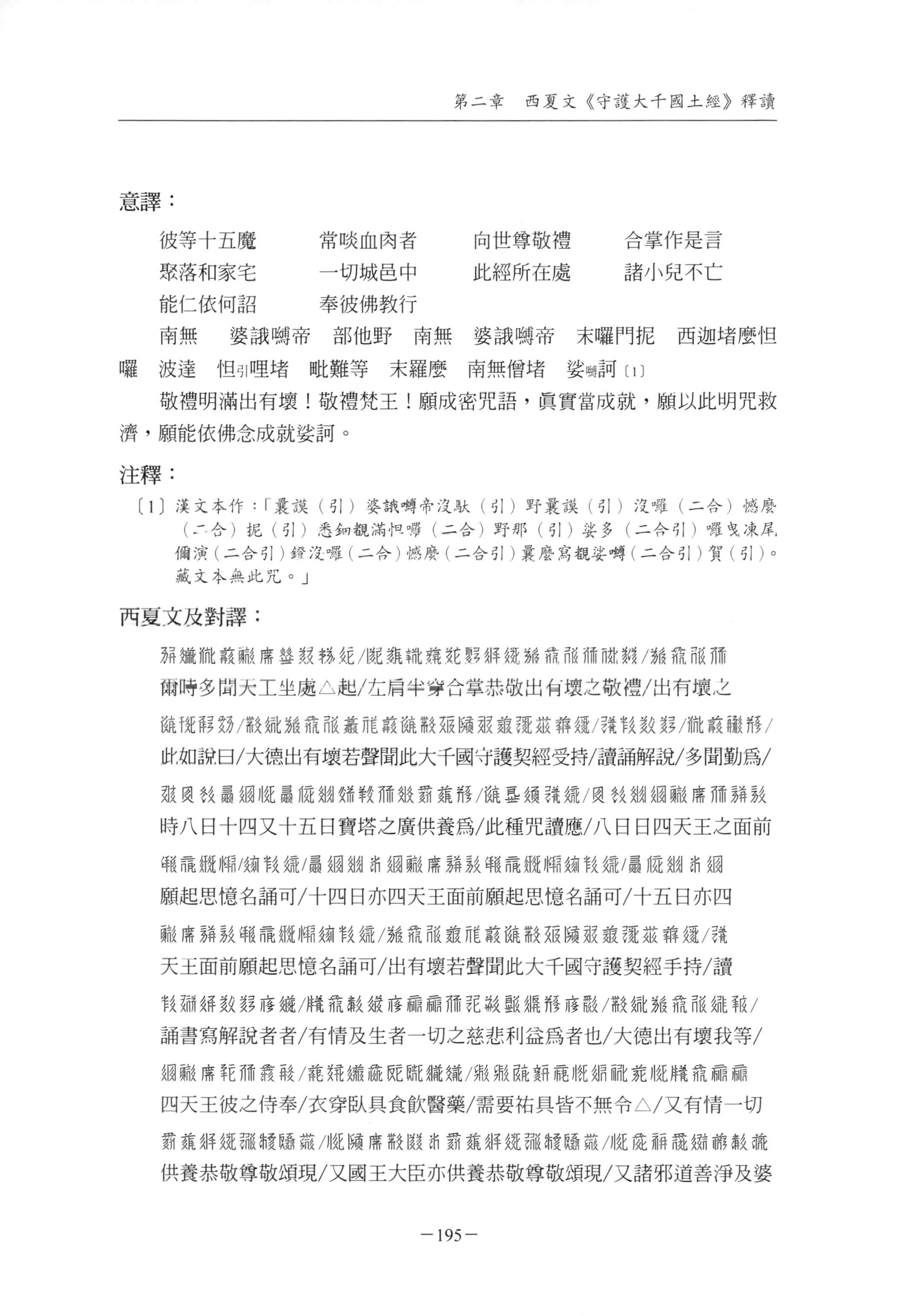

意譯：

彼等十五魔　　常啖血肉者　　向世尊敬禮　　合掌作是言
聚落和家宅　　一切城邑中　　此經所在處　　諸小兒不亡
能仁依何詔　　奉彼佛教行

南無　婆誐嚩帝　部他野　南無　婆誐嚩帝　末囉門抳　西迦堵麼怛囉　波達　怛引哩堵　毗難等　末羅麼　南無僧堵　娑嚩訶〔1〕

敬禮明滿出有壞！敬禮梵王！願成密咒語，眞實當成就，願以此明咒救濟，願能依佛念成就娑訶。

注釋：

〔1〕漢文本作：「曩謨（引）婆誐嚩帝沒馱（引）野曩謨（引）沒囉（二合）憾麼（二合）抳（引）悉鈿覩滿怛囉（二合）野那（引）娑多（二合引）囉曳涷尾儞演（二合引）鐙沒囉（二合）憾麼（二合引）曩麼寫覩娑嚩（二合引）賀（引）。藏文本無此咒。」

西夏文及對譯：

[illegible]
爾時多聞天工坐處△起/左肩半穿合掌恭敬出有壞之敬禮/出有壞之
[illegible]
此如說曰/大德出有壞若聲聞此大千國守護契經受持/讀誦解說/多聞勤爲/
[illegible]
時八日十四又十五日寶塔之廣供養爲/此種咒讀應/八日日四天王之面前
[illegible]
願起思憶名誦可/十四日亦四天王面前願起思憶名誦可/十五日亦四
[illegible]
天王面前願起思憶名誦可/出有壞若聲聞此大千國守護契經手持/讀
[illegible]
誦書寫解說者者/有情及生者一切之慈悲利益爲者也/大德出有壞我等/
[illegible]
四天王彼之侍奉/衣穿臥具食飲醫藥/需要祐具皆不無令△/又有情一切
[illegible]
供養恭敬尊敬頌現/又國王大臣亦供養恭敬尊敬頌現/又諸邪道善淨及婆

[illegible]/[illegible]/
羅門行修者/諸行合不合等皆供養恭敬尊敬頌現/

藏文：

de nas rgyal po chen po rnam thus kyi bus bla gos phrag pa gcig tu gzar nas thal mo sbyar te/

bcom ldan 'das la phyag 'tshal nas 'di skad ces gsol to/btsun pa bcom ldan 'das nyan thos gang la la stong chen po rab tu 'joms pa'i mdo sde 'di 'dzin tam/'chang ngam/ston tam/klog gam/kun chub par bgyid pa des mang du thos pa la brtson par bgyi'o/mchod rten mchod pa la brtson par bgyi'o/tshes brgyad dang/bcu bzhi dang/bcva lnga'i dus su mchod rten la mchod pa rgya chen po bgyis nas rig sngags bklag par bgyi'o/tshes brgyad kyi tshe ni rgyal po chen po bzhi'i skyes bu dag rgyal po chen po rnams kyi mdun na de la sems par bgyid/ming nas kyang 'don par bgyid do/

tshes bcu bzhi'i tshe ni rgyal po chen po bzhi po dag nyid bdun na sems par bgyid/ming nas kyang 'don par bgyid do/tshes bcva lnga'i tshe ni rgyal po chen po: bzhi po dag ni sems par bgyid cing ming nas kyang 'don par: bgyid de/bcom ldan 'das kyi nyan thos gang stong chen po rab tu 'joms pa'i mdo sde 'di len pa dang/'chang ba dang/ston pa dang/klog pa dang/kun chub par bgyid pa de ni srog chags 'byung po thams cad la snying brtsa zhing phan par bgyid lags so/btsun pa bcom ldan 'das bdag cag rgyal po chen po bzhis kyang de la gos dang/zis dang/mal cha dang/stan dang/na ba'i gsos sman dang/yo byad rnams kyis mi brel bar bgyi'o/sems can thams cad kyis kyang bsti stang bgyid par 'gyur ro/rgyal po dang /blon po dag gis kyang bla mar bgyi ba dang/rim gro bgyi ba dang/mchod par: bgyi bar 'gyur lo/gzhan mu stegs can dang/dge sbyong dang/bram ze dang/spyod pa can dang/kun tu rgyu dang/mdza' ba dang/

意譯：

爾時多聞天王即從坐起，偏袒右肩合掌向佛敬禮，而白佛言。世尊若有聲聞弟子受持此守護大千國土經，多聞勤爲讀誦解說，於八日及十四日十五日於佛塔作大供養，應誦讀此明咒。八日時四天王面前可發願念誦名號，十四日亦四天王面前可發願念誦名號，十五日亦四天王面前可發願念誦名號。世尊彼諸聲聞若常受持如是經典，乃至爲人誦讀書寫解說，乃一切慈悲爲有情魑魅饒益也。世尊我等，四天王其人前侍奉，衣服臥具飲食湯藥，所需資具無令乏少。又恭敬供養尊重讚歎一切有情，又亦恭敬供養尊重讚歎國王大臣，又諸外道沙門婆羅門修行者行合或行不合者等，皆爲恭敬供養尊重讚歎。

西夏文及對譯：

[illegible]

諸善男子善女人等願起/身淨衣穿/臥具食飲醫藥/諸祐具皆俱全令/惡土內

[illegible]

不生/惡土內人與善親不爲/惡土之不頌現/若生者所侵/人之面前此大千國

[illegible]

守護契經思憶/則我等四天王彼之護祐救護覆蓋△/大德出有壞其依此

[illegible]

大千國守護契經自屋內一日一夜實思憶時/契經威力依一年園內/魔神等

[illegible]

利不得/生者魔神一切之敬禮可爲若人等大千國守護契經受持時/我等四

[illegible]

王彼之面前現/藥叉魔鬼者言可何在何云也/有情一切之利益因也/世間

[illegible]

有情此種咒受持可/此密咒語者最高最妙最深廣大/測量可無值遇亦難/

[illegible]

不同法也/此者法之手印也/

藏文：

mi mdza' ba dag gi nang du mchis kyang mchod par 'gyur ro/rigs kyi bu'm/rigs kyi bu mo dad pa des gtsang mar bgyis te/lus gtsang ba dang/gos dang/rgyan dang/mal cha dang/stan dang/yo byad khyad par can gtsang mar bgyi/yul ngan pa rnyed par mi bgyi/yul ngan pa'i mdza' bo dang bsten par mi bgyi/yul ngan pa na gnas pa la bsngags par mi bgyi'o/gang 'byung po'i gdon gyis zin pa'i mdun du stong chen po rab tu 'joms pa'i mdo sde 'di dran par gyur na/de la rgyal po chen po bzhi: po bdag nyid srung ba dang/skyob pa dang/sbed par bgyid par 'gyur ro/btshun pa bcom ldan 'das de ltar na stong chen po rab tu 'joms pa'i mdo sde 'di mthu che ste/gang gis rang gi khyim du mtshan gcig gam/nyin gcig kyang rung yang dag par bsams na/de la lo gcig gi bar du mi ma lags pas glags rnyed bar mi 'gyur ro/'byung po'i tshogs thams cad kyis phyag bgyi ba'i 'os su 'gyur ba lags so/gang stong chen po rab tu 'joms pa'i mdo sde 'di 'chang ba de 'tshal na/rgyal po chen po: bzhi yang bzhin ston par 'gyur na/gnod sbyin dang/srin po dang/phal pa gzhan lta smos kyang ci 'tshal/de ci'i: slad du zhe na/sems can rnams la sman pa'i slad du 'jig rten la gang su dagrig sngags bgyid pa de dag pas gsang sngags: kyi tshig 'di dag rab mchog/gtsho bo/ khyad par du 'phags pa/dam pa /rgya che ba /tshad ma mchis pa /'jug par dka' ba /thun mong ma lags pa'i slad du ste/'di ni chos kyi phyag rgya lags so/

意譯：

善男子善女人等發願。淨身穿衣，臥具飲食湯藥，諸資具皆令充足。不生邊地〔1〕，不隨惡友。不讚歎邊地，若鬼神入侵，於人面前念誦此守護大千國土經，則我等四天王自隱起身守護彼人。如世尊於自家屋內一日一夜如實思慮此守護大千國土經，時依此經威力捨宅一歲之中鬼神等不得利，可敬禮一切魑魅鬼神。若復有人受持此守護大千國土經，我等四王常現其前，云何爲彼藥叉羅刹鬼神而得其便。世間有情可受持此明咒，如是眞言句最上最勝甚深廣博，無可測量亦難値遇。不同法也，此者法之手印也。

注釋：

〔1〕[illegible]（邊地），直譯作「惡土」。藏文 yul ngan。

西夏文及對譯：

[illegible] [illegible] [illegible] [illegible]
千眼帝釋王　合掌恭敬以　世尊之言說　世間利益故

[illegible] [illegible] [illegible]
此種咒所言　密咒藥和也　種咒我述我

[illegible]
西利沙那　摩野摩引哩誐　阿誐嚕迦南光　怛波羅　俗利周　銘嵘　摩自士吒

[illegible]
素迦利　嚩利迦底　哆野般利　比羅嚩羅僧　毗哩三磨迦　怛誐囉　部蘇摻

[illegible]
嵘曩阿嚩哩怛伽遏羖士特　曩乾　波怛日　迦怛嚩囉　缽利闍俄　入薩南

[illegible]
缽利迦　薩哩沙班薩　摩那凄羅　怛茲　摻嵘捺　宮悉摩　醯俄波怛囉

藏文：

de nas dbang po mig stong po/lha yi rgyal po bde sogs khyod/
thal mo sbyar te phyag 'tshal nas/'jig rten mgon la 'di skad gsol/
'jig rten kun la phan bgyid pa/rig sngags 'di ni legs par gsungs /
gsang sngags sman dang ldan pa yi/

rig sngags bdag gis brjod par bgyi/ shir sha me tog a pa mārga dang/ ka: ta kā yi 'bras bu a ga ru /rdo dreg dang ni: mi dā btsod rnams dang/:su ka rī dang jā ya marga ti/pa ri pe la sa: ra bī rā dang/sā ma ka dang buspa rgya spos dang/candan a bar ta ka ru rta dang/sder mo lo ma ka: ṭa ma rā dang/pri yang ku dang 'bu gsug smig bcud dang/yungs kar dag dang ldong ros rnams dang ni/shing tsha shu dag gur gum shing kun dang/lo ma dag dang ldan pa'i brna kaṃ/

意譯：

千眼帝釋王　　合掌而頂禮　　白世尊之言　　世間利益故
此明咒所言　　眞言和藥〔1〕也　我述明咒曰

西利沙那　摩野摩引哩誐　阿誐嚕迦南光　怛波羅　俗利周　銘嵘　摩自士吒　素迦利　嚩利迦底　哆野般利　比羅嚩羅僧　毗哩三磨迦　怛誐囉　部蘇摻嵘曩　阿嚩哩怛伽遏羖士特　曩乾　波怛日　迦怛嚩囉　缽利闍俄　入薩南　缽利迦　薩哩沙班薩　摩那凄羅　怛茲　摻嵘捺　宮悉摩　醯俄波怛囉〔2〕

注釋：

〔1〕[illegible]（眞言和藥），藏文作 gsang sngags sman。

〔2〕藏文中和藥的成分包括 a ga ru（沉香）、rdo dreg（石垢）、btsod（茜草）、spos（香）、a bar（訶子）、ru rta（雲木香）、pri yang ku（唐古特青藍）、yungs kar（白芥子）、ldong ros（雄黄）、shing tsha（肉桂）、shu dag（菖蒲？）、gur gum（紅花）等。

西夏文是對漢文本的音譯，也許西夏人把漢文本中的藥方當成了咒語，也可能是難以對這些藥的成分進行一一確認。

漢文本作：「尸利沙花（一）麼耶麼（引）哩誐（二合二）怛誐囕（囉江切三）揭諾迦（四）優曇鉢攞（五）勢（引）隸野（六）弭那軨（七）嚩瑟姹（二合）素迦利（八）末哩迦（二合）穌（引九）惹野波哩閉攞網（十）囉僧尾囉（引十一）三麼哩迦（二合）多（十二）誐囉瞻娑（引十三）贊那曩（十四）嚩哩多（二合）劍（十五）俱瑟姹（二合）曩欠（十六）跛怛囕（二合十七）揭鴿（吒江切十八）婆囉（引）鉢哩（二合）焰（十九）虞嚕（引）左曩（二十）颯鉢力（三合）迦（引二十一）娑哩沙（二合）播（引二十二）滿曩妻攞（引二十三）怛嚩（二合）昝嚩昝（二十四）供俱莽（二十五）醯（四孕切）誐（二十六）」。

尸利沙樹爲產於印度之一種香木，其樹膠可制香藥。

西夏文及對譯：

[illegible]	[illegible]	[illegible]	[illegible]
其數和點爲	魔中解脫令	生者傷害時	彼之目中途
[illegible]	[illegible]	[illegible]	[illegible]
石王雷雨以	生者害解脫	大樹亦一法	又寶塔上塗
[illegible]	[illegible]	[illegible]	[illegible]
其諸處見時	生者破不敢	根在處之失	他害亦一法
[illegible]	[illegible]	[illegible]	[illegible]
大鼓蚌器鼓	鼓小等上塗	鼓擊聲至處	生者皆驚恐
[illegible]	[illegible]	[illegible]	[illegible]
村落長鳥禽	羽上塗爲則	國土亦方舍	其鳥而下處
[illegible]	[illegible]	[illegible]	[illegible]
諸生者不止	往處皆不得	不害魔不往	源泉池河溝
[illegible]	[illegible]	[illegible]	[illegible]
豈而投擲處	百由旬圍繞	災難無安樂	若人戰往時
[illegible]	[illegible]	[illegible]	[illegible]
彼藥身上塗	刀器澤如雨	身上不破裂	病人身上塗

[illegible]　　[illegible]　　[illegible]

安樂解脫得　　瘤又及痔病　　癰疽又疤惡

藏文：

de dag sbyar te reng bur bgyis pa ni/gnod rnams kun las grol bar bgyid pa ste/
’byung po dag ni kun gyi ’gyur ba la/mig la de yis bskus: par bgyis na ni/
de nas ’byung po rdo rje dang/gnam lcags mda’ yis zin las thar/
ljon shing che dang de bzhin du/mchod rten che la bskus bgyis na/
gang gis gnas de mthong ba de/’byung po la ni ’jigs ma mchis/
der ni ’byung po mi gnas te/gnod byed gzhan yang ma lags so/
rnga chen dung dang rdza rnga dang/rnga bran dag la’ang bskus na ni/
de dag sgra ni gar grags par/’byung po’i dkyil ’khor skrag par ’gyur/
grong di rgyu ba’i bya rnams kyi/’dab ma dag la bskus na ni/
yul dang phyogs ni gzhan dag tu/bya de gang du mchis pa der/
’byung po rnams ni mi gnas te/gnod byed gzhan yang ma lags so/
chu mig mtsho dang lteng ka ’ma/gang dang gang du bor yang rung/
der ni dpag tshad khor yug tu/bde ba dang ni zhi bar ’gyur/
pha rol dmag tshogs nang mchis te/mtshon cha dag ni ’bab pa na/
gnas rnams kun tu byugs bgyis na/bde blag tu ni thar bar ’gyur/
lba ba dang ni gzhang nad dang/me dbal dang ni ’bras byung dang/
gdug pas zin dang dug ’thungs pas /

意譯：

彼等和藥丸　　鬼神傷害時　　令魔業解脫　　此藥眼中途
金剛以雷雨　　解脫鬼神害　　大樹亦同法　　又塗寶塔上
諸處見此藥　　鬼神不敢越　　捨離根本處　　他害亦同法
大鼓蚌腰鼓　　小鼓等上塗　　擊鼓聲至處　　鬼神皆驚恐
村落中飛鳥　　羽毛上亦塗　　國土及城邑　　彼鳥所到處
諸鬼魔不息　　去處皆不得　　魔鬼不去害　　江河及陂池
如是皆投擲　　方圓百由旬　　無災而安樂　　若人入戰陣
此藥身上塗　　刀器如降雨　　身上不破裂　　病人身上塗
得安樂解脫　　癭疣及痔病〔1〕　　癰疽及惡瘡

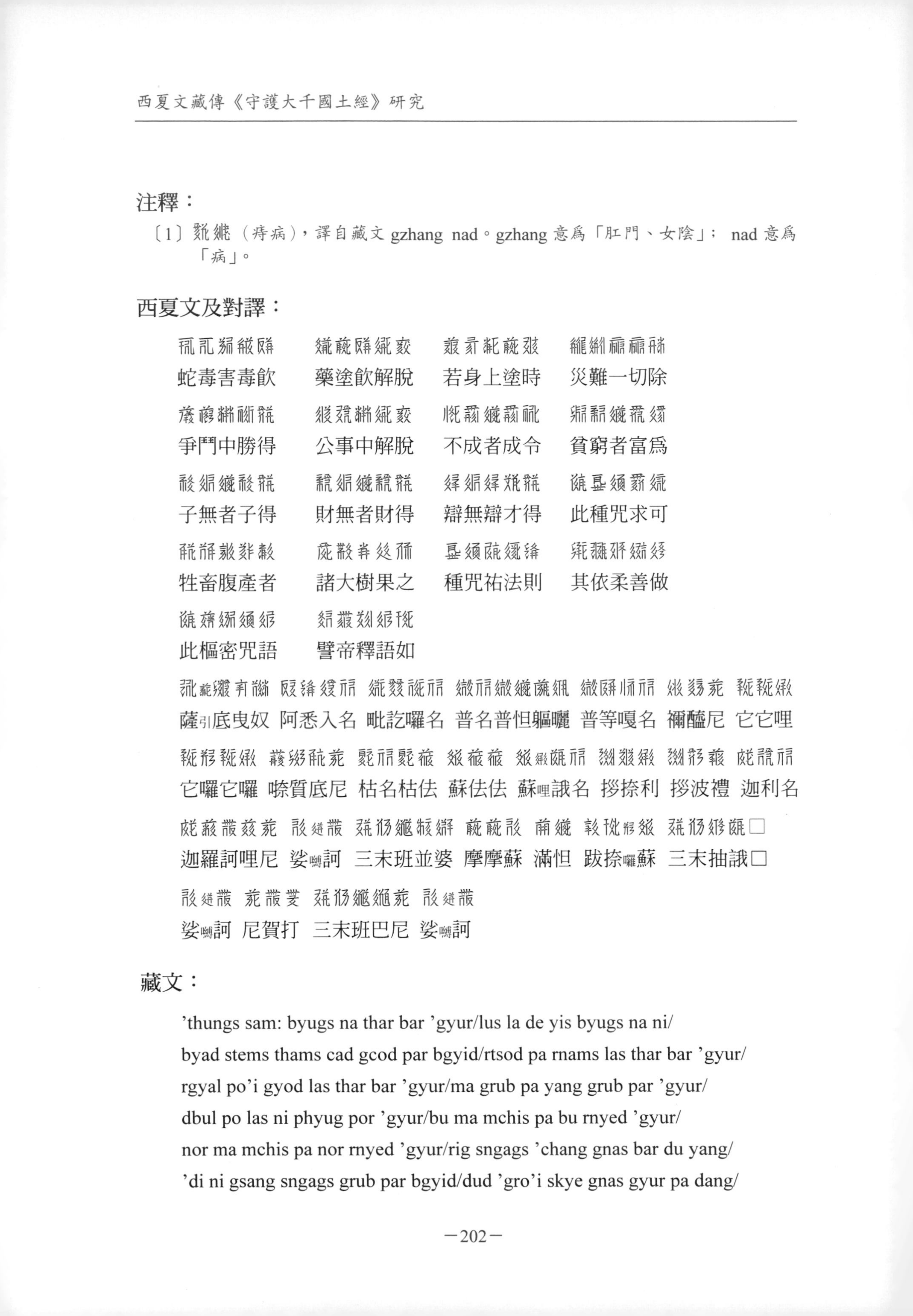

注釋：

〔1〕[illegible]（痔病），譯自藏文 gzhang nad。gzhang 意爲「肛門、女陰」； nad 意爲「病」。

西夏文及對譯：

蛇毒害毒飲　藥塗飲解脫　若身上塗時　災難一切除

爭鬥中勝得　公事中解脫　不成者成令　貧窮者富爲

子無者子得　財無者財得　辯無辯才得　此種咒求可

牲畜腹產者　諸大樹果之　種咒祐法則　其依柔善做

此樞密咒語　譬帝釋語如

薩引底曳奴　阿悉入名　毗訖囉名　普名普怛軀疅　普等嘎名　禰醯尼　它它哩

它囉它囉　嗪質底尼　枯名枯佉　蘇佉佉　蘇哩誐名　拶捺利　拶波禮　迦利名

迦羅訶哩尼　娑嚩訶　三末班並婆　摩摩蘇　滿怛　跋捺囉蘇　三末抽誐□

娑嚩訶　尼賀打　三末班巴尼　娑嚩訶

藏文：

’thungs sam: byugs na thar bar ’gyur/lus la de yis byugs na ni/
byad stems thams cad gcod par bgyid/rtsod pa rnams las thar bar ’gyur/
rgyal po’i gyod las thar bar ’gyur/ma grub pa yang grub par ’gyur/
dbul po las ni phyug por ’gyur/bu ma mchis pa bu rnyed ’gyur/
nor ma mchis pa nor rnyed ’gyur/rig sngags ’chang gnas bar du yang/
’di ni gsang sngags grub par bgyid/dud ’gro’i skye gnas gyur pa dang/

ljon shing rnams kyi 'bras bu dang/rig sngags 'chang ba thob la yang/

'di ni zhi ba'i las dge byed/'di la gsang sngags tshig mchis te/

dper na dbang po'i tshig bzhin no/

syād ya the dan/ a kra me/ bi kra me/bhū ta gho ṣe: bhā taṃ ga me/ da ha ni dha dha re/ dha ra ba re/ da dhi ni/ ni khu me/ :khu khu me/ kha kha kha kha/sā raṃ ga me/ candre/ca pa le/ ha li me/ha le/ hā: ri ṇe svā hā/

意譯：

復有蛇蠍毒　　服藥即解脫　　若藥身上塗　　災難皆解除
爭鬥中得勝　　諍訟得通過　　非成者得成　　令貧者得富
無子者得子　　無財者得財　　無辯得辯慧　　可求此明咒
畜生腹產者　　諸大樹結果　　此經典得繩　　依彼至善爲
此咒深句義　　譬如帝釋語

薩引底曳奴　阿悉入名　毗訖囉名　普名普怛驅囇　晋等嘎名　禰醯尼　它它哩　它囉它囉　嗏質底尼　枯名枯佉　蘇佉佉　蘇哩誐名　拶捺利　拶波禮　迦利名　迦羅訶哩尼　娑嚩訶　三末班並婆　摩摩蘇　滿怛　跋捺囉蘇　三末抽誐　娑嚩訶　尼賀打　三末班巴尼　娑嚩訶〔1〕

注釋：

〔1〕漢文本作：「曩謨（引）沒馱（引）野曩謨（引）達麼野曩謨（引）僧伽野怛儞也（二合）他唵（引）阿（引）骨嚕（二合）彌（引）尾骨嚕（二合）彌（引）步多齲（引）囇（引）步燈誐弭（引）禰（引）呬（引）儞嚩馱哩馱哩那地儞曩弭（引）驅佉佉佉娑（引）嚫誐弭贊捺哩（二合引）拶波麗（引）迦禮儞迦禮賀（引）哩抳娑嚩（二合引）薩嚩播（引）閉（引）毘喻（二合引）麼麼阿醯謗（引）颯波哩嚩（引）囉寫薩嚩薩怛嚩（二合引）難（引）左薩嚩禰擬毘藥（三合）娑嚩（二合引）賀（引）儞賀多（引）儞薩嚩播波儞娑嚩（二合引）賀（引）。」

西夏文及對譯：

[illegible]/
又次方一切我等罪過一切△消溶柔和當成娑訶/

[illegible]
時淨梵主者　　世護四天王　　摩醯首羅神　　藥叉類主等

[illegible]
奪母子等皆　合掌恭敬以　口異聲音同　此如頌演說

[illegible]
千日光如明　淨滿月所如　人天又皇非　汝與比者無

[illegible]
思議無最勝　藥叉皆降伏　世間王座棄　聖咒王座襲

[illegible]
大千世界中　最高護者也

[illegible]
大勇者之敬禮△　高大者之敬禮△　法王者之敬禮△　合掌恭敬敬禮△

[illegible]
敬禮已終其處不現/

藏文：

phyogs thams cad nas bdag gi sdig pa thams cad zhi bar gyur cig svā hā/
de nas tshangs pa dbang po dang/'jig rten skyong dang dbang phyug che/
gnod sbyin sde dpon thams cad dang/'phrog ma bu dang bcas pa yang/
thal mo dag ni rab sbyar nas/sgra skad gcig tu 'di skad gsol/
nyi ma stong ltar gsal ba po/zla ba nya ltar 'od gsal ba /
lha mir bcas pa'i 'jig rten na/khyod dang 'dra ba yong ma mchis/
legs bsam legs par sbyar na ni/gnod sbyin srin po rnams 'joms pa /
rgyal srid thar bgyid ces bgyi ba /rig sngags rgyal srid rab sbyor ba /
stong chen gyi ni 'jig rten na/bsrung ba'i mdo sde dam pa lags /
phyag 'tshal skyes bu dpa' khyod la/ phyag 'tshal skyes bu mchog khyod la/
thal mo sbyar te phyag 'tshal nas/de nyid du ni mi snang gyur/

意譯：

復一切方面我等一切罪過願消滅平息娑訶。
時大梵天王　護世四天王　摩醯首羅神　大藥叉將領
訶利羝母子　皆恭敬合掌　異口而同聲　說如是偈言
千日放光明　亦如淨滿月　諸天及非人　世間無與等

難思議最勝　　藥叉悉調伏　　棄世間王位　　襲神咒王位
大千世界中　　最上護者也
稽首丈夫無所畏　稽首最上者高大
不可思議大法王　恭敬稽首而合掌
敬禮已竟彼處不現。

西夏文及對譯：

[illegible]
爾時出有壞正午時坐處△起/諸善起之說曰/汝等善起諦聞/此大千國守護
[illegible]
契經受持讀誦/彼之解說/則世間人天等之利益安樂勝妙樂受令/諸善起
[illegible]
或者此大千國守護大種咒契經誦/線結樹枯上繩/則枝葉花果生長令/
[illegible]
又有情身上有則曰應何有/宿業不有/諸善起大德出有壞之此如言說/
[illegible]
大德出有壞五種大契經所說△者/大千國守護契經/種咒王母大孔雀契經/
[illegible]
大妃寒林契經/大明妃王求依皆得契經/大密咒受持契經也/

藏文：

de nas bcom ldan 'das nub kha'i dus kyi tshe /nang du yang dag 'jog las bzhengs nas dge slong rnams la bka' stsal pa /dge slong dag stong chen po rab tu 'joms pa zhes bya ba'i mdo sde: long shig/chongs shig/lhogs shig/ston cig /kun thub par gyis shig dang/de lha dang bcas pa'i 'jig rten la yun ring po'i don dang/phan pa dang/bde ba dang/bde ba la reg par gnas par 'gyur ro/dge slong dag nga' dge slong gang la la zhig gis stong chen po rab tu 'joms pa'i mdo sde 'dis shing skam po la skud pas bcings na de la lo ma dang/me tog dang /'bras bu rnams:skye bar 'gyur na/rnam par shes pa dang bcas pa'i lus la lta smos kyang ci dgos te/ sngon gyi las kyi rnam par smin pa ni ma gtogs so/de skad ces bka' stsal pa dang/bcom ldan ’das la dge slong de dag gis ’di skad ces gsol to/btsun pa bcom ldan ’das kyis mdo sde chen pa lnga gsungs pa de dag ni ’di

lta ste/stong chen po rab tu ’joms pa dang/rma bya chen mo dang/bsil ba’i tshal chen mo dang/so sor ’brang ba chen mo dang/gsang sngags kyi rjes su ’brang ba chen mo lags te/

意譯：

是時世尊正午時從坐處起，告諸比丘言。汝等比丘諦聽，此守護大千國土經若有人受持讀誦，爲人解說，則令世間人天等得益安樂受勝妙樂。若有諸比丘誦守護大明王咒，以線繞縛枯樹，則復得生長枝葉花果。又何況有情身上宿業不果。佛告諸比丘。世尊所說經典有五種，守護大千國土經〔1〕，佛母大孔雀明王經〔2〕，大寒林經〔3〕，大隨求陀羅尼經〔4〕，大眞言隨持經〔5〕。

注釋：

〔1〕[illegible]（大千國守護經），藏文 Stong chen mo rab tu ’joms pa zhes bya ba’i mdo，直譯「大千母善摧經」，梵文 Mahāsāhasrapramardana-nāma-sūtra，《大正藏》No. 999 作「守護大千國土經」。

〔2〕[illegible]（明咒王妃大孔雀經），藏文 Rig sngags kyi rgyal mo rma bya chen mo，直譯「明咒王大孔雀妃」，梵文 Mahāmāyūrīvidyārājñī，《大正藏》No. 982 作「佛母大金曜孔雀明王經」。

〔3〕[illegible]（大妃寒林經），藏文作 Bsil ba’i tshal chen po’i mdo，直譯「大寒林經」；梵文 Mahāshītavanasūtra；《大正藏》有 No. 1392 作「大寒林聖難拏陀羅尼經」，估計與其屬同一部經。

〔4〕[illegible]（大明妃王隨求皆得經），藏文’phags pa rig pa’i rgyal mo so sor ’brang ba chen mo，直譯「聖明咒妃大隨求母」，梵文 Ārya-Mahāpratisarāvidyārājñī，《大正藏》No. 1153 作「普遍光明清淨熾盛如來寶印心無能勝大明王大隨求陀羅尼經」；。

〔5〕[illegible]（大密咒受持經），藏文 Gsang sngags chen po rjes su ’dzin pa’i mdo，即「大眞言隨持經」，梵文 Mahāmantrānusāriṇī，漢文本作「大威德神咒經」，目前還沒查到相關信息。

西夏文及對譯：

[illegible]/[illegible]

大德出有壞其數中五辛不食永食飲乞家已出△說△者/出有壞五辛不食

[illegible]
永食飲乞者少/五辛中依者多有/大德出有壞其不相依者何云/勤以旨教
[illegible]
△說/出有壞諸善起之言/善起等假如大千國守護契經受持者摧無寶珠
[illegible]
最持/自身守護因持可/假若食求五辛混食得時/五辛混食也/思不起應/
[illegible]
爲有一切無常思起應/無常之苦思起/苦之我無思起/五種食豈有/五食
[illegible]
誰之也/五食誰食/

藏文：

btsun pa bcom ldan ’das kyis de dag zas rnam pa lnga yongs su spangs la chongs shig ces kyang bka’ stsal la/zas bsod snyoms la brten te rab tu byung shig ces kyang gsungs na/bcom ldan ’das zas rnam pa lnga dang ma ’dres pa’i bsod snyoms ni nyung /’di ltar zas rnam pa lnga dang ’dres pa de ni mang lags na/btsun pa bcom ldan ’das de la bdag cag gis ji ltar nan tan du bgyi/de skad ces gsol pa dang/bcom ldan ’das kyis dge slong de dag la ’di skad ces bka’ stsal to/dge slong dag de nyid kyi phyir su stong chen po rab tu ’joms pa’i mdo: sde ’di ’chang ba des/rma med pa’i nor bu’i gzungs zhes bya ba de bdag nyid bsrung bar bya ba’i phyir chongs shig/des bsod snyoms len pa’i tshe zas la mi mthun pa med pa’i ’du shes bskyed par bya’o/zas rnam pa lnga dang ’dres pa’i bsod:snyoms la yang zas rnam pa lnga dang ma ’dres pa’i ’du shes bskyed par bya/’dus byas thams cad la mi rtag pa’i ’du shes dang/mi rtag pa la sdug bsngal ba’i ’du shes dang/sdug bsngal ba la bdag med pa’i ’du shes bskyed par bya’o/zas rnam pa lnga po dag ga la yod /:zas rnam pa lnga po:su’i yin /su zhig zas rnam pa lnga po za /

意譯：

世尊彼等所謂不食五辛〔1〕，恒常乞食出家，世尊不食五辛恒常乞食者少，依託五辛者多也。世尊彼不相依者何如，勤以教誨。世尊如是告諸比丘。比丘等若受持此守護大千國土經者最持無摧珍寶，可受持此經自護其身。如若乞食得混食五辛時，混食五辛也，當不起念，以無常〔2〕故云何一切有爲〔3〕，以四苦〔4〕故云何無常，以無我〔5〕故誰爲受者。豈有五種食，何爲五食也，誰食五食。

注釋：

〔1〕[illegible]（五辛），藏文作 zas rnam pa lnga，即「五食」。

〔2〕[illegible]（有爲），藏文作'dus byas。

〔3〕[illegible]（無常），藏文作 mi rtag pa，即「無常、壞滅之法」。

〔4〕[illegible]（苦），藏文作 sdug bsngal ba，即「四苦」，指生老病死。

〔5〕[illegible]（無我），藏文作 bdag med pa。

西夏文及對譯：

[illegible]

有情亦無有情豈有/有情境界亦無/五辛食與混時八日十四十五/自身守護

[illegible]

可/又王種女身沐浴/最勝美麗/五戒受持/一日一夜食飲不飲齋日受持/

[illegible]

線紅四圈纏爲/咒持者此咒誦以/線結刀巧以線之細碎斬爲/燒寶具中投/

[illegible]

鐵具亦一/法水滿花以蓋/香種種以薰/器內其線不補/此方此咒誦襲時彼線

[illegible]

手中繞/是言說可/

[illegible]	[illegible]	[illegible]	[illegible]
婆羅門計以	釋迦獅子之	吉祥者毒食	執以佛之施
[illegible]	[illegible]	[illegible]	[illegible]
彼食與取時	毒變藥成飲	此眞諦依則	食變醫藥成
[illegible]	[illegible]	[illegible]	[illegible]
種觀如來尊	頂冠一切護	顚倒如來尊	力大又天信
[illegible]	[illegible]	[illegible]	
金寂又光止	釋迦獅子之	最信釋天帝	

藏文：

lems can dmigs su med do/de la zas rnam pa lnga dang 'dres na tshes brgyad dang/bcu bzhi dang/bcva lnga la bdag bsrung ba byas te/rgyal rigs kyi bu mo legs par bkrus pa /shin tu brgyan pa/nyin zhag gcig zas bcad pa/bslab pa'i gnas lnga bzung ba/skud pa dmar po bzhi sgril du 'khal du bcug la gsang sngags 'dzin pas rig sngags dran par byas te skud pa de:mdud pa mdud la/skud pa de mtshon: sar pas bcad de bsregs la rin po che'i snod dam /lcags kyi snod kyang rung/chus khong ste me tog gis khyab par khrom la bdug pa sna tshogs kyis bdugs te/snod kyi nang nas skud pa de slar 'byor te ma byung gi bar du rig sngags 'di brjod par bya'o/de yang lag pa la bcings la tshig 'di skad brjod do/

bram ze rnams kyis bslus nas su/śākya seng ge'i skyob pa la/
dpal sbas kyis ni dug can gyi/bsod snyoms dag ni phul ba dang/
de las de ni blangs nas su/ston pas dug ni bsad nas gsol/
bden pa'i tshig ni:'di yis su/zas ni bdud rtsir 'gyur bar shog/
rnam par gzigs pa lha gang dang/:gtsug tor can dang kun skyob dang/
log par dad pa sel ba dang/stobs chen lha gang dad pa dang/
gser dang dpal ldan 'od srung dang/ śākya yi ni seng ge la/
rab dad: lha yi dbang po dang/

意譯：

亦無有情云何有情，亦無有情境界。混食五辛八日或十四日或十五日時，當可自護。又一童女令其沐浴清淨著新潔衣，種種嚴飾，受持五戒，一日一夜清齋不食。以紅線纏四圈，以此陀羅尼而加持之，結線而以利刀碎截其線投入寶器中燒，鐵器亦可。滿盛法水以花覆之，燒香種種供養。器具內彼線不綴，於此方續誦此咒時，彼線手中繞，而作是言。

以婆羅門計　　釋迦獅子護　　吉祥者食毒　　乞食以布施
取而與食時　　變毒成湯藥　　以此眞實句　　變食成醫藥
毗婆尸如來〔1〕　寶髻一切護〔2〕　顛倒如來佛〔3〕　大力又信天
金寂〔4〕又飲光　　及釋迦獅子　　最信天帝釋

注釋：

〔1〕[illegible]（種觀如來），藏文作 sangs rgyas rnam par gzigs，梵文 Vipaśyin（毗

婆尸佛)，漢文本作「曩謨微鉢尸佛」。Vipaśyin 意譯作「勝觀佛、淨觀佛、勝見佛、種種見佛」等。

〔2〕[西夏文]（頂冠），藏文作 gtsug tor can，即「寶髻佛」，梵文作 Ratna-śikhī，漢文本作「尸棄佛」；[西夏文]（一切護），藏文作 kun skyob，梵文 Viśvabhū，漢文本作「毗舍浮佛」，或作「毗濕婆部佛、鞞叔婆附佛、隨葉佛、毗舍婆佛」，即「一切勝、一切自在、廣生」之意。

〔3〕[西夏文]（顛倒），藏文作 sangs rgyas log par dad sel，梵文 Krakucchandha-buddha，漢文本作「拘留孫佛」。漢文或作「迦羅鳩孫陀佛、羯洛迦孫馱佛、俱留孫佛」等，意譯爲「領持、滅累、所應斷已斷、成就美妙」。西夏文只是意譯了藏文的 log pa（顛倒）。

〔4〕[西夏文]（金寂），藏文作 gser thub，即「金寂佛」，梵文作 Kanakamuni，漢文本作「拘那含牟尼佛」，又作「拘那含佛、迦那伽牟尼佛」等，意譯作「金色仙、金儒、金寂」等。

西夏文及對譯：

[西夏文]	[西夏文]	[西夏文]	[西夏文]
三十三天眾	世護四天王	寶聖大自在	魔鬼色黑母
[西夏文]	[西夏文]	[西夏文]	[西夏文]
雜類笨拙母	香花供養依	燒施所執△	飽滿供養以
[西夏文]	[西夏文]	[西夏文]	[西夏文]
我等食當淨	五辛食混時	混思不起可	若五辛混亦
[西夏文]	[西夏文]	[西夏文]	[西夏文]
其食飲可也	種中藥塗時	地力依長大	五辛食混時
[西夏文]	[西夏文]	[西夏文]	[西夏文]
混思不起可	線斷火以燒	又亦復補如	五辛混食時
[西夏文]			
混思不起可			

[西夏文]	[西夏文]	[西夏文]	[西夏文]	[西夏文]	[西夏文]	[西夏文]	[西夏文]
薩引底曳奴	佉佉名	佉佉佉佉	枯名佉名	西溫	西浮寧	西摩西麼	娑嚩蘇底

[西夏文]	[西夏文]	[西夏文]
娑嚩蘇底	舍底舍底	薩囉茄叻

[西夏文]	[西夏文]	[西夏文]	[西夏文]
五辛混食飲	混思不起可	線斷燒所如	眞諦當成就

藏文：

tshangs dbang sum cu'i dbang phyug dang/'jig rten skyong ba bzhi dag dang/
nor bu bzang dang dbang phyug che/srin mo nag mo chen mo dang/
de bzhin gdol ma gtum mo dag/me tog dang ni bdug pa dang/
bdag gi sbyin sreg 'di bzhes shig/de dag tshim zhing mchod gyur nas/
bdag gi kha zas byang bar mdzod/zas lnga dag dang 'dres pa yang/
bdag la ma 'dres mdzad du gsol/kha zas lnga dang 'dres pa yang/
zas de kun ni bza' bar bgyi/sa bon dag gis tshogs kun la/
:sa yi bcud ni zhugs pa yi/kha zas 'dres pa thams cad kyang/
bdag la ma 'dres mdzad du gsol/ji ltar skud pa bcad bsregs pa/
de lta bu yang slar 'byor pa/de ltar zas rnams 'dres pa yang/
ma 'dres par yang bdag la mdzod/
syād ya the dan/ kha kha me/ kha kha kha kha/ :khu khu me/śi me śi me/śi hu me/śi me/śi me/svā sti svā sti svā sti:svā sti/ ma ma śānte/śā rā gre/
kha zas lnga dang 'dres pa yang/ji ltar ma 'dres zas bzhin du/
gang gis ji ltar :skud bsregs pa/de 'dra'i bden pa mdzad du gsol/

意譯：

三十三天眾　護世四天王　珍寶大自在　魔鬼黑暗母
雜趣笨拙母　香花以供養　燒施而受持　滿足以供養
我等當淨食　混食五辛時　不當念其混　若已混五辛
可飲食之也　種子塗此藥　依地氣長成　五辛混食時
當不起混念　以火燒斷線　亦復如補綴　五辛混食時
當不起混念
薩引底曳奴　佉佉名　佉佉佉佉　枯名佉名　西溫　西浮寧　西摩西麼　娑嚩蘇底　娑嚩蘇底　舍底舍底　薩囉茄叻
五辛混飲食　當不起混念　如火燒斷線　真諦當成就

西夏文及對譯：

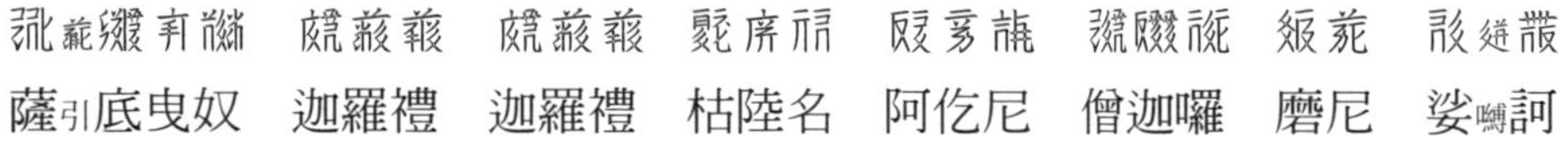

薩引底曳奴　迦羅禮　迦羅禮　枯陸名　阿仡尼　僧迦囉　磨尼　娑嚩訶

[illegible]

種觀如來又頂冠　一切護又及顛倒　金寂如來又光止　釋迦人能憍答摩

[illegible]

疲倦無處依置我　七佛正遍知者之　香花等以求施我　身語謀三淨信以

[illegible]

其數等處依置我　明滿威德聖靈眾　諸天殊妙信心多　其諸天眾皆心喜

[illegible]

殊妙信依所護我

[illegible]

出有壞其言曰/天諸善起大眾等隨喜心起/出有壞所言之高頌/

[illegible]

聖大乘大千國守護契經卷下

藏文：

syād ya the dan/ ka la ke/ kal le/ ba la ni/ ka ru ta/ā la ye/agne/saṃ krā ma ṇe svā hā/

sangs rgyas rnam par gzigs dang gtsug tor can/bde gshegs kun skyob sangs rgyas log par dad sel dang/gser thub 'od srung śākya thub pa gau ta ma/bsnyengs pa mi mnga' ba la skyabs su mchi bar bgyu/mi mchog bdun po de dag gi ni sku rnams la/me tog dag dang spos rnams kyis ni mchod par bgyi/lus dang ngag dang rab tu dang ba'i sems kyis ni/de dag rnams la skyabs su nye bar: mchi bar bgyi/sangs rgyas rdzu 'phrul che dang ldan pa de dag la/lha gang mngon par rab tu dang ba yod pa yi/lha de mgu zhing yid ni rab tu dgar gyur nas/rab tu dang ba'i yid kyis bdag la bsrung du gsol/bcom ldan 'das kyis de skad ces bka' stsal nas/dge slong de dag yi rangs te/bcom ldan 'das kyis gsungs pa la mngon par bstod do/

'phags pa stong chen po rab tu 'joms pa zhes bya ba'i mdo rdzogs so/

意譯：

薩引底曳奴　迦羅禮　迦羅禮　枯陸名　阿仡尼　僧迦囉　磨尼　娑嚩訶[1]
種觀如來又寶髻　一切護又拘留孫
金寂如來又飲光　釋迦能仁憍答摩

我皈依無倦怠處　　七佛正遍知者也
香花飲食以供養　　以信身語意三淨
彼等之處我皈依　　明滿威德神通眾
諸天殊妙多信心　　彼諸天眾皆歡喜
殊妙皈依而自護

世尊如是云。天諸比丘大眾等皆大歡喜，歌頌世尊所言。

聖大乘守護大千國土經卷下

注釋：

〔1〕漢文本作：「曩莫三滿跢沒馱（引）南（引）唵（引）佉佉銘（引）尸銘（引）尸尾（引）尸虎韈（引）尸摩尸銘（引）娑嚩（二合）悉底（二合）娑嚩（二合）悉底（二合）扇（引）底扇（引）底娑囉（引）仡哩（二合）半左（引）弭沙僧悉瑟吒（二合）野他（引）賀（引）嚩韈囉（引）弭衫曳曩那誐罔（二合）野他（引）素怛嚩（二合）薩底焰（二合）俱哩晚（二合）覩多（引）禰哩（二合）商怛儞也（二合）他迦黎（引）迦攞黎（引）舍路銘（引）阿擬儞（二合）僧訖囉（二合引）麼抳娑嚩（二合引）賀（引）。」

漢文本佛說守護大千國土經　卷下

西天北印度烏塡曩國帝釋宮寺傳法大師三藏沙門賜紫臣施護奉詔譯

是時索訶世界主大梵天王。及天帝釋護世四大天王。即起禮佛同聲白言。世尊惟願以此守護大千國土大明王威神之力。護持我等各並眷屬及餘一切諸眾生類令得安樂。以是密印印於四方。及以密印印彼一切藥叉羅刹步多鬼神令彼調順。其中若有起毒害心行不饒益者。以是大明王陀羅尼。而爲謫罰使令調順。此大明王甚深經典佛之密印。我今頂受不敢違越。

是時世尊以是密印而印持之。即說大明王陀羅尼曰。

曩莫三滿跢沒馱（引）南（引）唵（引）迦陵擬（引）婆囉禰（引）惹那仡哩（二合）惹麼帝（引）星賀麼禰（引）娑誐嚕（引）仡囉（二合）鉢囉（二合）鉢帝（二合引）卑娑誐（引）彌顊（引）麼梨顊虎嚕氷誐梨銘賀恒賀恒賀恒賀恒賀恒素那顊嚩囉（引）仡囉（二合）嚩底賀悉底（二合）顊（引）嚩囉嚩底贊拏（引）梨嚩囉顗（引）儞曳（二合）左左囉（引）左哩（引）娑嚩（二合引）賀（引）

是時世尊復說此守護大千國土大明王陀羅尼時。三千大千世界六種震動。四方四隅所有一切藥叉羅刹步多鬼神。出大音聲其聲可怖。而作是言苦哉苦哉。云何今日有是災難。如我等眾今見破壞皆悉殞滅。作是語已心懷愁惱。是時世尊變化大地爲金剛寶。彼諸藥叉羅刹步多鬼神。即坐於彼金剛之地。以佛神通威德力故皆悉倒地。諸藥叉羅刹步多鬼神。恐怖轉增四散馳走。時護世四大天王。即變四方周匝火焰。炎熱熾盛無有去路。彼諸藥叉羅刹步多鬼神見是事已。展轉惶怖走向虛空。是時索訶世界主大梵天王承佛威神。於虛空中現大鐵蓋。高七多羅樹周遍普覆。彼諸藥叉羅刹步多鬼神。徘徊空中終不能脫。是時帝釋天主於虛空中。即現山石劍戟弓箭搶矟。及以樹木如雨而下。即於是時此索訶世界中。復有五千大藥叉。以是大明王陀羅尼威神之力自縛而來皆集佛會。心懷恐怖身體戰慄猶如瘧病。頂禮佛足在一面住。合掌向佛而作是言。大沙門憍答摩。常以大悲拯接群品。利樂救護一切眾生。大沙門憍答摩。我今怖懼無能救濟。惟願大悲救護我等令免斯苦。

爾時世尊語諸大藥叉羅刹步多鬼神等言。汝等當知從今已去奉持我法。受持戒行不得違越。汝等若有不順我語者。如殺父母殺阿羅漢破和合僧出佛身血亦復如是。若諸藥叉等違我法印不順我呪者。爲大明王棄擲於地。頭破七分身體骨肉悉皆碎壞。若復藥叉得種種病身生斑黑。不能飛空常墮於地。汝今當知若有此守護大千國土大明王經所在之處。不得違越自恣其意。當順佛語令汝安樂。時彼諸藥叉羅刹步多鬼神人及非人。奉佛教勅各還本處。毘耶離大城王及人民。悉得免離一切災難。彼毘耶離大城一切飛鳥鸚鵡舍利。及俱枳羅鴛鴦孔雀。有如是等眾鳥和鳴。出妙音聲皆作是言。如來大悲演斯妙法。利益安樂一切眾生。我等今者不爲藥叉及羅刹娑步多鬼神之所殺害免是災難。我今自命無所怖懼。於時復有無數諸天女諸緊那羅女。各各執持自然珍寶眾妙樂器而供養佛。於虛空中復有種種天諸樂器簫笛箜篌琴瑟鼓吹。如是天樂不鼓自鳴而供養佛。復有諸樹所謂吉祥果樹阿摩羅果樹。尼俱律陀樹波羅利樹。如是等種種諸樹。皆悉自然出眾妙香。復有百千天眾。於虛空中恭敬禮拜。同聲贊言善哉善哉。我等今者獲大勝利。散種種花燒種種香而供養佛。人及非人亦以花香而供養佛。是時四大天王同時合掌。而白佛言世尊。云何以此大明王經典佛之密印。守護一切國土城邑聚落。令得遠離諸不吉祥執魅之事。佛告四大天王。若諸比丘清淨嚴潔。依法受持讀誦書寫供養。如是人等所有一切怖畏一切怨家。一切鬥戰枷鎖禁繫。更相殺害更相是非。種種災難不善之業永不復受。若國土城邑聚落。爲彼藥叉羅刹步多鬼神所惱亂者。或於王宮或僧伽藍。或居聚落或居莊園。建曼拏羅結其地界清淨嚴潔。當淨沐浴身著白衣食三白食。令諸人民不食五辛受持禁戒。於諸眾生起平等心憐愍心。燒種種香塗香粖香。散諸雜花而爲供養。令諸童女清淨沐浴。著新潔衣種種嚴飾。手執四鈴持四寶椀。椀中滿盛供養飲食。取平旦時誦此大明王陀羅尼。加持白線滿六十兩。即以神線掛在塔頂。或安表刹或掛大樹。從月一日至十五日。讀誦此守護大千國土大明王陀羅尼經。種種花香而爲供養。如是國土王宮。乃至娑羅林中青牛欄中。及餘畜類所居之處。掃除清淨嚴飾門戶。周遍皆以香水散灑。復以種種燒香薰之。掘地作爐安佉禰囉木燒爲護摩。散諸雜花一切種子及白芥子。擲散四方及擲火中。以種種色自染其線。繫門戶上令線下垂。出入往還悉令安樂。乃至畜生亦復如是。又以此經書寫受持讀誦供養。於高顯處而安置之。使其國土一切人民皆獲安樂。若有病者當以此經置其人前。種種供養皆得安樂。佛告四大天王。若爲國土建曼拏羅。當安佛像結跏趺坐。以是密印安置其中。及梵天王天帝釋護世四王。如是等像各以密印安置其中。及安摩醯首羅大藥叉將訶利帝母。香花飲食種種供養。即作是言我等今者敬奉三寶。惟願大梵天王天帝釋護世四大天王。及摩醯首羅大力大藥叉將。並一切大威德藥叉等。訶利帝母並其子及眷屬。以如是等大威德大力諸天。大誓願力故護持國界。使我國土王及人民各並眷屬。皆得解脱一切災難令得安樂。一切病者諸病痛惱。令其飲食悉變妙藥。彼若飡服病得除愈。發是願已即於佛像前梵王帝釋一一像前。以四淨器上妙飲食。自手捧持承事供養。讀誦如是守護大千國土大明王經。及念此大明王陀羅尼。以是經典威神力故。令其飲食悉如妙藥。令其諸藥以眞實故成甘露味。即作是言訶利帝母大天身受我供養。守護我等令得安樂。如來大悲施我法藥甘露妙味。令諸眾生病得除愈無饑渴想。微鉢尸如來威神力除毒。尸棄如來神通力除毒。毘舍浮如來實語力除毒。揭句村那如來禪定力除毒。揭諾迦牟尼如來智慧力除毒。迦葉波如來變化力除毒。我釋迦牟尼如來精進力除毒。如是等諸佛如來實語力。能變一切諸毒令如甘露。能除眾生種種疾病。令諸眾生獲得上味永離饑渴。即使病人面東而坐。其持明者受與彼藥在於掌中。念此陀羅尼而加持之。是時世尊即說陀羅尼曰。

曩莫三滿跢沒馱（引）南（引）唵（引）佉吒尾佉吒佉胝尾左麗（引）尾覽銘（引）左麗（引）左羅嚩帝（引）贊捺哩（二合引）左囉抳（引）阿沒哩（二合）多顊哩龠（二合引）矖娑嚩（二合引）賀（引）

佛告四大天王。以此陀羅尼威神功德加持力故。寒熱風等一切疾疫悉皆除愈。令我某甲並諸眷屬一切眾生皆得安樂。若復有人以惡業故爲鬼所持。作諸鬼病乃至一切惡瘡膿血者。當爲彼人建立道場置護摩爐。種種嚴飾燒眾名香散諸雜花。令其病人若男若女。清淨沐浴著新潔衣。日夜不眠對持明者爐兩邊立。以佉禰木及以棗木以爲護摩。及諸種子散擲四方及擲火中。復以種種雜色神線。繫於搶劍弓箭之上。以此大明王陀羅尼。而加持之安於壇內。亦以種種苗稼花果之根擲彼火中。亦以香水散灑火中。想彼惡鬼以神線縛。以劍截線想爲惡鬼。令線極碎擲入火中。當欲擲時而作是言。我今以此讀誦受持是守護大千國土大明王經佛之密印威神之力。諸佛威力菩薩摩訶薩力。辟支佛力阿羅漢力。大梵天王及天帝釋護世四大天王摩醯首羅大力藥叉將及餘一切大力藥叉訶利帝母並其子及眷屬如是不可思議威神之力。以我釋迦牟尼無量精進大誓願力。截斷於彼宿世怨結鬼神之業。令汝解脱得安隱樂。作是語已即以利劍。碎截其線擲於火中。所有鬼病悉皆除愈。譬如金剛寶破惡堅貞。如火燒薪如日乾水如風吹雲。如來實語能滅世間種種惡業。使諸鬼病速得除滅。即以種種塗香粖香種種幡蓋而爲供養。是時世尊即說陀羅尼曰。

曩莫三滿跢沒馱（引）南（引）唵（引）迦佉黎佉囉黎祖（仁祖切）賀尾（二合）顊惹嚩麗（引）誐囉誐賀哩抳設（引）嚩哩扇（引）底缽囉（二合）扇（引）底娑嚩（二合引）賀（引）馱（引）嚩底娑嚩（二合引）賀（引）那誐（引）左哩際（二合引）娑嚩（二合引）賀（引）頗楞誐帝（引）娑嚩（二合引）賀（引）薩嚩迦（引）龢（引）哩那（二合）妻（引）那顊娑嚩（二合引）賀（引）薩嚩迦（引）龢（引）哩那（二合）地多（引）闍（引）沙地滿怛囉（二合）尾灑喻誐薩嚩禰（引）嚩帶砌（引）禰多（引）末哩禰（二合）多（引）嚩（仁際切）多（引）阿波囉（引）嚩多（引）娑嚩（二合引）賀（引）

復次四大天王。若復有人爲毒所中。及以一切痔漏癰疽諸惡重病。我有陀羅尼能令諸毒悉皆除滅。種種惡瘡及諸重病皆得除愈。令其病人清淨沐浴。著新潔衣嚴飾其身。令念誦者處於高座。誦此陀羅尼而加持之令得安樂。以諸如來無量無邊大慈大悲力除毒。菩薩摩訶薩威德力除毒。辟支佛神通力除毒。聲聞受持一切神呪精進力除毒。舍利弗智慧力除毒。目乾連神通力除毒。阿那律天眼力除毒。大迦葉頭陀行力除毒。憍陳如最初得道力除毒。阿難多聞慈力除毒。大梵天王及天帝釋富樂自在力除毒。四大天王守護國界力除毒。摩醯首羅大藥叉將威猛力除毒。訶利帝母並其子及眷屬精進威德力除毒。以如是等諸佛如來及諸聖眾不可思議大威神力。攝伏彼毒令如甘露。諸毒害心行不饒益者。不敢違越皆起慈心。護持國界令得安樂。是時世尊即說陀羅尼曰。

曩莫三滿跢（引）沒馱（引）南（引）唵（引）賀哩計（引）尸顊枳禮嚧醯哩（引）阿哩（引）半拏哩（引）揭吒計計（引）瑜哩（引）賀細賀細賀細佉嚩細麼嚕誐賀顊（引）娑嚩（二合引）賀（引）娑目契（引）娑嚩（二合引）賀（引）醯禮（引）娑嚩（二合引）賀（引）弭禮娑嚩（二合引）賀（引）

佛告四大天王。以是陀羅尼加持力故。一切諸毒悉皆除滅。及諸毒種丁瘡漏瘡水腫疥癩。及有惡瘡硬如鐵石。如是七種極毒惡瘡。受持此呪亦得除愈。

貪欲瞋恚癡　　是世間三毒
諸佛皆遠離　　實語毒消除

貪欲瞋恚癡　　是世間三毒
達摩皆遠離　　實語毒消除
貪欲瞋恚癡　　是世間三毒
僧伽皆遠離　　實語毒消除
地爲諸毒父　　地爲諸毒母
是以誠實言　　令毒悉消滅
所有種種毒　　咸令卻歸地
我等並眷屬　　日夜常安樂

是時世尊即說陀羅尼曰。

曩莫三滿跢沒馱（引）南（引）唵（引）布攞拏（二合）播（引）怛哩（二合引）尾灑焰爍訖囉（二合）魔覩娑嚩（二合引）賀（引）

佛告四大天王。有陀羅尼能伏一切怨敵若復有人於古塔像處聖人得道處諸天諸仙住處。念此陀羅尼及讀誦受持守護大千國土大明王經典。則能遠離一切怨家諍訟更相殺害。能卻他敵種種災禍危難之事。

諸佛威神力　　降伏諸魔怨
正法威神力　　破滅於非法
僧伽威神力　　降伏諸外道
亦如天帝釋　　破壞阿修羅
如彼阿修羅　　能障於滿月
亦如杲日輪　　能竭於海水
如火燒眾木　　如水滅諸火
如風除雲曀　　譬如金剛寶
能破惡堅貞　　諸天住誠實
地居亦如是　　佛法並僧伽
以是眞實住

即說陀羅尼曰。

曩莫三滿跢沒馱（引）南（引）唵（引）阿沒哩（二合）帝（引）阿仡囉（二合）補瑟閉（二合）麼虎頗禮（引）顰嚩（引）囉抳薩嚩囉他（二合）娑（引）馱顰阿跛囉（引）嚩帝（引）馱囉馱囉抳王呬也（二合）哩帝（二合）憍多銘虞虞麼底跲婆顰娑嚩（二合引）賀（引）惹曳（引）娑嚩（二合引）

賀（引）惹曳尾惹曳娑嚩（二合引）賀（引）

佛告四大天王此。陀羅尼能降伏一切魔怨。能除一切業障。

是時世尊說伽他曰。

毘盧遮那大日主　　阿閦如來及寶生
無量壽佛勝成就　　皆號金剛持明王
觀自在等八菩薩　　恒爲衆生作依護
彼恭敬者離執魅　　解脫水火及刀杖
若有忽遭王難苦　　是人臨欲損其形
憶念觀音自在名　　彼刀杖尋段段壞
若逢怨賊執刀杖　　刀杖段壞墮於地
是人究竟無所傷　　一切宿業皆消滅

是時世尊說此伽他已。諸天天衆即於佛前說伽他曰。

我等一心歸命禮　　三世一切諸如來
歸命牟尼眞實言　　歸命不退菩薩衆
恒以智慧方便力　　安住衆生實際中
我等一切諸有情　　所作事業悉成就

是時大梵天王及諸梵王。起立合掌贊言。世尊善說如是守護大千國土大明王陀羅尼甚深經典佛之密印。佛爲法王與諸衆生施無畏者。爲欲利益一切世間童男童女得安樂故。令諸世間童男童女。不爲羅刹而損壞故。使我世間人種不斷故。此南閻浮提一切衆生。最初聞佛說是法要最爲殊勝。此閻浮提一切諸佛。諸大菩薩聲聞緣覺。五通神仙護世四天王。一切諸天恒常集會。世尊有諸羅刹常食人胎。彼諸羅刹無人能知無能制伏。一切衆生無有子息及不受胎。此諸羅刹常求其便。候彼男女和合之時。吸其精氣使不受胎。斷滅人種及羯邏藍次案部談。令彼女人其胎傷損。我今說此諸羅刹衆各各名字。惟願世尊聽我所說。一名曼祖二名鹿王。三名塞健（二合）那四名阿鉢娑麼（二合）囉。五名母瑟致（二合）迦六名麼怛哩（二合）迦。七名惹弭迦八名迦弭顊。九名黎嚩帝十名布單那。十一名麼怛哩（二合）難那十二名爍俱顊。十三名建姹播底顊十四名目佉滿抳十五名阿監麼。如是等諸羅刹晝夜巡行。於一切處現可畏形作諸執魅。持彼童男童女種種疾病。使其男女現種種相。若曼祖計及鹿王魅者令惡吐逆。塞健（二合）那魅者小兒搖頭。阿鉢娑麼（二合）囉魅者口吐涎沫。母瑟致（二合）迦魅者手指拳縮。麼底哩（二合）迦魅者長喘而笑。惹弭迦魅者不飲其乳。迦弭frac顊魅者睡即驚怖悟即啼哭。黎嚩底魅者常咬其舌。布單那魅者噎氣咳嗽。麼底哩（二合）難那魅者作種種色。爍俱顊魅者嗅諸臭穢。建姹播捉魅者咽喉閉塞。目佉滿捉魅者口頻蹙縮。阿監麼魅者小兒餲噦。如是等諸大羅刹復現種種可畏之狀。令諸童男童女恒常驚怖。曼祖計現形如牛。鹿王其形如鹿。塞健（二合）那狀知童子。阿缽娑麼（二合）囉形如柴狗。母瑟致（二合）迦其形如鳥。麼底哩（二合）迦其形如羖羊。惹弭迦現形如馬。迦弭顊者其狀如驢。黎嚩底者現形如狗。布單那者形如鸚鵡。麼底哩（二合）難那形如貓兒。爍俱顊者形如飛鳥。建姹播捉其形如雞。目佉滿捉形如獯狐。阿監麼者其形如雉。如是等諸大羅刹起毒害心。常於人間現如是相。驚怖小兒盜而食之。破壞其胎令胎傷損。此羅刹眾若有聞此守護大千國土大明王經佛之密印。而不隨順違越之者。我有彥達縛大藥叉將名栴檀香。彼旃檀香即遣使者。速疾往彼如彈指頃。即以羂索五處繫縛將來至此。以是大明王而謫罰之。是時大梵天王合掌恭敬而作是言。世尊彼等是步多眷屬。常於世間破壞人種。我今佛前設大誓願。若有女人求於子息。受持戒法歸依三寶。清淨沐浴著新潔衣。於月八日或十四日於塔像前。以香塗地建曼拏羅。於中夜分入於道場。香花燈塗種種供養。其所供養悉使充滿無令乏少。呪五色線一呪一結。如是加持滿一百結。及白芥子令彼女人受持頂戴即得子息。若有人能建此道場。十二年中我自守護。令諸世間童男童女。離諸災難不祥之事。若諸羅刹違越此經。我自謫罰諸羅刹眾。頭破七分其身碎壞猶如微塵。即說呪曰。

曩謨（引）沒馱野曩謨（引）達麼野曩謨（引）僧伽野怛儞也（二合）他唵（引）阿擬（引）曩擬娑嚩顊（引）伊難禰尾難禰戍攞顊擬哩誐嚩哩誐嚩哩誐嚕捉誐嚕捉誐哩（引）路（引）左顊（引）母攞醯（引）阿虎哩（引）缽囉（二合）揭哩沙（二合）捉娑嚩（二合引）賀（引）

是時大梵天王。說是呪已作如是言。由此神呪威神力故。令其胎藏速得成就。處胎安樂增長諸根。悉令圓滿產生安樂。其子生已。燒安悉香及白芥子。以此神呪呪雜色線繫兒身上。令彼男女壽命長遠。是時世尊正遍知者。為欲擁護一切世間童男童女。處胎安樂離諸患難。即說陀羅尼曰。

曩莫三滿跢沒馱南（引）唵（引）冒（引）地冒（引）馱（引）努麼帝

（引）頗攞禮嚩虎頗賴（引）識乞叉（二合引）識乞叉（二合）娑（引）囉嚩帝（引）娑（引）誐禮（引）努囉娑禰（引）娑（引）囉缽囉（二合引）缽帝（二合）素囉麼帝（引）婆擬婆誐（引）婆擬（引）婆擬顊（引）顊嚩（引）囉抳（引）娑嚩（二合引）賀（引）

世尊說此陀羅尼已。彼等諸魅一十五種大羅刹眾。合掌向佛而作是言。我等羅刹常啖血肉惱觸於人。我今聞佛說此陀羅尼。若諸世間一切捨宅及以村落。有是經典所在之處。我當守護不敢違越。若諸男女處胎安樂使無災難。奉佛教勅如佛無異。時彼羅刹即說呪曰。

曩謨（引）婆誐嚩帝沒馱（引）野曩謨（引）沒囉（二合）憾麼（二合）抳（引）悉鈿覩滿怛囉（二合）野那（引）娑多（二合引）囉曳涷尾儞演（二合引）鐙沒囉（二合）憾麼（二合引）曩麼寫覩娑嚩（二合引）賀（引）

是時毘沙門大王即從坐起。偏袒右肩頂禮佛足。合掌恭敬而白佛言。世尊若有一切聲聞弟子。能於此經典受持讀誦。以諸多聞智慧方便爲人解說。亦以此經起塔供養。而爲利益一切眾生。於月八日及十四日十五日。應當依法建曼拏羅作大供養。受持讀誦如是經典。我等四王常於此日。令彼藥叉羅刹步多鬼神立於我前。點其名字無令惱亂。受持如是守護大千國土大明王陀羅尼經者。世尊彼諸聲聞。若常受持如是經典乃至爲人解說。此聲聞眾我等兄弟。四大天王現其人前常爲給使。衣服臥具飲食湯藥。一切所須無令乏少。如是人等爲諸眾生。恭敬供養尊重讚歎。亦爲一切國王王子沙門婆羅門在家出家及諸外道。恭敬供養尊重讚歎。諸善男子善女人及諸親友。發歡喜心恭敬供養。隨所樂欲衣服臥具。種種勝妙莊嚴之具悉得充足。彼諸聲聞常與一切善友同和。不隨惡友不生邊地。不住邊地不去邊地。亦復不作邊地之業。世尊若復有人爲彼藥叉羅刹步多鬼神所魅之者。當於彼前讀誦如是守護大千國土大明王經。及爲彼人分別解脫。我時四大天王廣大兄弟。自隱其身守護彼人使得安樂。悉令解脫一切執魅不吉祥事。世尊若復有人於己捨宅。一日一夜讀誦如是守護大千國土大明王經。是人捨宅一歲之中。無諸衰患不吉祥事。世尊若復有人常能受持此守護大千國土大明王經者。我等四王常現其前恭敬供養。云何爲彼藥叉羅刹步多鬼神而得其便。世尊如是眞言句義甚深廣博。無有窮盡亦難值遇。於此大明王平等法印受持之者。如是人等於諸世間甚爲難得。最上最勝最爲第一。

是時千眼帝釋天主。頂禮合掌白佛言。世尊善說如是守護大千國土大明王甚深經典。我爲安樂一切世間諸眾生故。今於佛前說此眞言明藥等分和合所謂。

尸利沙花（一）麼耶麼（引）哩誐（二合二）怛誐曭（囉江切三）揭諾迦（四）優曇缽攞（五）勢（引）隸野（六）弭那鈴（七）嚩瑟姹（二合）素迦利（八）末哩迦（二合）穌（引九）惹野波哩閉攞網（十）囉僧尾囉（引十一）三麼哩迦（二合）多（十二）誐囉曙娑（引十三）贊那曩（十四）嚩哩多（二合）劍（十五）俱瑟姹（二合）曩欠（十六）跛怛曭（二合十七）揭鵮（吒江切十八）婆囉（引）缽哩（二合）焰（十九）虞嚕（引）左曩（二十）颯缽力（三合）迦（引二十一）娑哩沙（二合）播（引二十二）滿曩妻攞（引二十三）怛嚩（二合）砮嚩砮（二十四）供俱莽（二十五）醯（呬孕切）誐（二十六）

如是諸藥及其諸色調和一處。念陀羅尼而加持之。若以此藥著燈燭中。燈所照處一切藥叉羅刹步多鬼神皆悉遠離。若以此藥點其眼中。眼所見處諸步多眾。皆悉馳走捨離其處。若復有人爲彼一切藥叉羅刹步多鬼神之所魅者。亦以此藥塗彼身上。諸步多眾不敢違越。放彼精神即得痊癒。若以此藥塗其樹上及佛塔上。彼步多眾見虛空中。雨大火焰猶如金剛。心生怕怖捨離本處。或於樂器簫笛箜篌。及以角貝鈴鐸鍾鼓。世間所有出聲之物。若以此藥塗之於上。聲所震處藥叉羅刹步多鬼神。皆悉怕怖馳散而走。若塗飛鳥羽翼之上。國土城邑所到之處。藥叉羅刹步多鬼神。皆悉怕怖馳散而走。乃至窮極無有方所。是諸飛鳥捨其身已。更不復受傍生之身。若置山嶽江河陂池。一切方所隨處置藥。一切藥叉羅刹步多鬼神皆悉遠離。百由旬內無諸災難人民安樂。若復有人入於戰陣。塗於身上無所傷損。常得其勝必獲安樂。若復有人蛇蠍蜇螫。即令彼人速疾服食其毒消散。若復有人痔漏癧疽種種惡瘡塗之得愈。若復有人常塗其身。是人遠離一切災難。增益國界王及人民。若見有人諍訟之處。以藥威力兩得和解。非成就事亦得成就。令貧匱者悉得富饒。無子息者悉得如意。無辯慧者亦得辯慧。若復有人恒常誦持此陀羅尼。見身成就飛仙之位。此陀羅尼亦名果樹。成就人天種種功德智慧之果。能令眾生離諸災難。得安隱樂吉祥之果。此陀羅尼甚深句義。於諸世間無與等者。千眼帝釋即於佛前。說陀羅尼曰。

曩謨（引）沒馱（引）野曩謨（引）達麼野曩謨（引）僧伽野怛儞也（二

合）他唵（引）阿（引）骨嚕（二合）彌（引）尾骨嚕（二合）彌（引）步多齲（引）囉（引）步燈誐弭（引）禰（引）呬（引）儞嚩馱哩馱哩那地儞曩弭（引）驅佉佉佉娑（引）嚩誐弭贊捺哩（二合引）摻波麗（引）迦禮儞迦禮賀（引）哩抳娑嚩（二合引）薩嚩播（引）閉（引）毘喻（二合引）麼麼阿醯謗（引）颯波哩嚩（引）囉寫薩嚩薩怛嚩（二合引）難（引）左薩嚩禰擬毘藥（三合）娑嚩（二合引）賀（引）儞賀多（引）儞薩嚩播波儞娑嚩（二合引）賀（引）

時千眼帝釋說此陀羅尼已。彼大梵天王天帝釋護世四王摩醯首羅大藥叉將訶利帝母並其子及眷屬俱。即於佛前起立合掌。異口同音而說偈言。

佛面猶如淨滿月　　亦如千日放光明
諸天及人阿修羅　　如是世間無與等
不可思議最勝智　　藥叉羅刹悉調伏
名爲解脫持明王　　守護大千諸國土
無量無邊功德海　　流出清淨總持門
利樂一切諸眾生　　令得最上勝悉地
稽首丈夫無所畏　　稽首調御天人師
不可思議大法王　　是故我今歸命禮

是時世尊於正午時。從彼而起告諸比丘言。汝等比丘諦聽諦聽。此守護大千國土大明王陀羅尼經。若復有人受持讀誦爲人解說。如是人等捨此身已。得生諸天受勝妙樂。若在人間長夜安隱。所生之處爲諸眾生之所愛敬。若有比丘以此守護大千國土大明王陀羅尼經加持枯樹。以是經典威神力故。彼諸枯樹火不能燒。復得生長枝葉花果。如是等比以是經典威神力故。尚獲種種勝妙果報。若諸眾生過去所作身語意等諸惡業因。以是經典威神之力云何不滅。佛告諸比丘。我此經典總有五種眷屬部類如是次第。所謂守護大千國土大明王陀羅尼經。佛母大孔雀明王經。尸多林經。大隨求陀羅尼經。大威德神呪經。如是等皆爲一切如來。降伏諸魔調難調者。息諸眾生種種災變。護持佛法及諸國界。速疾法門。如來往昔以如是等諸陀羅尼門甚深經典。恒常乞食遠離五辛。修瑜伽行降伏魔軍成等正覺。於是毘沙門天王作是言。世尊未來世中諸比丘眾。不食五辛恒常乞食。於此經典有受持者不。佛言云何毘沙門言如是之人甚爲難得。佛言未來世中諸出家者。不食五辛恒常乞食。依法受持此守護大千國土大明王陀羅尼經者。其數無量。毘沙門天王言。世尊若未來世有諸比丘。不食五辛恒常乞食。依法受持此守護大千國土大明王陀羅尼經者。我等四王常當擁護承事供養。是時世尊告諸比丘作如是言。汝等及未來世諸比丘眾。不食五辛不貪美味恒常乞食。於此經典受持讀誦爲人解說。如是人等於一切處常得其勝。是人速疾得大總持。自護其身及護他人。若諸比丘不食五辛恒常乞食。應當一心如是觀察。應觀無常苦空無我。以無常故云何五辛。以無我故誰爲受者。若諸比丘爲欲守護國土城邑及爲利益諸眾生者。於月八日或十四日或白月十五日。建曼拏羅於豪貴家。取一童女其心清淨。信樂大乘人相具足智慧明瞭者。清淨沐浴著新潔衣。種種嚴飾受持五戒。一日一夜清齋不食。以七色絲作四合線。以此陀羅尼而加持之。即結其線成一百結復以利刀碎截其線擲入寶椀。椀中致水以花覆之。塗香燒香種種供養。讀誦是經及念此陀羅尼。而加持之擲線椀中。當結線時以梵音聲作如是言。我依釋迦牟尼佛。受持如是守護大千國土大明王陀羅尼經。令一切世間種種諸毒入山石間。微鉢尸佛尸棄佛。毘舍浮佛拘留孫佛。拘那含牟尼佛迦葉佛。我釋迦牟尼。以如是等諸佛如來正遍知者威神力故。能除毒令毒入地。令此國土王及人民。離諸怖畏獲得安樂。索訶世界主大梵天王。及天帝釋護世四王。摩抳跋捺囉（二合）大藥叉將。魔醯首羅黑贊拏利大羅刹女。願以如是等大威德大力諸天。受此香花飲食周遍供養。使一切毒悉皆消滅。令此國土王及人民。離諸怖畏獲得安樂。於時世尊即說陀羅尼曰。

曩莫三滿跢沒馱（引）南（引）唵（引）佉佉銘（引）尸銘（引）尸尾（引）尸虎顊（引）尸摩尸銘（引）娑嚩（二合）悉底（二合）娑嚩（二合）悉底（二合）扇（引）底扇（引）底娑囉（引）仡哩（二合）半左（引）弭沙僧悉瑟吒（二合）野他（引）賀（引）囕顊囉（引）弭衫曳曩那誐囝（二合）野他（引）素怛囕（二合）薩底焰（二合）俱哩晚（二合）覩多（引）禰哩（二合）商怛儞也（二合）他迦黎（引）迦攞黎（引）舍路銘（引）阿擬儞（二合）僧訖囉（二合引）麼抳娑嚩（二合引）賀（引）

曩謨微鉢尸佛尸棄佛。毘舍浮佛拘留孫佛。拘那含牟尼佛迦葉佛。我釋迦牟尼佛憍答摩。七佛正遍知者。我悉歸命彼諸如來。香花飲食運心供養。以如是等諸佛如來廣大威德神通之力。滿我所願令得安樂。佛說此經已。諸比丘眾大梵天王。及天帝釋護世四王。諸天人民聞佛所說。皆大歡喜禮佛而退。

佛說守護大千國土經

參考文獻

1. 陳慶英：《〈大乘要道密集〉與西夏王朝的藏傳佛教》，《中國藏學》，2003年第3期。
2. 陳慶英：《西夏及元代藏傳佛教經典的漢譯本——簡論〈大乘要道密集〉》，《西藏大學學報》，2000年第2期。
3. 陳寅恪：《佛母大孔雀明王經夏梵漢合璧校釋序》，國立中央研究院歷史語言研究所單刊之八，《西夏研究》（第1輯），1932年。
4. 崔紅芬：《西夏時期的河西佛教》，蘭州大學博士學位論文，2006年。
5. 崔紅芬：《藏傳佛教各宗派對西夏的影響》，《西南民族大學學報（人文社科版）》，2006年第5期。
6. 崔紅芬、文志勇：《西夏皇帝尊號考略》，《寧夏大學學報》（人文社科版），2006年第5期。
7. 大正新修大藏經刊行會：《大正新修大藏經》，東京：大藏出版株式會社，1925年。
8. 戴忠沛：《西夏文佛經殘片的藏文對音研究》，中國社會科學院研究生院博士學位論文，2008年。
9. 荻原雲來：《梵漢對譯佛教詞典：翻譯名義大集》，新文豐出版股份有限公司，臺北，1976年版。
10. 丁福保：《佛學大辭典》，上海：上海書店，1991年版。
11. 東北帝國大學法文學部：《西藏大藏經總目錄》，東京：東北帝國大學法文學部，1934年。
12. 段玉泉：《語言背後的文化流傳：一組西夏藏傳佛教文獻解讀》，蘭州大學博士論文，2009年。
13. 段玉泉：《西夏藏傳佛教文獻周慧海譯本述略》，《中國藏學》，2009年第3期。
14. 佛光大藏經編修委員會：《佛光大辭典》，高雄：佛光出版社，1989年版。

15. 胡進杉：《藏文〈心經〉兩種夏譯本之對勘研究》，第三屆國際西夏學學術研討會論文，2010 年 11 月 8-10 日。
16. 李範文：《西夏研究》第 5 輯，北京：中國社會科學出版社，2007 年。
17. 李範文：《西夏陵墓出土殘碑粹編》，文物出版社，1984 年版。
18. 李範文：《夏漢字典》（修訂版），北京：中國社會科學出版社，2008 年版。
19. 林光明：《新編大藏全咒》，臺北：嘉豐出版社，2001 年版。
20. 林光明、林怡馨：《梵漢大辭典》，臺北：嘉豐出版社，2005 年版。
21. 林英津：《西夏語譯〈眞實名經〉釋文研究》，中央研究院語言研究所，臺北，2006 年。
22. 羅秉芬、周季文：《藏文翻譯史上的重要文獻——〈語合〉》，《中央民族學院學報》，1987 年第 5 期。
23. 羅福成：《佛說佛母出生三法藏般若波羅密多經卷第十七釋文》，《國立北平圖書館館刊》第四卷第三號（西夏文專號），1932 年，現載李範文編《西夏研究》（4），2005 年。
24. 羅福成：《聖大明王隨求皆得經下卷釋文》，《國立北平圖書館館刊》第四卷第三號（西夏文專號），1932 年。
25. 孟列夫：《黑城出土漢文遺書敘錄》，王克孝譯，寧夏人民出版社，1994 年版。
26. 聶鴻音：《俄藏 5130 號西夏文佛經題記研究》，《中國藏學》，2002 年第 1 期。
27. 聶鴻音：《賀蘭山拜寺溝方塔所出〈吉祥遍至口和本續〉的譯傳者》，《寧夏社會科學》，2004 年第 1 期。
28. 聶鴻音：《黑水城所出〈般若心經〉德慧譯本述略》，甘肅省藏學研究所編《安多研究》第一輯，中國藏學出版社，2005 年。
29. 聶鴻音：《明刻本西夏文〈高王觀世音經〉補議》，《寧夏社會科學》，2003 年第 2 期。
30. 聶鴻音：《吐蕃經師的西夏譯名考》，《清華大學學報（哲學社會科學版）》，2002 年第 1 期。
31. 聶鴻音：《〈文海〉中的梵語譯音字》，《寧夏師範學院學報》，2008 年第 1 期。
32. 聶鴻音：《西夏的佛教術語》，《寧夏社會科學》，2005 年第 6 期。
33. 聶鴻音：《西夏帝師考辨》，《文史》，2005 年第 3 期。
34. 聶鴻音：《西夏佛教術語的來源》，《固原師專學報》（社會科學版），2002 年第 2 期。

35. 聶鴻音：《西夏文〈吉祥遍至口和本續〉密咒釋例》，寧夏文物考古研究所編《拜寺溝西夏方塔》，文物出版社，2005 年。
36. 聶鴻音：《西夏〈天盛律令〉成書年代辨析》，《尋根》，1998 年第 6 期。
37. 聶鴻音：《西夏文藏傳〈般若心經〉研究》，《民族語文》，2005 年第 2 期。
38. 聶鴻音：《西夏譯本〈持誦聖佛母般若多心經要門〉述略》，《寧夏社會科學》，2005 年第 3 期。
39. 聶鴻音：《西夏語譯〈眞實名經〉釋文研究》讀後，《書品》，2007 年第 3 期。
40. 聶鴻音：《藏文〈般若心經〉的西夏譯本》，王堯主編《賢者新宴》，河北教育出版社，2005 年。
41. 聶歷山、石濱純太郎：《西夏文八千頌般若經合璧考釋》，《國立北平圖書館館刊》第四卷第三號（西夏文專號），1932 年。
42. 聶歷山：《西夏語發音研究的有關資料》，載李範文編《西夏研究》（第 6 輯），2007 年。
43. 普門報恩寺圖書館：《漢梵英泰佛學詞典》，曼谷，1976 年。
44. 榊亮二郎：《翻譯名義大集》，京都：京都大學，1925 年。
45. 榊亮三郎：《梵藏漢和四譯對校翻譯名義大集》，世界佛學名著譯叢編譯委員會譯，藍吉富主編，臺北：華宇出版社，1985 年。
46. 沈衛榮：《重構十一至十四世紀的西域佛教史——基於俄藏黑水城漢文佛教文書的探討》，《歷史研究》，2006 年第 5 期。
47. 沈衛榮：《西夏文藏傳續典〈吉祥遍至口合本續〉源流、密意考述》（上），《西夏學》（第 2 輯），2007 年第 2 期。
48. 史金波：《西夏佛教史略》，銀川：寧夏人民出版社，1988 年。
49. 史金波，《西夏的歷法和歷書》，《民族語文》，2006 年第 4 期。
50. 史金波：《西夏的藏傳佛教》，《中國藏學》，2002 年第 1 期。
51. 史金波：《西夏社會》，上海：上海人民出版社，2007 年。
52. 石泰安：《敦煌寫本中的印—藏和漢—藏兩種辭匯》，耿升譯，載耿升主編《國外藏學研究譯文集》，西藏人民出版社，1992 年。
53. 孫伯君：《國外早期西夏學研究論集》（一）、（二），北京：民族出版社，2005 年。
54. 孫伯君：《西夏佛經翻譯的用字特點與譯經時代的判定》，中華文史論叢（總第八十六輯），2007 年。
55. 孫伯君：《眞智譯〈佛說大白傘蓋總持陀羅尼經〉爲西夏譯本考》，《寧夏社會科學》，2008 年第 4 期。
56. 孫昌盛：《試論在西夏的藏傳佛教僧人及其地位、作用》，《西藏研究》，2006 年第 1 期。

57. 孫昌盛：《西夏文佛經〈吉祥遍至口合本續〉題記譯考》，《西藏研究》，2004 年第 2 期。
58. 孫昌盛：《西夏文〈吉祥遍至口合本續〉（第 4 卷）研究》，南京大學博士論文，2006 年。
59. 王靜如：《佛母大孔雀明王經夏梵漢合璧校釋》，國立中央研究院歷史語言研究所單刊之八，《西夏研究》（第 1 輯），1932 年。
60. 王靜如：《金光明最勝王經夏藏漢合璧考釋》，國立中央研究院歷史語言研究所單刊之十一、十三，《西夏研究》（第 2、3 輯），1933 年。
61. 王堯、陳慶英：《藏文大藏經》（德格版），西藏人民出版社，浙江人民出版社，1998 年。
62. 吳廣成：《西夏書事校正》，蘭州：甘肅文化出版社，1995 年。
63. 吳天墀：《西夏史稿》，桂林：廣西師範大學出版社，2006 年。
64. 西北第二民族學院、上海古籍出版社、英國國家圖書館：《英藏黑水城文獻》，1-4 冊，上海：上海古籍出版社，2005 年。
65. 西北第二民族學院、上海古籍出版社、法國國家圖書館：《法藏敦煌西夏文文獻》，上海：上海古籍出版社，2007 年。
66. 西田龍雄：《西夏文華嚴經》（第 3 冊），京都：京都大學文學部，1977 年。
67. 西田龍雄：《西夏語研究》，載李範文編《西夏研究》（第 7 輯第 I 卷），北京：中國社會科學出版社，2008 年。
68. 楊志高：《考古研究所藏西夏文佛經殘片考補》，《民族語文》，2007 年第 6 期，第 45-49 頁。
69. 影印宋版藏經會印行：《影印宋磧砂版大藏經目錄》，上海，民國 25 年。
70. 宇井伯壽等：《德格版西藏大藏經總目錄》，臺北：華宇出版社，1985 年版。
71. 張怡蓀：《藏漢大辭典》，北京：民族出版社，1993 年版。
72. 照那斯圖、牛汝極：《蒙古文-八思巴字〈五守護神大乘經・守護大千國土經〉元代印本殘片考釋》，《民族語文》，2000 年第 1 期。
73. 趙曉梅：《中國密宗大典》（6），中國藏學出版社、新西蘭霍蘭德出版有限公司出版，1993 年版。
74. 中國佛教協會、中國佛教圖書文物館：《房山石經・遼金刻經》，華夏出版社，2000 年版。
75. З. И. Горбачева и Е. И. Кычанов, *Тангутские рукописи и ксилографы*, Москва: Издательство восточной литературы, 1963.
76. Е.И.Кычанов. *Каталог тангутских буддийских памятников*, Киото: Университет Киото, 1999.

77. Aalto, Pentti, "Prolegomena to an Edition of the *Pa`carak2q*," *Studia Orientalis Fennica* 19（12）, 1954, pp. 5-48.

78. Grinstead, Eric, *the Tangut Tripitaka*, vol. 9, Delhi: Bombay Art Press, 1973.

79. Lokesh Chandra, *Pa`carak2q, Two Sanskrit Manuscripts from Nepal*, Delhi: the Jayyed Press, 1981.

80. Nichiren Shoshu International Center, *A Dictionary of Buddhist Terms and Concepts*, Tokyo, 1983.

81. Todd T. Lewis, *Popular Buddhist Texts from Nepal: Narratives and Rituals of Newar Buddhism*, State University of New York Press, 2000.